The Myth of Sanity

看見自己受的傷

覺察深層的內在，擁抱更完整的自己

Divided Consciousness and the Promise of Awareness

Martha Stout
瑪莎・史陶特——著

吳妍儀——譯

帶著愛與感激，為我的母親與父親而寫

伊娃．迪頓．史陶特

亞德里安．菲利普．史陶特

作者序

以我們的思緒，我們創造了世界。

——佛陀

拿個博士學位的想法（後來變成一輩子研究創傷心理學的職涯），最初是由我祖母提出的；她在女性有投票權前四分之一世紀，出生於北卡羅萊納州的窮鄉僻壤。她是個有偉大信念與力量的女人，擁有不只一個超越她那個時代的觀點，而且她在這個世界上近八十年的生命裡，承受了許多事。然而在終點來臨時，她自願放手交出她的生命。

我可以更精確地說，我祖母是以意志力促成她自己的死亡。以她的年紀，她的心臟算是相對強壯的，但因為輕微的心臟問題躺在醫院病床上接受照顧。有天晚上，她告知她的護士，簡單說明了她將在早晨來臨前去見上帝。別人告訴我，那位護士和藹地向她保證她並沒有病得那麼重，她不該這麼想。我祖母當晚就過世了，難以解釋地死於鬱血性心臟衰竭。

她去世的時候，我是大三學生，就在那裡我學到了鬱血性心臟衰竭的含義。巫毒詛咒受害者就是那樣死去的，他們是自身信念強度的犧牲品，而其他哺乳動物，逆著潮流游泳太久就會讓死亡降臨，在水有機會溺斃牠們以前就死於心臟爆裂。決定時候到了，人就會死掉。

身為一位治療師，我見過創傷倖存者，而在我的專業生涯中，我曾經聽過數十個、數百個人的生命故事，他們從童年或成年經歷過的無情恐怖環境中倖存。我透過認識我祖母所聽到的模糊耳語——人生並不像我童年那樣總是溫柔的——已經變成了人類慘痛歷史經驗裡鮮明、不和諧的音調。

而現在輪到我的創傷病患，他們看似世界上最老的靈魂，雖然他們之中有些人其實相當年輕。他們是驕傲的人類靈魂，有時看似年高德劭又好似沒有年齡。這些年來，我曾在他們眼中看到比任何僧侶或大師更明亮的熱情。從他們口中聽到的智慧，比我在任何書裡讀到的都來得多。而且很反諷的是，跟那些歷史與記憶傷疤少得多的人相比，有時候我在病患面前還體驗到比較多深沉而集中的靜謐感。

我的病人兩性都有，而且來自各行各業。某些人很單純，其他人則具備像鑽石那樣璀璨多面的才智。大多數人是介於兩者之間。他們帶著現在醫療界正時興的廣泛多樣診斷，來到我的辦公室：憂鬱症、躁鬱症、恐慌症、神經性厭食症、酗酒、邊緣性人格障礙、偏執狂。他們的故事表面上看互有差異：某些人是從地震中倖存；有一位病人在兩歲大的時候，從某個人把她藏進去的籃子裡往外看，看見她的柬埔寨父母跟九個兄弟姊妹被入侵的士兵槍殺；還有許多人從長期的童年亂倫中倖存。還有人是從延續整個童年的其他種類身心虐待中熬過來的成人倖存者。

不過我已經學到，他們全都有一個共通點。導致他們來做治療的各式揪心痛楚與多樣化的病情底下，有著同樣基本的問題——我該選擇死亡，或該選擇生存？他們來做治療，以便幫助自己回答這個問題。如果我嘗試替他們回答，甚或只是延遲考慮此事，都會毫無進展。對於一個創傷倖存者而言，直到這個無情的基本問題得到答覆以前，治療的其餘部分絕對不會開始。

我無法替我的病人解消這個生死問題，而我應該坦白說，在執行心理治療業務時，對於自殺，我甚至不以廣泛被認為「不證自明」的那種前提來切入的。許多人說，我們的工作必然是確保不讓任何人實踐死亡的決定；我們的工作就是阻止此事，無論要採取哪種手段，操縱、訴諸法律、甚至合法暴力都在所不惜。但我不相信、也無法被說服去相信，所有自殺行為底下都有某種形式的心理扭曲。我確實相信的是，至少在某些例子裡，一個死亡的決定可能就只是那樣，就是一個決定。這在我看來夠明顯又夠簡單的了。

而我已經開始接受，一個人可以有意識或無意識地用各種方式終結生物性的存在，其中大部分方式是我或任何人都無法阻止的，無論我們的意識形態為何。舉例來說，我的祖母決定在她要死的時候死（或者說，無論如何我相信事情就是如此）。我認識芙莉塔・佛羅倫斯・史陶特（Fleeta Florence Stout），我並不驚訝她有能耐做到這種事。讓我佩服的是她選擇活著——不只是不死，而是活著——的八十年，儘管她在世期間承受了所有苦難與哀傷，她卻活得很熱情、很有意識、充滿信念。

此外，透過我的工作，我已經學習到大多數人如果真有需要，也只要回顧一、兩個世代，就能在他們自己的家庭裡找到倖存者——以某種方式找到力量與信念，繼續活下去的人——創傷如此之近，還有那些為了生存所做出的不可能的選擇，對整個人類大家庭來說，都有強勁而未經探索的隱藏意涵。

我在執業時見過的倖存者，明白什麼是純然的恐懼，更見識過生命可以令人可怖到多麼赤裸的地步，而在許多例子裡，他們見識過他們的人類同胞可以如何明目張膽、醜惡不堪。聆聽過他們的故事以後，根本不會有人驚訝他們曾經考慮不再繼續的可能性。在跟他們過往經驗的黑暗力量掙扎時，就連求生的生物規則都變得很薄弱。

不。他們要是選擇死亡，並不會讓人驚訝。這些人的非比尋常之處，在於他們選擇活著——不只是不去死，不只是倖存，還要活著。

為什麼會做出這種選擇，還有如何付諸實踐，是我能想到的兩個最有意思的個人、心理與哲學問題。而我人生中最大的榮幸之一，就是曾經認識這些曾是我患者的人，能夠跟他們坐在一起，有一段時間成為他們人生的一部分，並且帶著感激與沒有偽裝的利己之心，去聆聽他們。因為我已經開始確信，這些充滿勇氣的人在贏得他們的鬥爭時，對於真正的活著、還有真正的神智健全，必定學到了我們其他人從不曾想像過的種種事情。

目次 Contents

前言

除了關於我家族史的段落是例外，《看見自己受的傷》中的描述不會指出個人的身分。心理治療最核心的戒律是保密，而我已經採取最嚴格的措施來保留所有真人的隱私。所有的名字都是虛構的，而所有其他可供辨認的特徵都已經更動過。

出現在本書中的某些人自願同意被匿名描寫。在這些例子裡，書中不包含任何可能辨識出他們身分的資訊。除此之外，在此呈現的人、事件與對話，在性質上都是合成產物；也就是說，每個案例都代表許多個人，他們的特徵跟經驗是以概念的形式被採用的，他們的具體特徵經過小心翼翼地更動，結合起來形成一個有說明性質的角色。這樣的複合角色要是跟任何真實人物有了雷同之處，純屬巧合。

第一部

解離

第一章　老靈魂

我很納悶，一個人要怎麼殺死恐懼？你要怎麼射穿一個幽靈的心臟，砍掉它的幽靈腦袋，抓住它的幽靈咽喉？

——約瑟夫．康拉德（Joseph Conrad）

我們全都有一點點瘋狂。

我的病人一邊嘗試在當下找到某種平靜，一邊告訴我關於過往的數千則故事，而在我聆聽他們的時候，我學到了一件不容置疑的事。與其說舉止正常、與其說跟我們當下的現實保持接觸，我們人類——我們全體，包括我自己在內——太常就只是受到早已發生過的損失與苦難、還有我們自己逐漸累積的恐懼所驅策。我們的集體歷史、我們的個人生活與我們自己的心靈，懷抱著無法動搖的證言。

在最黑暗、最嚇人的童年與青少年時期所發生的事件，沒有無害地退卻到過去之中，反而隨著我們年紀漸長而取得力量跟權威。這些事件的記憶，導致我們在心理上偏離了自我，或者把我們一部分覺察跟其他部分分開來。我們想像中不曾斷裂的意識線索，反而常常是一連串不連續的碎片。我們的覺察意識是分裂的。而比我們認知更常見的是，就連我們的人格都是破碎片段的——是沒有組織的集體努力，設法應付過往——反而不是我們預期在自己跟別人身上看到的精神健全、統一的整體。

這是我們身為人類無可改變的命運。或者，有某些真正的解決辦法存在？

在我身為創傷倖存者治療師的職權範圍內，我花了二十年聆聽別人的故事，聽他們詳述太像夢魘、太殘虐、太令人憎惡，以至於讓人十分巴不得自己從來不曾聽過的種種經驗。不過，我很榮幸得以認識這些人，看著他們從過往的經驗中復原，並且學會如何活在當下。而我相信他們的故事包含了有意義的教訓，說明如何把我們自己許久以前的某些恐怖經驗留在背後。有些可能的解決方案，是這些老靈魂、這些非比尋常的倖存者，送給我們其他人的禮物。

我開始執業時，專門治療那些罹患了有威脅性的厭食症與難治性憂鬱症患者。而且，不論是好是壞，我發展出一種專業名聲：我願意承接處於危機邊緣的人。這種病患自殺或做出其他自毀行為的潛在可能性，讓他們被列為高風險患者。漸漸地，我開始注意到太常被忽略的事：我治療的大多數人是極端精神創傷的倖存者，而他們的症狀通常符合創傷後壓力症候群造成的現象，就跟更傳統的診斷所說的差不多。

有時候我把我的畢生工作想成是學到的整體教訓、主題與發現。不過更有指導意義也更常見的是，我因為這一行，我將自己帶到我面前這個人的角度來思考。在某種程度上，我覺得我跟他們之中的許多人有緊密的羈絆，緊密到我立刻理解像是命運、甚至是「業」這樣的概念所具備的吸引力。

我相信我是被他們的「火焰」吸引到他們身邊。一個受創生命所做的誠實又有決心的自我檢視，創造出一種極其劇烈的熱，燒掉了尋常的姑息、自欺與防禦。「此生的意義是什麼？」變成一個非常個人的問題，而且他們要求有個答案。我認識的某些人，曾經燃燒得太劇烈，以至於他們徹底停擺、辭掉工作、甚至忍受暫時的貧窮，因為回答這個問題所消耗的精力，比單單一個人能夠合理產生的還要多。在那雙眼睛裡有某種帶電的東西，有一點點狂野。

但弔詭的是（不過，我想是基於完全相同的理由），同樣的這群人通常展露出一種無可抗拒的幽默感，有種對人生的反諷觀點。他們省掉了禮貌與防備，傾向直指事物的核心。所以乍聽之下可能很奇怪，但當我跟我的病患在一起的時候，我常常放聲大笑。

許多創傷病患講起不尋常的事件，像是自殺未遂的特定細節時，態度很疏離且客觀；大多數其他人如果真會講到這種事，也傾向用長篇的導論與委婉之詞來降低衝擊。在我聆聽某人某段歷史的講述時，比明顯的「症狀」更常見的是，就是這種有時陰森可怖、還有一股狡猾幽默感的福克納*式輕描淡寫，伴隨著眼中燃燒的光芒，讓我開始懷疑這個人的生命歷程有極端嚴重的創傷。

* 譯注：在此用來比喻的是威廉·福克納（William Faulkner）的作品，其風格有豐富的內心獨白和意識流，他筆下的心理狀態經常是疏離而客觀的。

身為一位心理師，同時也是一名人類，我很佩服這些心理嚴重受創病患的反諷能力，他們經歷過活生生的夢魘，很可以在無可譴責的狀況下選擇死亡，卻常常為自己建構出比大多數普通人更自由的生活（一個世紀前，佛洛伊德替他們的生活貼上了「日常不幸」的標籤），並因此治療成功。這些病人變成真正保有信念的人，也是我所知最熱情洋溢的活人。

也許，這比較是出於必要，而非反諷精神。曾不止一次有創傷倖存者告訴我，只為了繼續生存下去而掙扎是不值得的。而那正是我們其他多數人在做的事：我們並沒有選擇去死，或者去活；我們繼續生存。我們並沒有選擇不存在；我們也沒有選擇徹底覺察。在一種我們稱之為精神健全的霧濛濛認知地帶裡，我們舉步維艱；我們幾乎從未承認這裡有層薄霧。

這些年來，我的創傷患者教給我的事情是，這種對現實及創傷的妥協，根本就不是精神健全。這是某種形式的瘋狂，讓我們的存在變得混淆錯亂。我們失去了我們當下的部分思維，我們破壞了我們在關係中的親近感與安慰，而且我們錯置了我們自己的重要碎片。

我們全部人在人生中的某個時間點，都暴露在某種分量的心理創傷之下，然而我們大多數人沒有察覺到創傷經驗在我們大腦留下的迷霧空間，因為大半時候我們只是間接地體驗到它們。我們鮮少思索自己人生中的創傷事件，更不要說在時間尺度上與我們親近之人，像是我們的曾祖母、甚至祖母經歷過的駭人艱辛生活與生死掙扎——那曾是她們的日常命運。

不過當我們偶爾想不起來應該能夠記得的簡單小事時，我們確實覺得很瘋狂，還有一點點傻氣。（「早發性阿茲海默症」，大家會這樣開玩笑——態度既不是很病態消極，也不盡然輕鬆愉快。）

在我們最珍視的關係裡出現的誤解與衝突中，在年年延續的同一種情緒混亂爭論裡，我們會感覺到我們的精神不健全，有時候還有種近乎狂亂的感受，覺得對自己的生活失去控制。衝突永遠不會徹底殺死我們感覺到的愛，但衝突本身也永遠不會真正結束。以一個社會來說，在我們反省整體而言過半的離婚率時，我們感到無能，還有讓人心頭一沉的無助。

我們有太多人在自己的人生伴侶旁如履薄冰，理論上他們應該是我們最了解的人。我們會這樣，是因為我們從來不確定那個愛人或者配偶，會在何時因為某件事、或者我們說過的某些話而變得忿忿不平、陷入沉默、或突然爆發無可理解的狂怒，緊接著他變成一個疏遠的陌生人、一個全然不同的人。老實說，我們確實完全不認識這個人。

又或者，我們注視著我們的父母變得老邁，並且看出時間正在流逝，我們渴望更靠近他們，像朋友一樣去認識他們。不過當我們實際試著想辦法來達成此事時，我們的思緒從我們身上飛掠過去，就像驚恐的鹿從一片開闊的草地上逃開，下一刻我們的心靈就到了別處——哪裡都好——去想節節高攀的油價、一份工作備忘錄、地毯上的一個汙點。

我們許多人發現很難（有時候是不可能）停留在一個持久穩定又可供辨識的「模式」裡，就連對自己都不行。關於這一點，最有普世性的例子之一，就是回到「老家」的父母身邊。在一次探視親人之後，最常見的啟示（有時是私下這麼想，有時是對著朋友宣之於口）就是：「我變成一個不同的人了。我忍不住。我就是會這樣想。突然之間我又變回十三歲了。」我們完全長大了，甚至可能自認相當世故。我們了解我們應該如何行動，知道我們想要對我們的父母說什麼；我們是有計畫的。但我們一到了那裡，就無法貫徹始終——因為突然之間，我們就不在那裡了。需求多多又不受控的孩童之心占領了我們的身體，代替我們行動，而我們很無助，直到再度離開我們的「家」以後，才有辦法把我們「真正」的自我叫回來。

或許最糟糕的是，隨著時間過去，我們通常會覺得我們變得僵冷麻木，已經失去了某種東西——某種以前在那裡的活力元素。在沒有彼此多談這種事的情況下，我們對自我產生越來越多的懷舊之情。我們設法要記起以前會在種種事物中感受到的那份熱情洋溢，甚至是喜悅。而我們記不起來。神祕的是，在我們領悟到發生什麼事之前，我們的人生就從種種想像與希望之地，變形成待辦事項清單，只是一天挨過一天。通常我們能夠展望的，就只有一條令人筋疲力竭的障礙賽跑長路，通往某個我們甚至再也不確定自己還想不想去的地方。我們不再擁有夢想，反而只是保護我們自己。我們把短暫又寶貴的生命力，消耗在執行損害控管上。

這全都是因為發生在許久以前、結束在許久以前的過往創傷事件，雖然它無論如何都不再威脅我們、造成近在眼前的危險了。這是怎麼發生的？童年與青少年時期的恐怖，應該在多年前就已經結束了，它們是如何設法繼續活下去、逼我們發瘋、讓我們與當下的自己疏離？

弔詭的是，答案在於心靈一種完全正常的功能——解離（dissociation）。這是面對極端恐懼或痛苦的普世人性反應。在創傷情境裡，解離很慈悲地讓我們把情緒內容——我們的「自我」有感覺的部分——跟我們有意識的覺察脫鉤。像這樣跟我們的感受脫鉤，我們比較有機會從苦難中生存下來，做我們必須做的事，撐過關鍵時刻；此時我們的情緒只會礙事。解離導致一個人幾乎像旁觀者似的看著一個正在進行中的創傷事件，而這種情緒與思想行動之間的分離、旁觀者的視角，很有可能避免一個人當場被徹底壓垮。

一種溫和的解離反應——舉例來說，在車禍之後——典型的表現如下：「我覺得我好像只是看著我自己經歷這件事。我甚至不害怕。」

創傷中的解離是極端有適應性的；這是一種生存功能，但問題稍後才會出現——因為在苦難結束很久以後，從自我脫鉤的傾向可能還會留著。我們過往的恐怖把我們訓練得易於解離，在太嚇人或者太痛苦的時候，脫離現實去度個「心理假期」讓我們覺得安全。但在稍後，這些心理假期可能在我們不需要的時候也襲向我們。沒有明顯理由，我們就脫離了自己，而我們在乎的人也脫離了他們自己，這些沒有被辨識出來的心理缺席，大肆破壞我們的人生跟我們的愛。

不意外的是，極端心理創傷的倖存者有極端的解離反應，而聆聽我的創傷病人，讓我不只理解了解離本身，還理解到人們可能以哪些方式克服解離經驗帶來的麻木與多餘後果。聆聽我的病人時，我開始相信我們所有人都有可能跟現實保持接觸、真的變得精神健全。如果這些人可以學會留在當下，跟他們記憶的現實同在；如果他們可以做出承諾，有意識又有意義地活出他們的人生，我們也可以。

因為極端創傷倖存者的心靈宇宙充滿了這麼多暴力與侵犯、天生的惡魔與不自然的行為，一些人會覺得納悶——包括我每天都在納悶——這樣的人如何找到勇氣決定繼續活下去。這是個不能選擇信任任何人的地方，而一個人的想像天分會變成避不開的跟蹤狂。在這樣的地景下，每當這位居民變得太過疲憊，以至於稍稍卸下自己的防衛時，另一個記憶櫥櫃的門就會一晃而開，正好顯露出他無法忍受的東西。這個東西因人而異，不過它永遠在恐懼的外緣徘徊。「能放下自己的防衛」既是自己最迫切的渴望，也是自己最警覺迴避的事情。這個恐懼與筋疲力竭的宇宙——必須強調「筋疲力竭」有多重要——人為了停止這一切，幾乎會嘗試任何事，無論有多不理性。

身為倖存者的治療師，我慣常見證人類最極端的行為，我的個人經驗或我在心理學的正式教育中，都不可能為我做好甚至是最低限度的準備。倖存者通常被說成「切割手」（cutters）——精神病院所使用的缺乏同情心的詞彙。這個意思是，早年受創的未復原倖存者常會在自己身上製造出血淋淋的傷口——很深的割傷或三度灼傷——目標不盡然是死亡，反而是出於某種強制性的意識，認為傷口本身就是必要的。在大部分狀況下，這些自虐行為是很有條理地反覆執行，而且當事人對於傷口的實際情況有種令人發寒的覺察。我的某些病患學會包紮自己，技術跟任何護理師一樣好，而且在有必要去一趟急診室的時候，他們已經準備好一套社會上能夠接受的答案，要是有人問起「你怎麼會發生這種事？」，就能冷靜地說出來。

急診室醫生們相信這個故事，沒有人看出這個正被縫合手臂的人絕望的處境。

看起來跟自傷互相矛盾，但在復原之前，某些創傷倖存者會研究、購買並囤積對抗外界威脅的武器。有時候他們會藏起某個特別的武器並且隨身攜帶、習以為常，就像別人可能戴著腕錶一樣。藏著的防狼噴霧或刀槍似乎是一種防禦，用以對抗某個從未現形、卻總是在預期之中出現的恐怖無名危險；這也是一種證言，證明當事人過去知道、卻無法自衛抵抗的某種怪物威脅。一項武器是否本來可以避免當初的創傷，似乎並不重要。重要的是一種有形的保險，指出這個人不像過去那樣明顯無助了。

沒有人懷疑過的忙碌專業人士，也很有可能在治療中自白，並且向我展示沒用過、卻勤於保養的刀具，藏好在自己的靴子裡。

極端行為的形式可以很戲劇性，或者也可能很隱晦，又或漸進。在我的經驗裡，最嚴重的厭食症（自願挨餓症候群〔self-starvation syndrome〕）病人永遠都是創傷倖存者，通常是性虐待倖存者。就像巫毒術的絕望受害者，那些有嚴重厭食症的人有時候也會死於鬱血性心臟衰竭，但致死機制比較緩慢。瑪西的例子就是這樣，這位病患最近跟著我進入治療，這是在她嚴格說來死過兩次、又被醫師救活兩次以後。

起因是厭食症的時候，就會發生這種事：在嚴重的挨餓案例裡，身體無法得到生存所需的足夠蛋白質。它必須開始吃自己身體內部的蛋白質，舉例來說，像是心臟的肌肉組織。心臟受到夠多的損害以後就無法好好泵血，結果就會出現鬱血性心臟衰竭。

我的新病人瑪西在她二十歲的時候，幾乎把自己給餓死了。她很納悶她為什麼沒有看見明亮的光、聽見天使的聲音。不過更重要的是，她很納悶為什麼醫生們救了她。

「妳喜歡我的新鞋子嗎？」她現在問我。「我在哈佛廣場用四塊九十八分錢就買到了。我三年沒買新鞋了。」

「為什麼呢，瑪西？」我問道。

「我不喜歡有這麼多屬於自己的東西，妳懂嗎？某些人可以擁有很多東西，但這樣只會讓我緊張，妳懂嗎？我不需要太多屬於我的東西。」

「我很高興妳買了這雙鞋。」

「妳真的喜歡它們嗎？」

「瑪西，它們非常漂亮。」

瑪西跟我一樣高，身高五呎五吋（約一六五公分），不過在她「死」於一家紐約醫院、初次被轉來波士頓時，她只有六十八磅重（約三十公斤），是以胚胎姿勢躺在精神科隔離病房裡。兩年後的今天，她的體重是一百一十五磅（約五十二公斤）——根據圖表，這是合理的體重。但她很蒼白、心神不寧，她透過大大的圓型眼鏡往外瞧，覺得自己超重了五十磅。她仍然比較接近「精神」而非「身體」。

現在她不待在隔離病房了。瑪西搭紅線，然後轉綠線，到哈佛廣場跟波士頓來看我，來看《鐵皮鼓》（*The Tin Drum*）*。

為什麼、為什麼、為什麼、為什麼？她問道。

為什麼人會像那樣？為什麼人必須像那樣？她反覆問我。為什麼？她問鈞特・格拉斯。

---

* 譯注：德國作家鈞特・格拉斯（Günter Grass）一九五九年的小說，一九七九年被改編成同名電影（電影舊有台版譯名為《錫鼓》）。

喔是啊，倖存者的心與歷史，是以人類會預料到的所有方式，還有人類絕無可能想像到的大量方式，被撕裂並留下疤痕。而到了現在，我已經擁有一組陰森可怖的潛在自殺工具收藏品——套索、藥丸、注射針——是倖存者在開始康復時繳交給我的，通常相當慎重其事。

但在康復之後，在他們已經選擇活下去之後，同樣這批人通常真正地活著——以許多其他人永遠達不到的方式，充滿熱情地活著。倖存者體現了人類經驗的極端，以至於日常不幸對他們來說幾乎像是陌生人。起初，他們的痛苦比我們的日常不幸還要糟糕得多，要乘上的倍數大到多數人會難以想像，以至於到了後來，到了復原以後，他們無法接受日常不幸。生命必須是一趟熱情、有意識的旅程，否則為生存而付出的努力就不值得了。

在他們個人經驗的脈絡中，還有他們設法順應的掙扎中，倖存者免不了要處理某些問題。有任何人曾經真的在乎過別人嗎？愛只是一個字眼嗎？在這個星球上，有可能控制任何事情嗎？沒有主控權沒關係嗎？人類的生命，在它的痛苦與脆弱之中，包含著某種很值回票價的東西嗎？而他們處理這些問題，並不是以哲學性的方式，從我們其他人可能偶爾會很享受的相對疏離立場出發，反倒是出自一種與個人日常息息相關、以至於很耗費精力的強烈立場。

到最後，對於某些最根本的人性問題，我看診的這些創傷倖存者搜集到他們自己的答案。而他們開始藉以安身立命的信念、策略與個人價值，是很迷人的，如同一所人類生命學院。或許最有教育意義的事情，是復原的創傷倖存者與真理覺察之間有著親密的關係——對許多人來說，那是最遙遠的哲學概念。覺察給人生命，解離與麻木則是致命的，這是復原倖存者學到深入自己骨髓的一門課程。這門課程閃耀著傳教士的閃爍光芒，讓人恢復信仰，讓活著成為一種可行的選擇。雖然這個轉向可能看似反諷，我們許多人正好就是這門課學得不夠深，以至於不可能真誠地生活。或許就像孫兒輩一樣，我們可以從這些倖存者的老靈魂身上學到這件事。

我對這些事能有任何理解，是因為我擁有少見的殊榮，去聆聽我的這些病人們。舉例來說，我聆聽瑪西，她曾經死過兩次、又被醫師救活兩次，她現在二十二歲，但同時也跟世界同壽。如果瑪西選擇活著，在我看來，她對人類生命要說的話會是一種預言，就像人類會接收到的任何預言一樣，迷人而真實。

瑪西來自紐約州的奧巴尼（Albany）；奇妙的粉紅色花崗岩州議會大廈，座落在當地的州大街開端處。瑪西在奧巴尼的家裡，被她瘋狂的父親與更瘋狂的哥哥一再毆打、強姦，直到她年紀大到可以離家為止。

瑪西講到奧巴尼的時候，聲音很平板。

我已經聽說她父親對他兩個孩子都施虐，而她哥哥，當他可以的時候，也虐待瑪西。強姦從父親傳給兒子。我已經聽說瑪西無助而憂鬱的母親，會在她的搖椅裡搖上好幾小時，一再反覆地唸著「喔不、喔不」，不是特別唸給某個人聽。在瑪西的父親終於拋棄家庭的那天，她母親在做的就是這件事。我曾經聽說瑪西的哥哥到最後從一家奧巴尼醫院拿到思覺失調症的診斷，我無法聯絡那間醫院，因為瑪西記不起醫院的名字。

「我記得有一次我把自己鎖在我母親的房間裡，然後叫了警察。在警察來的時候，我哥哥走到門口，跟他們說一切都很好。他們走掉了。我爬出窗戶，躲了很長、很長的時間。我回來的時候天都黑了。我知道他們會有多火大。」

在我辦公室裡，我抬頭看著掛在瑪西椅子後面的抽象畫，而在我自己心裡，我重複著瑪西的問題——為什麼？妳會決定無論如何都留在我們身邊，瑪西？我沉默地問她。妳會選擇繼續妳的人生，或者妳會繼續試著結束它？

她注視著坐在椅子上的我，而她就像是讀出了我的想法，問道：「一般人是怎麼打發那一大堆時間的？我是說除了我以外的人。他們一定會做些什麼。所有的晚上跟週末，一年又一年。我甚至無法想像我要怎麼處理所有那些時間。過了一陣子以後，一般人不會變得極度疲倦嗎？我的意思是，我不會變得極度疲倦嗎？會有某件事讓一切到頭來都很好嗎？會有某件事，讓極度疲倦的感覺跟經歷過的一切，都變得很值得嗎？」

我不知道，瑪西，我自己暗忖。有一天妳會走進這裡，而妳會告訴我的。

第二章　我在星期二早晨醒來的時候，就星期五了

「那一刻的恐怖啊，」國王繼續說著：「我絕對、絕對不會忘記！」

「但你會的，」王后說：「要是你不做個備忘錄就會。」

——路易斯．卡羅（Lewis Carroll）

我想像到一個畫面，你在你自己的房子裡——不——你被鎖在你的房子裡，無法逃脫。現在是深冬。風吹來的積雪高過你的窗戶，日光與月光都被擋住了。在屋子周圍，風呻吟著，日夜不斷。

現在想像一下，雖然你有很多電燈，還有相當好的中央暖氣設備，但你幾乎總是在黑暗中，而且相當寒冷，因為地下室的保險絲盒有些不對勁。在這個纏著蜘蛛絲、看起來相當無害的盒子裡，保險絲老是熔斷，而因為這種小小故障，屋子裡所

有的電力反覆失效。你換過這麼多次熔斷的保險絲，以至於現在你裝新保險絲的小袋子已經空了、一根都不剩了。你挫折地嘆息，然後在手電筒的光線下注視著你呼出的凍結氣息。你的房子本來可以非常舒適，現在反而像個墳墓。

從所有的可能性來看，那個老古董保險絲盒有些不對勁；它發展出某種不需要的一觸即發特性，乃至它根本不是在對任何危險的電力過度負荷做反應了。你應該從你口袋裡掏出幾分錢，用來替換燒掉的保險絲嗎？那樣會解決停電問題——再也不會短路，裡面裝了銅幣就不會。可用錢幣會破壞保險絲的保護功能，不過就現在來說，保護措施的必要性很有疑問，而這個盒子一直讓你沒什麼好理由就在黑暗中受凍。嗯……或許沒有好理由吧。

另一方面，要是這棟房子的線路不知怎麼的真的過載了呢？結果可能導致一場火災，到最後真的發生了怎麼辦？如果你沒有及早發現失火，如果你不能設法撲滅火焰，整棟房子都可能付之一炬，而你還困在裡面。你知道被燒死是很駭人的事情；你也知道你的心靈在玩某種把戲。但想到火災，你現在幾乎想像得到鼻孔裡有股煙味了。

所以你會回到樓上，沒完沒了地坐在黑暗的客廳裡，氣餒又冷到麻木，雖然你已經把自己埋在屋裡的每一條毯子底下了。沒有可以閱讀的燈光，沒有音樂，只有外面冰冷寒風的哭嚎與喀喀響聲。或者，為了設法讓自己感覺更像個人，你會把周遭的東西弄得溫暖舒適。跟災難與極端疼痛對賭是明智的嗎？如果你把電力重新打開，能保證醒來時都聞不到「不存在的煙味」嗎？你會不會因此醒過來太多次？你要怎麼冒險再去睡呢？

你會破壞那個保險絲盒嗎？

困在這種處境下，需要做出看似雙輸的決定，我相信我們大多數人不可能知道該怎麼做。不過我確實知道，任何想要從心理創傷中復原的人，必須面對的就是這種兩難。因為他們的處境並不像被鎖在一棟房子裡那樣容易拯救，反而牽涉到他們自身心靈限制之內的無鎖單人監禁狀態，讓事態變得更悲慘。罹患嚴重創傷疾患的人必須決定，要生存在一種幾乎要奪走半條命的麻木與挫折狀態？還是去冒個險？後者很有可能帶給他們更美好的人生，只是感覺好像要對等待生吞活剝自己的難言恐怖愚蠢地發出公開邀請，而自己必須以真英雄的方式選擇冒險。

因為創傷改變了大腦本身。就像過時的保險絲盒，受過心理創傷的大腦裡有著難以理解的怪癖，導致它對現在的生活現實過度反應——或者更精確地說，是錯誤反應。這些神經學上的錯誤反應變得根深柢固，因為創傷對於像是正腎上腺素這樣的壓力反應神經激素分泌有深遠的影響，因此也影響了牽涉到記憶的多種腦區，尤其是杏仁核跟海馬迴。

杏仁核從五官經過視丘而接收到感官資訊，替輸入內容加上情緒意義，然後把這個「情緒評估」傳送到海馬迴。依據杏仁核對於資訊的「評估」，海馬迴會被激發到較高或較低的程度，然後產生功能去組織新的輸入內容，並把它整合到關於同類型感官事件的既有資訊之中。在正常條件範圍之下，這套系統很有效率地工作，根據情緒上的優先性來鞏固記憶。然而當激素刺激來到最高點，像是在創傷情境之下，這套系統就會發生崩潰。杏仁核記錄下來的壓倒性情緒訊號，實際上導致了海馬迴激發的程度減低，以至於海馬迴無法有效組織某些創傷性的輸入內容，或者將之整合到別的記憶裡。結果就是那一部分的創傷記憶被儲存時，沒有被當成統一整體的一部分，而是當成孤立的感官影像與身體感覺，在時間上、甚至在情境上都沒有具體定位，也沒有跟其他事件整合。

讓狀況變得更加複雜的是，暴露在創傷下可能讓布羅卡區（Broca’s area）暫時關閉。布羅卡區是腦左半球中把經驗翻譯成語言的區域，而我們最常透過的就是語言這個手段，把我們的經驗講給別人聽，甚至講給自己聽。

有越來越多研究指出，大腦安置創傷記憶的方式跟它記錄常規記憶的方式不一樣。[1]常規記憶是透過適當的海馬迴與腦皮質輸入內容而成形的，被整合成可以理解的整體，而且會受到未來事件以及語言的影響，做出意義上的修正。相對來說，創傷記憶包含的是混亂的碎片，被封閉在後續經驗的調節之外。這樣的記憶碎片是沒有語言、沒有地點且永久性的，並在原來的創傷退入過往許久之後，大腦對它的記錄，可能只是孤立又徹底無名的片段情緒、影像與感官知覺，這些東西像故障鬧鐘的鈴聲一樣，在這個人的體內回響。

更糟的是，後來在這個人的生活裡、在跟精神創傷隱約類似的情境裡——或許只是因為它們很令人震驚、激起焦慮、或者讓人情緒激動——比起更完整、沒那麼激烈、經過海馬迴與大腦皮質整合修正的記憶，那些只經過杏仁核調節的記憶痕跡更快被提取。就算統合過、更新過的記憶在當下看來更明智，但杏仁核記憶總是更容易取得，所以創傷可能在不恰當的時候，在沒有風險、不必如此警戒的時候被「想起來」。相對來說對於很瑣碎的壓力做反應時，很久以前曾心理受創的人，可能真的感覺到危險再度迫在眉睫，伴隨著巨大威脅而來的情緒、身體感覺，或許還有影像、聲音、氣味，都會使出全力來襲擊當事人。

這有一個來自日常生活的實例。一位名叫貝佛莉的女性坐在一個安靜的郊區車站等火車，同時在閱讀一份早報。那篇文章講的是一個駭人聽聞的本地醜聞，讓她想起許多事，有幾分鐘她忘了自己在哪裡。突然之間，有刺耳的轟然巨響從火車那裡傳來，發出火車抵達的信號。那噪音對貝佛莉造成痛苦的驚擾；她猛然轉頭，屏住呼吸。她很驚異的是，她本來可以在公共場所這麼放鬆、放下戒備。但她現在心跳如雷，而在摺起報紙所需要的那一瞬間，跟這個平靜早晨的火車站毫無任何關聯的身體感受、甚至是一種氣味，突襲了她。如果她能認出那個味道——她永遠不會——她就會說是「氯氣」。她感覺到胸口突然一僵，就好像她的肺剛剛變成了石頭，而且有種幾乎壓倒性的衝動要離開這裡，想拔腿狂奔。

在這一瞬間，現在的感知與情緒就等於過去。這些感官知覺與情緒碎片，是對於三十年前某個下午的杏仁核調節記憶；那是貝佛莉人生的第十個夏天，那時她從公共游泳池走回家，她看到她妹妹跳到街上，卻被撞死在一輛加速疾馳的汽車前方。事隔三十年，在這一刻，貝佛莉再度有那種感受。

她的感官知覺與感受，並沒有屬於「恐怖意外」這個標籤的記憶。事實上，這些感受根本沒有被歸類，因為它們一直是完全沒有語言可以表達的。它們不屬於任何敘述、沒有地點或時間、也沒有她能夠講的人生故事；它們形態不定，難以形容。

從實效上來說，貝佛莉的大腦中包含一個位於邊緣系統的故障警告裝置，一個舊保險絲盒，其中的保險絲常常會無緣無故熔斷，強力宣布有個緊急事件發生了，雖然現在完全沒這回事。

驚人的是，她可能不會納悶、甚至不會記得這強烈的感知與情緒「警告」，因為在下一個瞬間，對於這個「宣稱」的緊急事件，一個早已根深柢固的解離反應，可能早就溜進她的大腦，要「保護」她避開這個「無可忍受的」童年記憶。她可能覺得異常憤怒、有偏執妄想、或者像孩子似地膽怯。或者，她可能反而覺得她開始在一個迷濛到令人不安的夢境世界裡移動，覺得很遙遠又脫離現實。或者她可能有一陣子完全脫離了她的「自我」，雖繼續行動，卻沒有自覺意識。要是最後這種狀況發生得很輕微，她的整體經驗可能會類似這樣：「今天我要去工作的時候，火車進站了——那個轟轟作響的東西好吵！——然後我記得的下一件事，就是它停在我這一站了。」她甚至會覺得自己這樣恍神還滿有趣的。

我們大多數人並不會太注意這些經驗。過著日常生活的時候，它們在我們眼前多多少少是隱形的，所以我們並不了解有多少日常生活實際上被「過去」所消耗，是我們對已知的黑暗時刻做反應；我們也不理解自己某些記憶實際上有多麼像沼澤，會吸走我們的活力。在我們分裂的覺察意識中，泥沼越來越深，在人生的進程裡，這種「保護性」的心理反應取得了巨大的習慣力量。就算在創傷記憶碎片還沒被激發的時候，這些運動過度的肌肉就可能把我們帶走。有時候解離可能發生在我們就是很困惑、很挫折或者很緊張的時候，無論我們有沒有看出自己魂不守舍的狀態。

典型狀態下，只有創傷史最絕望的那些人才會被迫發現他們不在當下，而且還可能要設法修正。只有伴隨著最嚴重創傷疾患的成癮、重度憂鬱症、自殺未遂與普遍意義上的徹底毀滅，偶爾能夠提供足夠強烈的動機，讓人冒險承受洞見帶來的衝擊，並且做出永久性的改變。由於我們的神經線路構造使然，要直接面對過往創傷，當事人就必須在心理上重新忍受他們所有的嚇人經歷，按照原有的強度，去感覺好像最糟的夢魘已然成真、恐怖已經重返。當事人必須刻意忽略所有故障的保險絲，忽略大腦因為記憶與痛苦的情緒而反對留在當下的權威性警告；在極端嚴重或過往長期創傷的例子裡，這個過程簡直就是英雄式的。

當有個好得不得了的理由，像是罹患讓人窒息的憂鬱症、或者其他一些惡魔般的心理折磨，會幫助人們嘗試修正。或許這是部分的理由，說明為何數個世紀以來的哲學家與神學家都已經觀察到，無可忍受的俗世哀傷與精神啟蒙之間，有著強烈的關聯性，而這種超越時間限制的關係，心理學家卻曾經神祕地加以忽略。

為了體會心理創傷可能對心靈做出什麼事，讓我們考量一個分裂覺察意識的極端案例：一位女子的心靈被她過往的深刻心理創傷輾壓摧折過，而她在幾次狀況嚴重的自殺未遂之後找我治療。她的故事比我們大多數人曾聽說過的都更加殘酷，結果當她成年後，苦難在生活中接連而來，幾乎讓她活不下去。然而，要是有人在街頭遇到她，或只是碰巧認識她，她看起來會相當正常。事實上，一個人很可能輕易就認為她很令人羨慕。當然，從遠處看，完全沒有任何事情顯得不對勁，而有許多事情看上去明顯很好。

茱莉雅聰明絕頂。從史丹佛大學以最優等成績畢業後，在紐約拿到全額獎學金讀研究所，她變成了得獎的紀錄片製作人。我在她三十二歲的時候遇見她，是個等著嶄露頭角的知性力量。跟她對話讓我想到《紐約書評》（*New York Review of Books*），只是她更風趣，而且是個活生生在呼吸的人類，配戴紫水晶珠寶來襯托她帶電似的紅褐色頭髮。她群青色的眼睛閃閃發光，就算在她沮喪時，也會讓人一見到她就產生她很特別的印象。然而她是輕聲細語的，極端能夠讓人放下心防。她不會炫示她超凡的智商或者她的美貌，甚至連她自己都好像不曾注意到。

但那雙藍色的眼睛，立刻就注意到了每件事，就像攝影一般。她第一次走進我辦公室時，她說：「喔，多麼好啊。妳是從海地得到那座小雕像的嗎？我在那裡做過某個計畫。那真是個魅力迷人的地方！」

她指的是一個小小的皂石小雕像，一個下跪男子的圓形抽象塑像，我確實是在太子港（Port-au-Prince）買下的，而它放在跟我辦公室門平行的一個架子上。她進來的時候並沒有往那個方向回頭一瞥，所以她肯定是在百萬分之一秒內捕捉到並且處理過那個邊緣視野裡的影像。

「非常有觀察力。」我說道，隨後她對我露出一個微笑，如此閃亮動人又溫暖，就在那最無遮掩的時刻，她終生的憂鬱裂開一條縫，從她周遭的空氣中消失，就好像那不過是個泡泡而已。她瞬間的微笑讓我眨了眨眼睛，而我在那一刻，即使在第一次診療開始之前，我就清楚知道，如果她願意讓我幫忙，我會做我能做的一切，讓這道特別的光不至於熄滅。

在短時間內，茱莉雅可以很有娛樂性又很詳盡地談論電影、音樂、多文化心理學、非洲政治、文學批評理論、還有許許多多其他主題。她對細節的記憶無可置疑，還很有說故事的天賦。在她講述資訊或者一則故事的時候，她自己加入其中的知性魅力，讓她的聲音有股高預算紀錄片旁白那種冷靜與經過專業調節的性質——

像是介紹某種特別神奇的瀕危物種，例如以西藏雪豹為主題的片子。她講了幾句有巧妙語氣轉折的句子，然後頓了一下，幾乎就好像她正在聆聽——並且期待你也在聽——彷彿腳掌在雪結成的硬殼上，發出鬼鬼祟祟的喀嗤－喀嗤聲響。

對此感到好奇的我，有一次問她除了是製片以外，是否也是個女演員。她笑出聲來，然後回答，不是她大言不慚，她確實可以做一流的敘事配音員，卻沒有任何一點點真正的戲劇表演能力。事實上，她說有時候跟她共事的人會善意地笑她有這麼一個小缺點。

在我跟她的第一次診療中，我問她為何來做治療，她花了三十分鐘用電影般的細節告訴我她最近一次企圖自殺：在一月末的一個星期二凌晨三點，她開車到一處偏僻的麻薩諸塞海灘，躺在浪潮中。這麼做的時候，她誠心期待直到她凍死以前都不要被發現。以她無所不知的旁白語氣，在記憶帶來的知性好奇心中，她描述她在不太可能的狀況下意外獲救——被一群醉醺醺的大學生發現。然後又花了我們下一個三十分鐘，把這個瀕死經驗比擬成某個故事裡奇特的非人客觀距離——這是可以靠著某種作者論式的攝影機運動、在電影裡達到的效果。

「到那個時候，我飄浮在自己之上，往下俯視，某種程度上是在等待。而我知道我不可能真的看到那些年輕人，但我覺得我看到了。在波浪的聲音之上，我不認為妳真的可以聽見沙裡的腳步聲，不過還是一樣……」

而我拉長耳朵去聽那個「喀嗤－喀嗤」。

治療是種讓人害怕的東西，而人通常不會只因為輕微地不快樂就尋求治療。由於我的工作，還有那些被引薦給我的高風險個人，因此才剛見面就聽到患者自殺未遂的故事，對我來說並不算不尋常。事實上，我幾乎開始期待這樣的陳述了。

我們的第二次治療，以茱莉雅用來描述自己自殺未遂時完全相同的語調，她一開始給我一段有趣的陳述，談的是她的新計畫，主題是一位作家的生平，這位前途看好卻英年早逝的作家死於在中國西部感染的罕見血液疾病。在這件事講了十五分鐘以後，我制止了她，並且解釋我想要知道關於她、關於茱莉雅本身的事情，而不是茱莉雅的作品。看到她臉上出現茫然的表情，我設法給她一些沒有威脅性的指引。我問她關於她童年那些普遍性、事實性的問題。

而在那第二次的治療裡，表達清楚、充滿知性才華的茱莉雅，對自己的童年記憶如下：身為獨生女，她知道她出生在洛杉磯，但她不知道是在哪間醫院。她模糊地記得在她大約十歲的時候，全家人搬到另一個社區；但她不記得關於第一個社區的任何事情，甚至不記得是在哪裡。雖然她不確定，她假定那次搬家之所以發生，肯定是因為她父母變得比較富裕了。她記得她在高中有個朋友叫做芭芭拉（「我一定花了很多時間跟她在一起。」），不過她想不起來芭芭拉的姓氏，或者芭芭拉在高中畢業後去了哪裡。我向茱莉雅問起她的老師們，而她一個都記不起來，小學老師不記得、初中老師不記得、高中老師也不記得。她想不起來自己有沒有去參加高中畢業舞會、或者她的高中畢業典禮。對於童年，她似乎唯一記憶鮮明的事情，是在她大約十二歲的時候有一條小梗犬，名字叫「咧嘴」，當咧嘴需要動一個昂貴的胃部手術時，她母親讓咧嘴安樂死了。

而這位有著電影式心靈的三十二歲成功女士，對童年的全部記憶就只有這樣。她花了四十五分鐘，從塞著她早年記憶的陰暗沉寂之地，把這些東西拖出來。她記不得任何一個假日、或者任何一次生日。三十二歲了，她可以游泳、閱讀、開車、在鋼琴上彈幾首歌，但她不記得怎麼學會這些技巧的。

僅次於異乎尋常的輕描淡寫與幽默，在這個脈絡裡，一名還不錯、甚至是很有天分的知識分子記憶卻不夠多，是導致我開始對一位患者的過往起疑的下一個觀察。

在我們第三次治療時，她問我一個讓人震驚、但其實也相當明顯的問題：「其他人都記得那些事情嗎，記得他們的老師、參加他們的畢業典禮、還有學會開車等等？」當我告訴她說，對，他們通常真的記得，至少比她記得的程度大得多，她充滿敬意地說道：「哇！」接著安靜了好幾分鐘。最後，她身體往前傾了一些，然後問道：「所以我是哪裡不對勁？」

因為我知道我必須說的話，可能在一開始讓茱莉雅聽起來很荒謬、反常、或者更糟，我謹慎地說道：「我懷疑妳人生早期有創傷經驗。就算某個人的認知記憶就像妳一樣徹底完好，創傷還是可能以情緒性的方式擾亂記憶。」

茱莉雅認為我錯了；或者說，至少收集紫水晶珠寶、拍出得獎影片、並且談論攝影機角度的那一部分她認為我錯了。另一部分的茱莉雅，一直嘗試自殺的那個部分、在她的事業有需求時阻止她搬回洛杉磯的那個部分、有時候讓她睏倦到必須在某個尋常白晝中途開車回家的那個部分，讓她接下來六年都持續回來做治療。在那六年裡，一步接著一步，茱莉雅跟我對於她到底發生過什麼事，找出了一些頭緒。她同意被催眠、她開始記住她的夢境、她承認她微弱的懷疑。她甚至旅行回洛杉磯，去跟遠親還有老鄰居談話。

我們到頭來發現茱莉雅幼時住在「鬼屋」裡，怪物會跳出來對付她，事前沒有預警、也沒有明確理由。只是茱莉雅就像一般受虐兒童一樣，到後來開始假定她這個人一定糟透了，活該得到那些懲罰。等她到達學齡的時候，她已經學會不要哭，因為眼淚只會鼓勵她父母進一步虐待她。而且，她已經失去所有讓任何人知道發生什麼事的意向了。告訴某個人並且請求幫助，對於她絕望幼小的靈魂來說，是很陌生的概念。她腦袋裡就是不再出現人生有可能不同的念頭了。

很快地，從某個意義上說，她甚至不再告訴她自己發生了什麼事。在虐待開始的時候，她會「去別的地方」；她會「不在場」。這麼說的意思是，茱莉雅的心靈已經學會如何讓她的自我跟她周遭發生的事解離，把她的覺察意識傳送到一個夠遙遠的地方；她頂多只感覺到她從非常遠的距離之外，看著一個名叫茱莉雅的小女孩過生活。有個名叫茱莉雅的悲傷小女孩非常無助，而且無法逃跑；可是在心理上來說，茱莉雅的自我可以去「別的地方」，可以在心理上缺席。

簡單說，茱莉雅不記得她的童年，是因為她不在場。

所有人類都有能力在心理上解離，雖然我們大部分人沒察覺到這一點，而且認為「離體」這個插曲遠遠超出我們正常的經驗界線。事實上每個人都有解離經驗，而大多數解離經驗都相當平常。

想像一個徹底的普通人，在他走進一家徹底普通的電影院裡，去看一部熱門電影。他是清醒警覺的，也知道自己在周遭環境中的位置。他有察覺到他的妻子跟他在一起，而且在他們坐在靠走道的位置時，她在他的右邊。他察覺到他腿上有一盒爆米花。他知道他來看的電影是《絕命追殺令》（*The Fugitive*），主演明星是哈里遜・福特（Harrison Ford）與湯米・李・瓊斯（Tommy Lee Jones）。在等待電影開場的時候，他或許在擔憂工作上的問題。

然後戲院的燈光調暗了，電影開始播放。而在二十五分鐘之內，他全然失去他對現實的掌握。他不但不再擔心工作，也不再領悟到他有份工作。如果有人可以讀到他的思緒，就會發現他不再相信他坐在戲院裡，雖然他在現實中是這樣。他聞不到他的爆米花了；其中某一些滾出了他現在拿得稍微歪一點的盒子，因為他已經遺忘自己的手了。他的妻子也消失了，雖然任何觀察者都會看到，她仍然坐在他右方四吋之處。

而他沒離開自己的座位，就已經在跑、跑、跑個不停了——不是跟著那個演員哈里遜・福特——而是跟著電影裡那個被圍困的逃犯，換句話說，他跟著無論在這位觀影者或其他任何人的真實世界裡都不存在的人跑。在他閃躲一輛不存在的失控火車時，他的心跳也加速了。

這個徹底普通的男子跟現實解離了。在實效上，他處於出神狀態。我們可能替他的感知貼上精神錯亂（psychotic）的標籤，只是事實上在電影結束時，他幾乎立刻回歸到他通常的心理狀態。他會看到片尾字幕。他會注意到他灑出一些爆米花，雖然他不會記得自己這麼做了。他會看向他的右邊，跟他妻子說話。非常有可能的是，他會告訴她，他喜歡這部電影，因為我們都傾向享受能夠讓我們變得忘我的娛樂。真正發生的事情是，有一小段時間，他把擔心工作問題與其他「真實」事物的那一部分，跟有自己想像力的那部分分離開來，好讓有想像力的部分可以擁有主導權。他把他的部分意識跟另一部分解離開來。

用這種方式闡明解離的時候，大多數人就能承認他們不時發生這樣的插曲——在看電影或看戲、讀書或聽演講、甚或只是做白日夢的時候。這種離體經驗可能聽起來比較好懂。平鋪直敘地說，這指的是在某種情境下——從令人愉快或不快的分心之事，到心醉神迷、恐懼、痛苦、恐怖都包括在內——一個人類可能在心理上從他或她自己的直接經驗中缺席。我們可以去別的地方。我們幾乎總是想成「自我」的那部分意識，可以有一陣子、幾小時都不在場，而在某些令人髮指的創傷狀況下，還可以缺席得更久更久。

以白日夢造成的結果來說，這種心理區隔化（compartmentalization）稱為分心（distraction）。引人入勝的電影所造成的結果，通常稱為逃避（escape）。生理或心理創傷造成的結果，則稱為解離狀態（dissociative state）。當一個催眠師透過單調的聲音、分心、放鬆或任何一種方法來引起解離狀態時，這種暫時性的結果稱為催眠狀態（hypnotic state），或者出神（trance）。分心、逃避、解離狀態與出神的生理模式與主要行為結果，無論其方法如何，實質上是相同的。這些狀態之間的差別，與其說依據的是意識如何被分裂，還不如說是一個人被迫保持意識分裂的頻率有多高、時間有多長。

意識如何能夠分裂成碎片的另一個可辨識例子，跟生理痛楚的感知有關。在看過《絕命追殺令》之後的那天早晨，我們這位觀影者的妻子拼命要裝好她的公事包、吃她的早餐、打發孩子去上學、同時還要聽電視上的新聞報導，一切全都同時進行。她分心得厲害。在這一切過程中，她的腿砰然有聲地撞上一個矮架。然而這個女人似乎沒有察覺到她傷到自己了。那天晚上，在她準備上床睡覺的時候，她注意到她右腿有個斑駁的大瘀青。她心想：「喔，好，我很納悶我是怎麼弄到的？」

在這個例子裡，一個人分心了，而她在正常狀態下會感知到的疼痛意識，從目標導向的那一部分意識中分裂出來，而且服從於目標導向的意識。她不在那裡直接經驗她的疼痛。她在別處（在公事包、早餐、小孩、新聞之中）。而且因為她不在那裡，她就不記得那場意外。

在傷勢嚴重得多的例子裡，身體痛楚的直接經驗也可能分裂出去。我們大多數人聽說過這類型的故事：斷了一條腿的家長回到車禍現場，赤手空拳扭開一個歪七扭八的車門，以便救出她的孩子。沒那麼英勇的狀況是，我記得自己的車被一輛超速豪華轎車撞毀。我的膝蓋受傷了，但在車禍後我沒感覺到疼痛，在某種程度上是根本沒察覺到自己的身體。我被拉出車外的時候，第一個念頭是往後照鏡看，檢查我的牙齒，然後因為沒看到碎裂，我就認定一切肯定都沒問題。還有一些戰爭故事講到傷殘步兵必須從前線逃走。所有這樣的狀況，都以神奇的方式影響到記憶。舉例來說，可以注意一下，當退伍老兵相聚的時候，他們通常會有說有笑地講起戰爭故事，好像那是他們人生中最棒的時光似的。

心理上的強烈苦痛也可以被解離。受虐的時候，茱莉雅發展出脫離她自己以及她自身處境的反應。她停止留在當下。當然，她的部分意識一定一直在那裡。她可以注意觀察她父母，甚至預測他們的心情。她可以逃跑躲藏，可以掩蓋她的傷勢，可以為她父母保密。不過她的部分意識，她視為自我的那個部分不在場；它分裂出去，被放在一旁，因此在某種意義上是受到保護的。而且因為她的自我不在那裡，她的自我就不可能記得她大半童年期間所發生的事。

無法記起自己人生中的完整章節是什麼感覺？我曾經問過許多人這個問題，茱莉雅是其中之一。一如往常，她的答案很明顯，同時也很令人震驚。

「感覺起來什麼都不像。」她回答道：「我從來沒有真正去思考這件事。我猜我就只是假定，在某種程度上默默假定，每個人的記憶都跟我一樣，也就是說在二十歲左右以前都有幾分空白。我的意思是，妳不可能看進別人心裡面，對吧？妳能做的就只有提出問題，而我甚至根本沒想過要問任何人這件事。這就好像去問：『妳看到藍色的時候是看到什麼？』首先，妳絕對不會想到要問。其次，兩個人可能同意澄澈的藍天是藍的，但實際的藍色對他們兩人來說，看起來一樣嗎？誰知道呢？妳到底要怎麼問那個問題？

「當然，我三不五時會聽到別人講起『蒙眼釘驢尾』遊戲、或者某些其他在小孩子生日時會做的事，我都會納悶地想他們怎麼知道那些事。但我猜，我就只是猜想他們的記憶力特別好，也許他們太常聽他們的父母講到這件事，以至於那似乎像是個記憶了。

「我確實有的記憶看起來很反常，像是黑暗房間裡針尖般的光，因為實在太過模糊，以至於妳其實不確定自己到底有沒有看到。當然，我完全沒有連續線性記憶這樣的東西，可以把我人生一部分連到另一部分。

「真的，直到妳開始問起我的老師等問題，我才對我的記憶有了認真的疑問。在妳開始發問以後，我問過另外幾個人，就只是出於好奇，而我開始了解到別人真的都有童年記憶，而且其中某些人的記憶還挺鮮明的，我很驚訝。

「我能告訴妳什麼呢？我以前就是從來沒想過要納悶這件事。這感覺好像……感覺好像沒什麼。」

她聳聳肩。大多數人都會聳肩。他們真心覺得驚訝，而且茫然若失。

現在可以問茱莉雅一個無傷大雅的問題是：「妳一直這麼不快樂，一直企圖結束妳的生命，這所有時間裡，妳認為是什麼導致了一切慘狀？」

「我以為我瘋了。」她回答。

要理解這一點是夠簡單的了，我們可以想像一個相對來說無害的簡單例子。設想有某個人，就叫她愛麗絲吧。有一天她上班早退，去看牙醫，拔掉了她的兩顆下排智齒。拔牙進行得很順利；醫生把棉花填進牙齦，然後就讓愛麗絲回家了。在回家路上，因為某種虛幻的理由，就說是有股魔力的月光吧，愛麗絲完全失去了看牙醫的記憶。她現在假定她下班後直接開車回家，跟她在大部分日子裡所做的一樣。她回家以後有一陣子沒事，但麻醉漸漸消退，她開始體驗到嘴裡有相當大程度的疼痛。很快地，痛苦就強烈到難以忽視，她到浴室鏡子前去檢查整個狀況。在她看向嘴裡的時候，她發現那裡有一團團棉花。而在她把棉花拿出來的時候，她發現有兩顆牙不見了，而且她在流血！

愛麗絲現在處於模糊地帶。去拔智齒的尋常經驗，已經變成了讓她自覺精神錯亂的情況。再多一、兩個這樣的經驗，她就會相信自己精神錯亂了。

童年創傷創造出一幅特別令人困惑的圖像。觀察正常兒童玩耍的時候，你會領悟到兒童特別擅長解離。為了遊戲之樂，一個小孩可以在一瞬間就把自己拋諸腦後，變成別的人或者東西，或者同時是好幾種東西。「現實」在孩提時代甚至更有可塑性。假想遊戲是真實、神奇、讓人全心投入的。任何人若真的看到正常兒童透過跳出「自我」、去到別處、成為其他東西的卓越能力，並衍生出無窮的樂趣，就能清楚這一點。「雪現在不是冷的了。」身體甚至在處於崩潰邊緣的時候，也並不疲憊。

因為兒童就算在尋常情境下，也很容易從現實中解離，所以當他們碰上創傷性情境時，可以很輕易把自己的意識分裂成碎片。這通常能延續一段時間，自我被擱在一邊隱藏起來。當然，這種反應對受創兒童來說是有功能性的，很必要，甚至很仁慈。對於受創的孩子，解離狀態遠非功能失調或者瘋狂，事實上還可能拯救性命。這要多謝正常的人類心靈，提供了這種手段。

直到後來，在孩子長大而且遠離原發性創傷之後，這種因應策略才變成一種功能失調。原發性創傷不再是持續進行中的生活現實，因此延長的解離反應就不再必要了。但在多年密集使用之後，這種自我保護策略已經變得一觸即發。這個孩子所變成的大人，現在一旦碰上可能不會導致別人解離的壓力程度，就會體驗到解離反應。

最能造成問題的事件，通常在某方面與原發性創傷有相關性。人類是非常懂得精巧象徵的生物，「有相關性」可能會觸及無可預測又常常無法解碼的層層抽象與隱喻。來自一盞城市街燈的長長影子，可能讓某人想起亞利桑那沙漠裡高大的仙人掌，而他父親在那個地方曾經威脅拿他去「餵」響尾蛇。一首關於柳林風聲的無害歌曲，可能讓另一個人想起一片稻田，那是她在柬埔寨的童年風景一部分。一輛車在波士頓的燈塔街逆火，可能讓另一個不同的人想到他十八歲的軍中同袍在他前方六呎的小徑現場被炸碎。

所以對於兒時受創的成年人來說，「現在」也有一種反覆無常的特質——現在很難掌握，永遠都在逃脫。

在茱莉雅的例子裡，雖然她沒有質疑自己過往記憶的貧乏，但在她進入治療以前，已經開始懷疑自己現在也在失去時間感。這有可能是因為現在有比過去更多的外在現實感檢驗手段。對於現在的時間，還有一週裡的某一天，一直都有來自其他人——例如從廣播、電視、網路、約會紀錄本——的持續提醒。過去的時間標記比較沒那麼即時，而總有一天，大多數的約會跟過去的編年紀事，對我們所有人來說都會變得面目模糊。一個人會忘記二十年前發生過的某件事，這幾乎不會讓人感到訝異。不過如果一個人洩露她對於發生在這一週的某個重要事件沒有記憶，親友跟同事就不太可能對於這種失誤不置一詞。

就在茱莉雅跟我做的一次診療中，她宣布：「我在星期二早晨醒來的時候，就星期五了。」

「請再說一次？」

「今天早上我醒來的時候是星期二，然後我就發現對其他每個人來說，今天是星期五。」

「妳的意思是什麼？」

「唔，我今天早上醒來以前記得的最後一件事，是在星期一晚上吃了晚餐。所以我想今天是星期二。然後我去工作，我理應在星期五會見的一些贊助人就在那裡。所以我問我的助理怎麼回事，她說：『記得嗎，妳想要在今天早上見這些人？』然後我說：『不。我想在星期五見他們。』她看著我說道：『今天是星期五，茱莉雅。』

「我巧妙地應付過去。我笑出聲來，說道：『當然了。真糟糕。我再也不能熬夜了。很快我就會忘記自己的名字了，哈哈。』不過這不有趣。這種事常常發生。我就是流失了時間。一次好幾小時、好幾天。它們就是不見了，而我不知道我做了什麼、我去過哪裡或者任何別的事。

「以前我從沒有告訴過任何人這件事。這很令人尷尬。實際上是很嚇人。

「我對此一點都不了解，但我至少理解的事情是，很顯然我在這些時候繼續做我的正事，而沒有人注意到我有任何異樣。至少，從沒有人說過任何話。在今天早上的會議以後，我領悟到在星期二、星期三跟星期四，我一定做過海量的剪片作業。片子就在那裡，全做完了。我甚至做得很好。而我天殺的一件事都不記得。」

在這番告白之中，我第一次看到茱莉雅哭。然而很快地，她靠著意志力控制住她的淚水，然後要我跟她說明前一週她聽我用過的一個詞彙：「解離性的」。她問我的方式就好像這個議題對她來說完全只是個學術議題，但顯然並非如此。我溫和地導引她回到主題：她自己，還有她的這一週。

「妳星期一晚上在哪裡吃晚餐？」

「什麼？喔。星期一晚上的晚餐。我跟我朋友伊蓮在燒烤二十三吃晚餐。」

「吃得愉快嗎？」我繼續問道。

「我想是的。對，我想還不錯。」

「妳跟伊蓮聊到什麼事，妳記得嗎？」

「我們聊到什麼事？讓我想想。唔，我想我們稍微談了一下片子。然後我們講到那個服務生。長得很可愛的服務生。」她咧嘴笑了。「然後我們可能花了最長的時間在講伊蓮跟這個新男友彼得的關係。妳為什麼問？」

「妳說妳今天早上醒來以前記得的最後一件事，就是那頓晚餐。我想那可能很重要。伊蓮怎麼講到彼得的？」

「喔，她說她瘋狂熱戀中，而且她說她想要我見見他，因為她認為我們會很有話聊。他也是從洛杉磯來的。」

「妳跟彼得兩人都來自洛杉磯。對於洛杉磯，妳跟伊蓮還談了什麼別的？」

茱莉雅突然一陣茫然，然後說道：「我不記得。為何問？妳真的認為我長大的地方有某件事情把我嚇得夠嗆，甚至就只是談到它都會把我轟進無人之境連續三天？不過那真的不可能。我是說，我常常跟人談到洛杉磯。」

「我想有可能在那頓晚餐中有某件事把妳嚇得夠嗆，讓妳有一陣子失去自我，雖然我們永遠無法確知。很明顯，談到洛杉磯並不總會造成這種現象，不過也許在那個特定對話裡，有某件事情讓妳想起別的事，這件事又會觸發妳心裡的某件事，對別人來說、甚至對不同時刻的妳來說，卻是無傷大雅的。但如我所說，我們永遠無法確知。」

「這樣好嚇人，好糟糕。這就好像我在我自己腦袋裡坐牢。我不認為我能夠繼續這樣活下去了。」

「是，這很嚇人。我懷疑事情已經這麼嚇人很久了。」

「妳說得對。」

對於她自己過去與現在的人生，茱莉雅的知識有著瑞士起司那種充滿空氣的結構；有些紮實的物質是她跟她天賦過人的才智可以利用的，但中間充滿了無法解釋的裂隙與空洞。這種狀況有好玩的一面。幾個月後，在她更能夠接受自己的問題時，她進來坐下，然後用很符合個人特質的迷人方式說道：「妳喜歡我的新手鐲嗎？」

「這很美麗。」我回答：「我一直都很欣賞妳的紫水晶珠寶。妳是什麼時候買到那個手鐲的？」

「誰知道呢？」

她再度對我咧嘴笑了，而我們兩個人都笑出聲來。

茱莉雅從她的自我中分離出來，同時還繼續進行日常活動，這種狀況有個稍微老派的稱呼，叫做「漫遊症」（fugue），來自義大利語 *fuga*，意思是「遁逃」。達到漫遊症程度的解離狀態，是人類自動把意識分裂成不同部分最戲劇性的實例之一。在漫遊症狀態，當事人，或者是當事人的心靈可以被細分成不同部分，讓某些由智能驅動的功能得以繼續運作——在特定時間起床、跟其他人對話、照著行程表走、甚至執行複雜的任務——同時在我們的經驗中通常被視為「自我」的那一部分意識——有期望、夢想、計畫、情緒與記憶的自覺中樞——逃走了，或者可能純粹變暗，就像夜晚某人睡覺時的房間。

漫遊症中的逃離，跟普通人類生命中不是由創傷中滋生的某些經驗是相關的。舉例來說，類似白天開車通勤者的共同經驗，他們領悟到有時候在晚上回到家裡，卻沒有察覺到開車的活動本身。開車過程是由心靈的某個部分自動執行的，同時心靈的自我部分在擔憂、做白日夢或聽廣播。這種經驗是回到家裡卻不記得車程。如果反思一下開車牽涉到的細微複雜決定與調度能力，就會覺得這種尋常之事其實相當了不起。

臨床上的漫遊症跟人類常見經驗之間的差異，與其說是在種類上，不如說展現在程度上。漫遊症受到了恐懼所驅策，而且很徹底；比較常被辨識出的日常經驗則是分心的結果，相對來說比較透明。在漫遊症狀況下開車的例子，會牽涉到那位駕駛不只是不記得車程，也不會記得有過一趟車程、還有車是從哪裡出發的事實。更值得注意的漫遊症解離反應則遠超過分心的程度，是被某種事物觸發的——一個事件、一段對話、一幕影像、一個念頭——這件事物跟創傷是相關的，雖然有可能是某種拐彎抹角的象徵式關聯。

不是所有受創的個人都展現出徹底的漫遊症。對某些人來說，壓力事件觸發一種比較沒那麼戲劇化、但在某些方面更加令人苦惱的半漫遊狀態（demifugue）。我的另一個病人，萊拉，把她的經驗稱呼為「我飛走的自我」。

「我跟 7-11 的店員吵了起來。我給他二十塊，他卻說我給他的是十塊。他不把我的另外十塊錢找給我。他看著我的樣子——那就是我繼父以前看我的樣子，就好像我很笨，糞土不如。我知道他其實不是我繼父，但無論如何所有感受都出現了。一分鐘以後我就是沒辦法再爭下去。我沒拿錢就離開了，但等我回到家裡的時候，我自我飛走的狀況就開始了。這種事一開始，就像是我徹底拿它沒辦法了。我完蛋了。我做什麼都沒有用。」

「這種感覺像什麼樣？」

「喔天啊。我不知道要如何形容。它就是……就是真的很糟。我不知道……我周遭的一切都變得非常小，有點不真實，妳知道嗎？我稱之為飛走的自我。那感覺像是……我的靈魂好像就這樣飛走了，其他一切變得非常小——旁人，還有一切。舉例來說，如果現在正在發生這種狀況，妳就會看起來非常小、非常遠，這個房間會感覺好像不太真實。有時候甚至我自己的身體都變得小而不真實。這很要命。而發生這種狀況時，我無法阻止。我就是無法阻止。」

萊拉描述的「飛走的自我」，在某些方面跟大多數人偶爾認識到的現實感喪失（derealization）很類似，通常是在睡眠剝奪或者身體疾病的暫時狀態下發生。一個人暫時感覺像是從望遠鏡錯誤的那一頭看世界：一切看起來都很小很遠，雖然這個人理智上知道同樣的這些物體，就跟過去一樣近、是實物大小。

想像一下，你的生活裡有些冗長的片段時間，被迫在這種狀態下度過。想像你因為跟陌生人在便利商店裡爭吵這類事情，結果無可阻擋地落入這種狀態，每次停留就是一星期或更久。這樣已經夠糟了，對於像萊拉這樣的人來說，狀況更糟上無數倍，因為對她來說，這個現象的根源在於創傷。

我的另一位病人提供了一個具體的影像，對我來說是個不可磨滅的畫面，來描述這種解離的狀態。四十九歲的賽斯，就像茱莉雅，是個成功、受過良好教育、在視覺方面很有天分的人，而他令人不安的描述反映了他的傾向。在那一節特別的治療時間裡，他告訴我一次讓人心驚的相遇，他在公司的一場軟壘比賽裡認識另一個人，那人也迷失在賽斯自己實在太過熟悉的解離空間裡。

「我完全知道她在哪裡。」賽斯說。

「那種感覺像什麼？」我問道：「你可以告訴我，你在那裡的感覺像什麼嗎？你有什麼變化？」

「我沒有變化。不是我在變化。是現實在變化。一切都變得非常小，而我完全存在於我的心靈裡。就連我自己的身體都不是真實的。」

指著我們兩人還有我們周圍的房間，他繼續說道：「就現在來說，這裡是真實的世界，妳是真的，我們在說的事情是真的。但在我變成那樣子的時候，這間辦公室就不是真的，妳也不再是真的。」

「在那些時候，什麼是真的？」我問道。

「我不是很清楚。這很難解釋。只有在我心裡發生的事情才是真的。我會告訴妳那感覺像什麼：我覺得好像在海洋裡游狗爬式，在倒退著移動，往大海裡去。在我仍然離陸地夠近的時候，我可以在某種程度上看到很遠的地方，然後看見海灘。妳跟世界其他部分全都在海灘上的某處。不過我一直往後面飄，海灘變得越來越小，海洋變得越來越大，而在我往外漂得夠遠的時候，海灘消失了，我在周遭能看到的就只有海洋。那裡很灰——就是無盡的灰色、灰色、灰色。」

「有任何東西跟你一起在海裡嗎？」我問道。

賽斯回答：「沒有。在這個時間點上沒有。我完全一個人，比妳能想像的還要更孤獨。不過如果妳往外漂得更遠些，如果妳一路往外漂到海底突然急遽下陷、進入真正深淵的部分，那裡就有恐怖的東西，那些嗜血的海洋生物，鯊魚、大海鰻跟類似的東西。我總是在想，如果真實世界裡的某樣東西足夠嚇壞我，我就會一直往外漂，漂到超過深度急遽下墜的部分，然後我就會被大口吞下去，整個不見——永遠回不來了。

「在我往外漂浮到海中央的時候，其他一切都非常遙遠，甚至連時間也是。從某方面來說，時間變得不真實。可能過去的一小時，對我來說卻像是一整天；或者可能經過了四、五個小時，卻好像只有一分鐘。」

某些極端創傷倖存者承認他們會解離，而其他人不承認這點。有許多時候，一個人會在成年後的某一刻，領悟到她或他這輩子一直有個模式，就是在極大量時間裡「不在」。

「實際上，當我是個孩子的時候，我不知道我有多少時間是像那樣耗掉的。我從來沒想過這一點。可能是很多時間，甚至是一直如此。事情就是那樣。」

「你的意思是，那是你的現實，所以你當然從來沒質疑過，就像別的小孩不會質疑自己的現實？」

「對。就是那樣。那是在我還是孩子的時候。而大多數時候這種事還是會自動發生，遠在我知道它要來了以前，就砰一下冒出來；不過現在在這裡，有時候在我快要脫離現實以前，會有短暫的空檔，我還有時間試著避免被接管。重點是試著。」

「你怎麼樣做到的？」我問道。

「靠著專心。靠著去做我能做的一切，去專注於妳、妳說的話，還有專注於這間辦公室裡、我周圍的這些東西。但這樣也會帶來身體上的痛苦。我的眼睛會痛，而我知道如果我閉上眼睛，我就可以讓自己感覺好一點。可是我設法別這麼做。我胃裡面還有這個玩意，這是最難對抗的東西。那裡有一種痛，感覺好像我剛剛吞下一整堆燃燒的煤炭，這種折磨人的感覺從我的胃部往外散發到我身體的其他部位；遲早它就是會接管我。」

他扮了個鬼臉，把拳頭放在他的胸骨前。

當賽斯講到他胃痛的這件事時，我想起來——在許許多多其他人敘述的時候，我都曾想起同一件事——有個常見的日本詞彙「心煩」（しんぱん）*，不太精確的翻譯是「心煩症候群」（agitated heart syndrome），指的是胸口與胃部之間、在太陽神經叢下方的劇痛。在東洋醫學中，「心煩」這種症狀是實在的，就跟西方醫學中的白內障、潰瘍或腓骨骨折一樣真實，是一種沒有牽涉到實際身體器官的心臟痛。在我們的文化中，我們認為這樣的事情——如果你要的話，就說是一種「心痛」吧——頂多只能算是詩意的表達。我們雖不理解，但世界上有很多地區把這看成是相當真實的。

我對賽斯說：「像那樣置身於汪洋中，想必很嚇人。」

「其實不會。」他回應道：「深淵的部分、還有跟鯊魚等等生物在一起，那是很嚇人。不過在我大半的人生裡，這其實沒有比海灘上的東西更嚇人，不會比現實更令人畏懼。我猜這就是我要說的事情。所以漂浮在海洋中央其實是最棒的地方，雖說我猜那樣聽起來很奇怪。而且，待在那裡會解決身體疼痛的問題；我在那裡的時候就不會再痛了。只是現在，我的意思是最近，妳、還有其他一切所在的海灘，有時候會讓我真心希望我能夠置身在那裡。我猜妳可以這麼說：現在，至少有些時

＊譯注：日語裡的漢字「心煩」，意義跟中文的「心煩」不同。

候，我想要活下去。」

我對著他微笑，但他移開視線，對於他剛剛提出的見解感到不確定。

我回頭去講賽斯在軟壘隊認識的人，我們的討論是從這個人的解離症狀開始；我說道：「跟另一個人在一起，同時你知道她就像某些時候的你一樣，在海洋裡漂走了，這樣一定很奇怪。」

「對，這樣非常奇怪。」

「你怎麼知道她在漂流？她有告訴你嗎？」

「不。她沒有告訴我。她對於處於解離狀態什麼都沒說。她就只是站在我們旁邊，講到她過去那些令人難以置信、恐怖的事情，講得毫無情緒，對這些事沒有任何反應。她那天球打得很好，不過可以肯定的是，她不會記得其中任何一部分。」

我問道：「你的意思是，除了你以外，別人可能不會知道她解離了？」

「絕對是這樣。我確定別人可能根本不知道。就只是在我看著她的時候，我看到了自己。這就像是跟某個沒有靈魂的人講話。」

「你的意思是，她的靈魂在別處？」

「對，我猜是。她的靈魂在別處。」賽斯說道。

短暫的沉默以後，他把討論轉回他自己的生活：「另外一天，我太太設法要跟我講某件真的很重要的事情，是雙胞胎出生時發生的事。那件事情是什麼並不重要，重要的是我根本不知道她在說什麼。我毫無線索。那不是個模糊的記憶、什麼都不是。我沒有那個記憶，因為我人不在那裡。」

「你不在那裡，但你太太當時並不知道？」我問道。

「對，她完全不曉得。不過妳知道，大多數時候要是我跟她在做愛，我卻不在那裡，她其實也不知道。」

「你的意思是，某個人可能離你那麼近，卻還是不曉得？」

「對。」

在那一刻我有個想法，然後我決定說出來：「那樣真糟。」

單單一行淚從賽斯臉上滑落。他用他的手背迅速擦掉那滴淚，然後說道：「很抱歉，只是，嗯，在我想到這件事的時候，我就領悟到，真的，我錯過了我自己大部分的人生。」

他停下來，深吸一口氣，而我納悶地想他是否可能必須解離，才能熬過在我辦公室裡的這個經驗。

我問道：「此時此刻，你在這裡嗎？」

「對，我想是。對的。」

又一個停頓，然後，他的聲音帶著比他平常所能展現更多的情緒說道：「這樣好難，因為當我在這裡的時候，在這麼多時間裡，妳看到的東西並不是我看到的。我覺得好像個冒牌貨。我在我自己的海洋裡，妳卻不知道。而我無法告訴妳發生什麼事。有時候我真的很想告訴妳，但我沒辦法。我不在了。」

賽斯對他內在生活所做的描述，清楚到令人心痛地指出，受創之人無法感覺到跟另一個人完全連結在一起，就算那是一位友人、甚至是配偶。同樣造成限制、而且程度可能更高的是，這樣的人與他或她自己的身體失去連結。妳會回想起萊拉「飛走的自我」擁有一個只是「小而不真實」的身體；而賽斯置身於他的海洋時，他的心靈跟他的肉體是分離的。我在這一章以茱莉雅做開頭，一位傑出的紀錄片製作人，而她進入治療大約一年後正好發生了一個事件，很清楚地勾勒出倖存者因為創傷而產生的身心解離；或者更精確地說，她那個知道自己肉體出了什麼事的心靈面向，跟其他部分脫鉤了。

就在工作日開始後的一天早晨，茱莉雅的助理，一位相當喜歡這位老闆的溫和年輕女性，注意到茱莉雅看起來極端蒼白。她問茱莉雅感覺如何，茱莉雅回答說她的胃感覺有點不舒服，不過除此之外，她確定她很好。十分鐘後，沿著一條走廊往前走的時候，茱莉雅跌倒在地，而在她陷入恐慌的助理跑過來幫忙她的時候，她已經失去意識了。抵達的救護車火速把茱莉雅送到麻州總醫院，她在那裡立刻開了緊急闌尾切除手術。她有生命危險，有一陣子處境危殆，因為她發炎的闌尾已經破裂了，導致嚴重的腹膜炎。然而她活下來了，在她的恢復期間，當她好轉到可以再來見我的時候，她詳細描述了她跟她的醫師在手術後的一場對話。

「醫師一直問我：『妳沒有任何感覺嗎？妳那時候不痛嗎？』我告訴她，那天早上我胃不舒服，但我不記得有任何真正的疼痛。她說：『妳為什麼不打電話給我？』我猜她就是無法相信我真的沒感受到任何痛楚。她說最遲到前一天晚上，我就應該覺得痛苦難當了。她一直講到『痛苦難當』。但我沒有感覺到。我向妳發誓，我沒有感受到任何痛楚，更別說是痛苦難當了。」

「我相信妳。」我對茱莉雅說道。

「唔，我想她並不相信。我猜破裂的闌尾對大多數人來說意味著劇烈疼痛。」

「對。確實是這樣。」我回答，同時設法掩飾我自己的震驚。

「我知道我試過要刻意殺死自己，不只有一次，所以這也許聽起來很瘋狂——但我不希望我有一天死掉了，就只是因為我搞不清楚狀況。」

「妳的意思是什麼？」我問道。

「我不想因為我沒有任何感覺而死掉。我不希望到頭來因為我感覺不到自己體內出了什麼事，或者因為我無法分辨我胸口總是感覺到的那種身心性疼痛、跟某種貨真價實的心臟病發有何差別，結果就死掉了。」

茱莉雅說的是「身心性」（psychosomatic），但我又想到了「心煩」。

「妳知道我們是怎麼講到我的解離傾向嗎？嗯，妳認為我也從我的身體解離了嗎？因為如果我在做的就是這種事，那麼這就是來自地獄的幻覺。我的意思是，如果這種事情的本意是要拯救我，這招無效。事實上，有一天這樣會害死我。而就算這種事沒殺死我，如果我什麼都感覺不到，活著有什麼用？如果我的人生很大一部分都失去了，我為什麼還要活著？我是說，真的，妳如果無法知道關於妳自己的真相，妳怎麼可能在乎任何事情？如果妳一直在失去自己？」

我說：「我想那是我聽過最好的問題之一。」

「妳真這麼想？妳是說妳同意我的看法，如果我一直失去自己，我就不可能真的在乎要活下去？」

「我說那是最好的問題之一。我沒說我知道答案。」

「喔天啊，妳真狡猾。」她說著咧嘴笑了。「所以好吧，我要如何找到答案？」

「這個嘛，妳知道，妳可以設法想起來。首先，我們可以嘗試催眠。」

我相信茱莉雅可能準備好了，要在她那個冰冷黑暗的回憶之屋點亮燈光。

「對，妳是這麼說過。而且這個主意嚇死我了。」在一段頗長的暫停之後，她才繼續。「這個主意嚇死我了，但我想我無論如何必須這麼做。」

「妳為什麼必須如此？」

「因為我想知道。因為我想活下去。」

「所以，咱們來做吧？」我問道。

「咱們來做吧！」茱莉雅說。

第二部

戰鬥疲勞症物種

第三章 閃避與掩護

可能沒有一種成人的慘況，可以跟一個孩子的絕望相比。

——艾瑞斯・梅鐸（Iris Murdoch）

我在許多事情上的明智導師——我的哥哥——住在加州的時候，他提議來訪的我去阿尼歐努耶佛州立保留區（Año Nuevo State Reserve），這是個距離舊金山南部不遠、介於聖塔克魯茲（Santa Cruz）與半月灣（Half Moon Bay）之間的一個景點。我們很快就開了五十五哩路，然後又多健行了三哩路，以便看到象鼻海豹的棲息地，加州正設法拯救這種莊嚴的罕見野獸免於絕種。這趟健行帶著我們跨越一片神祕怪異、彷彿異世界的土地，那是多風而不毛的大片沙丘。即使如此靠近舊金山光怪陸離的群眾，這裡還是更加奇異。

我們加入一群人裡，包括一名公園巡警、六名其他成人，還有一個眼睛閃亮、留著淡黃色頭髮的男孩，與其中兩位成人同行。我們全都對象鼻海豹感到好奇，不過我們沒有一個人像那孩子那樣興奮，他一直問那名巡警我們是否可以撫摸那些海豹。巡警向他解釋了好幾次，說我們可以看海豹，但不能摸牠們。

在我們抵達荒涼的太平洋海灘時，那裡有大批的海豹。成年的象鼻海豹是一種滿身毛皮、沒有四肢的生物，重量約達兩噸。牠看起來就像是車子一樣大的原生動物，不知怎麼地被包覆在有繩索紋路的棕灰色地毯裡。這張地毯看起來可憐兮兮地染上了疥癬。毯子上有很多地方大塊在剝落，或者整塊不見了。而且象鼻海豹會發臭，你大概料想得到一隻沒有四肢、動彈不得的兩噸重蛻皮哺乳動物，就會有這種味道。一大群象鼻海豹聞起來就像一片最近施過肥的田地。

我們在看到海豹以前就先聽到牠們了。牠們吼叫得像是憤怒的叢林貓，而在牠們看到我們的時候，牠們的吼叫變得更加憤怒。巡警已經解釋過，很不幸的是，象鼻海豹不太喜歡人類。然而，這些巨大而形狀不定的生物沒辦法在陸地上追逐——牠們只能靠著左右搖擺，像吊床大小的一袋袋布丁那樣，一次慢吞吞地挪動幾吋——所以我們可以靠近到距離十呎（三公尺）左右的地方。當我們站在後頭盯著看的時候，在那巨大的布丁身體、長著鬍鬚的海豹臉上反映出無能為力的憤怒。

不過那小男孩的臉被快樂轉化了，一臉都是建立友誼的好意。他拉拉公園巡警的手臂。

「你有聽到這些海豹嗎？」他用一種心照不宣的語氣問道，就好像這件事可能有幾分值得懷疑之處。

「對，我有聽到。」巡警回答：「牠們發出很多噪音，不是嗎？」

男孩用一種大人似的嚴肅，把臉皺成一團，繼續說下去。「你知道他們在說什麼嗎？」

「唉呀，不知道。牠們在說什麼？」

「牠們在說，牠們想要我去撫摸牠們。我不能繼續留在後頭這裡了。海豹們必須被人撫摸，好嗎？」

那可憐的男人再度嘗試解釋這個難以辯護的事實：雖然我們可以看，但我們就是不能碰。

後來，史蒂夫跟我同意那孩子就跟那種奇特的動物一樣有意思。他在回去的路上啜泣，因為他沒得到許可去撫摸那些咆哮的兩噸重海豹，直到那個巡警在某處灌木叢裡找到一條優雅的綠色小蛇，把牠放到那男孩攤開的手掌上，他才停止哭泣。這隻爬蟲類細緻優美地纏繞在這孩子蒼白的手指上，然後落在他兩腳之間的地面上，一個甜美的綠色圈圈，就在兩隻小小的銳跑運動鞋之間。

他幾乎著迷到整個人呆住了。「我可以擁有牠嗎？」他問道。

他的父母遺憾地望著彼此，然後解釋說他不能這樣做。父親跪在他旁邊說道：「甜心，我很抱歉，可是你看，這條小寶寶蛇現在必須回家了。」

兒童理解什麼是家。男孩的臉再度烏雲遍布，不過他拾起那條蛇，小心翼翼地把牠放回牠像家一樣舒服的一小片灌木叢裡。

「晚點見。」他滿懷希望地大聲呼喊，我們全都繼續走上回歸文明之路，並把這孩子帶在我們身邊，否則他應該想繼續逗留。

從那以後，我常常想起這個小男孩，還有他未經修飾的覺察——想要跟野獸說話，輕拍牠們長霉的皮毛，跟牠們交朋友。他的父母充滿關愛與尊重，對他來說生命是無盡、立即的片刻，沒有迴避，沒有自我保護的疏離，而到當時為止，還沒有恐懼。那天在阿尼歐努耶佛，我感覺到了。我想我們全都感覺到了——那種鄉愁似的願望，但願這孩子可以保持他當時的樣子，但願生命不會伸出它的爪子來改變他。同時，我們也感覺到那模糊的畏懼——知道這是不可能的。我記得當我們慢慢健行回去、跨越沙丘時，我們九個人，包括那名巡警，全都簇擁在那小男孩周圍、或者抱著他，正像是我們真正的樣子：一小群遷徙中的動物，本能地護衛著族群中的幼仔。

我們，還有所有其他的生命形式，關注的是我們這一族類的生存。我們的身體、我們的大腦、我們的情緒、還有我們的行為，全都反映這個簡單的事實。在我們生活的物理世界帶來的巨大壓力下，在跨越時間、沒有記憶的情況下，我們祖先的祖先，骨瘦如柴、受到威脅的原始人類之所以被揀選出來，是因為他們機靈清晰，擁有保存自己性命的心智傾向，也就是保護自己後代對抗所有外來者的本能，成群待在一起，而且對陌生人心懷畏懼。生存是一種令人望而生畏的挑戰。在我們的物種剛開始的時候，人類新生兒的生存機會，平均而言可能不會太大，跟一隻剛孵化的赤蠵龜、要牠穿過布滿海鷗的海灘再衝進大海是差不多的。我們的身體跟大腦都是從白熱的火焰中鑄造出來的，而就算我們進入了一個新的千禧年，我們仍然是這些古老開端的產物。

就像赤蠵龜寶寶，我們需要強烈專注於取得安全避風港的任務上。但不像那些烏龜，我們已經演化成很複雜的生物，認知上很機靈，心智上有表徵能力，察覺得到受傷、疼痛與死亡的可能性。我們理解實際存在的危險，還有許多潛在的危險。我們考量、我們計畫、我們做夢、我們畏懼。因為所有這些明顯的理由，我們強而有力的大腦，在我們得於這個星球的種種危害中生存下來時，成為很大的優勢；然而它們在其他時候比較沒有那麼顯著的影響，所以我們的複雜性也有劣勢。做為一種類比，請想像一隻剛孵化的海龜發展出一種覺察力，知道一隻海鷗很有可能在頃刻之間就壓爛牠的小殼，吞掉牠的血肉。要是這種突如其來的感知能力，導致這個新生爬蟲類在爬往大海的路上嚇到僵住，而不是繼續忘我的急奔，會發生什麼事呢？當然了，牠會立刻被殺。牠永遠不會有機會產下自己的龜蛋。

從這方面來說，關乎生存的時候，感知能力既是祝福也是詛咒。甚至連非人的動物，要是牠們感覺到獵食者就在出擊範圍內，就會收窄牠們的知覺場（perceptual field），而且已有人證明牠們在被攻擊的時候，會很方便地經歷身體痛覺喪失。人類靠著各式各樣發展成熟的解離能力，減緩了自己更為先進的覺察力所帶來的詛咒，這些能力通常容許我們在嚇人的環境裡更有效地發揮功能。舉例來說，我們可以在心理上開小差，就像茱莉雅所做的，而且我們可以繼續移動，即便我們自己無法忍受的怪物在我們周遭到處飛翔。茱莉雅的童年心靈並不怪異；正好相反，它確實很正常，是一種漫長時光造就的驚人適應性產物。

我們在讓人喪膽的環境下所展現的心理韌性，是正常的。不過危殆處境本身有多正常呢？在我們開始一個新世紀的時候，說真的，圍攻人類的怪物有多常見呢？在一個科技年代，他們之中有多少還在那裡？這裡就是答案，雖然要先警告各位，這不是個令人愉快的答案。

現在，怪物的臉孔通常是不同的；不過在我們生活的這世界，它仍然在攻擊所有孩子的意識。我們通常不會全都自視為心靈受創之人，這一點有一部分可說是向人類的精神致敬。

像茱莉雅這樣的兒童虐待實例[2]只是個開端，雖然根據美國國家兒童虐待防治委員會（National Committee to Prevent Child Abuse）的資料，每一千個美國兒童中就有大約四十七個是受到不當對待的兒童受害者，被舉發到各種不同的兒童保護服務機構。在一個相對保守的估計裡，無論有沒有被舉發，所有女孩裡有百分之三十八、所有男孩裡有百分之十六，在十八歲前遭受性虐待。

讓兒童親眼目擊暴力，[3]是我們生活中的一個既有特色。光是在美國，家暴衍生的醫療花費一年總計有三十億到五十億美元。離家到我們的郊區街頭，在美國心理學會（American Psychological Association）針對華盛頓特區一年級與二年級小學生所做的一項研究裡，有百分之四十五的人說他們親眼看過從背後突襲打劫，百分之三十一說他們親眼看過槍擊，還有百分之三十九說他們看過屍體。

不過甚至比這些統計數字更多的狀況是，徹底尋常的兒童、家庭環境並不暴力的兒童、還有並不住在貧民區的兒童所面臨的處境。就連沒有遭到蓄意虐待的兒童，甚至是並沒有直接暴露在犯罪中的兒童，都在家裡見證過父母的怒火與爭執，還有媒體對於外界最恐怖事件所做的報導。直白的事實是，甚至連被保護得最好的孩童，見證過或承受過的那些對認知產生衝擊的事件清單，都長得不得了：嚴重意外、車禍、所愛之人的疾病與死亡、被同儕奚落的恐懼或現實狀態、把人嚇呆的醫療程序、破壞性強的監護權大戰、核戰集體毀滅或環境崩潰的預測，還有各種讓人發毛的教訓——主題是如何遠離過度保護的父母一直擔心會出現的「陌生人」。

接著，一個人必須反省到其他更基本的處境。舉例來說，用人類的身體活著，在本質上就很容易受到傷害——免不了的身體疼痛，還有某些人會因為疾病、意外、基因缺陷而失去身體功能或身體部位。還有另一個例子是全球人類家庭每天都面對的掙扎：因為某種無可改變的特徵，像是種族或族裔，造成他們必須為自己的情緒與生理福祉擔驚受怕。

我們處在一個危險的世界，活在脆弱的身體裡，在我們還是兒童的時候尤其如此。要是我們停下來思考我們自己的經驗，就會發現雖然只有一部分人受到虐待，但我們之間沒有一個是毫髮無傷的，甚至在我們這個科技年代也一樣。不過，我一直在具體討論心理創傷，而不是普遍而言的危險或傷痛。心理創傷的定義是什麼？哪種處境跟事件是創傷性的？相對來說哪些只是痛苦或嚇人的經驗而已？

接受程度最廣又最有幫助的定義之一，是分別來自澳洲阿得雷德大學的亞歷山大．麥法蘭（Alexander McFarlane）與義大利波隆那心理衛生部的喬凡尼．德．吉羅拉莫（Giovanni de Girolamo）所提供的。[4]在寫到人類創傷後反應的分布與決定因素時，麥法蘭與德．吉羅拉莫說明，創傷情境不只是嚇人或痛苦罷了，而是「這些事件侵犯了我們用以理解自身反應、對他人的行為建立知覺結構、並且架構出跟整個世界互動的既有方式。這有一部分是由我們預料、保護並認識自己的能力來決定的。」換句話說，一個人有可能從一場災難性的社區火災中倖存，因此心亂如麻，卻沒有心理創傷，因為他對世界還有對他人的獨特觀點沒有受到侵犯，也因為他覺得自己能夠應付；然而另一個人卻因為暖氣機失火而受創——這也是有可能的——因為這樣大大混淆了他對於什麼事可能會發生在自己身上的概念，也因為這場火災，讓他直接面對自己的無助感。

就定義上來說，一個創傷事件，無論它在客觀上是否具有悲劇性，都在心靈為我們打開了一條走廊，反映出我們對於根本的無助感與死亡的可能性所產生的憂懼。創傷性壓力因子（traumatic stressor）來勢洶洶，不是因為它巨大無比——對旁觀者來說可能並非如此——而是因為它對於當事人有某種特定意義。

想像有兩個跳傘運動員。跳傘者A已經練習這種運動很多年了。跳傘者B則是第一次跳出飛機之外。在尋常時候，跳傘者A拉了開傘裝置以便打開他的降落傘。降落傘沒有開。這讓他很困惑，因為他折疊降落傘的經驗很豐富，而他認為自己的降落傘應該要正常運作。等他回到地面的時候，有必要重新檢查他的做法，不過他知道有緊急副傘可以應付這種事故。他多等了三十秒，享受自由落體的感覺，然後啟動他的緊急用副傘，副傘立刻就開了。

跳傘者B，在他被教導要動作的那一刻，拉了開傘裝置要打開自己的降落傘。降落傘沒開。他不敢相信竟然發生這種事，他以為自己就快要死了。他無助地穿越空間直接下墜，而且開始尖叫，雖然從他周圍迅速流過的空氣抹消了尖叫聲。有大約三十秒，在他眼前出現人生的跑馬燈，接著他拼命找到了他的緊急副傘。最後，他啟動了備用裝置，而它立刻就開了。

對於跳傘者A來說，這又是一次跳傘。對跳傘者B來說，這是創傷性事件，將會帶來夢魘跟侵入性記憶，或許會延續好幾年。對一個旁觀者來說，以上是兩次多多少少看起來一樣的場景。對參與者來說，卻有兩種非常不一樣的意義。

意義是很重要的。它決定了通往無助感與死亡的心靈走廊會不會打開，還是保持關閉、被我們漠視——通常那條管道就是處於這種狀態。而我們賦予一個威脅性事件的意義，有部分取決於「我們預料、保護並且認識自己的能力」，就像麥法蘭與德．吉羅拉莫說的那樣。我們越能夠預料接下來可能發生什麼事，我們就越覺得可以保護自己，我們對自己的整體認識越多，對於造成創傷的嚇人或痛苦事件，就越有頑強的預防性抵抗力。

有極大一群人幾乎沒有任何經驗去預期事情會發生，換句話說他們沒有機會去保護自己，而且只有最低限度的自我認知。當然了，這些人就是兒童。因為兒童在我們的世界裡缺乏經驗，他們受創的頻率比我們更頻繁得多。在成人身上激發溫和焦慮的情境條件，可能在兒童身上就輕易滋生出生死交關的恐怖，因為極其年幼的人還沒有為自己創造出一種可用的「跟整個世界互動的架構」。這種暫時性的不足，是「童真」這個措詞裡最辛酸又危險的內蘊之一。

我三歲大的時候，金色小書（Little Golden Book）書系版本的《小鹿斑比》

（*Bambi*）出現的狼圖片，在我心中激起翻江倒海的驚恐。到了現在，我不知道有多少次跟圖片、故事、森林、尖牙、令人驚訝之事以及我自己的恐懼正面相遇，甚至還有幾次碰上沒那麼嚇人的野生灰狼，不過同樣的影像已不再激起我任何情緒反應，只帶來一點點懷舊情緒。身為成人，我們鮮少能夠體會到我們早年那種天真的全副力量。對一個小人兒來說，事實上一切都要學：我有十根手指、水是濕的、我的玩具會倒下不會爬起來。而我登陸的這個星球，它到底是像什麼樣的啊？

一個有這麼多問題卻還未得到回答的人是柔軟的，而且就像晨間的花一樣樂於接納。這種人也仰賴我們的慈悲，而且處於危機邊緣。

對年幼的孩子來說，讓事情變得更難以忍受的是，童年初期不成熟的認知能力，讓人很難在一個威脅性事件發生後，創造出一個清楚連貫的敘事；通常這樣做，困難到不可能。一個幼童無法反思並理解一個創傷事件，更不要說融會貫通，以訴諸某個可能幫助他把語言與意義附加到事件上的人。就連那個不幸的新手跳傘運動員都可以理解他發生了什麼事，並在心裡湊成一個故事，最後靠著告訴別人他人生中最驚恐的三十秒——也許有一陣子會執迷不悟地講了又講——而得到慰藉。

對一個幼童來說，不會有這種慰藉，這孩子很有可能在無助的沉默中承受創傷餘波的痛苦，並在情緒與身體反應中——而非在語言中——記得他的經驗。

所以令人心生警覺的真相是，就連善良關愛又保護孩子的父母，對於他們的孩子承受的某些經驗，也可能懵懂無知。成年人就算察覺到小孩子驚恐的原因，也有加以矮化的傾向，就只是因為這源頭可能對比較世故的人來說，看起來無傷大雅。對一個小孩來說，看到一隻垂涎的狼威脅斑比，足以讓人不知所措；對一個成人而言，這只是小孩子故事書裡的另外一頁而已。

現在把焦點放在不是虐待受害者的兒童身上（因為，值得感謝的是，沒有被照顧者虐待的兒童還是占大多數），讓我們考量三種尋常的童年創傷——真的發展成創傷，而不止是嚇人或痛苦的事件。我們得花一點時間，透過這些孩子的眼睛來看事情：五歲的狄倫在錯誤的車站下了學校的巴士；三歲的愛美因為唇顎裂動了外科手術；還有九歲的馬修，他看到他母親打破了她自己的瓷盤。

狄倫在星期二開始上幼稚園。今天是星期三。他人生中第二次搭學校巴士回家。他有點怕坐在他旁邊的十歲大孩子，而且他想念他媽媽，他一點都不確定他知道怎麼樣搭學校巴士。一天半過去了，幾乎每件事都是新的，狄倫累壞了，而且很渴望回到自己窩裡舒適的沙發、還有他的《唐老鴨新傳》錄影帶旁邊。他母親答應過他，會在巴士站等他，就像昨天一樣。他期待地看著窗外，同時巴士開過一個個看起來隱約有熟悉感的地方。

在巴士終於停下來的時候，成群聲音響亮、笑著推來推去的小孩迅速地朝門口移動。這些孩子揮舞著腦袋跟手臂，擠成無法穿過的一大團人下了車，狄倫也夾在他們之中，覺得很困惑，卻真的很努力要做個守規矩的巴士搭乘者。路邊有一些大人。他們向孩子打招呼，而在幾秒鐘之內，巴士就離開了，每個人都從巴士站走開了。

狄倫的母親不在那裡。人群一邊閒聊、一邊握著彼此的手前後搖擺，隨後走出了視線範圍之外，沒有人注意到這個五歲小男孩一個人留在那裡站著。

這男孩甚至沒有想到要叫住人群，他太震驚了。此外他並不認得他們。他就站在那裡，站了很久很久，希望他母親會出現。他看起來像是道路邊緣的一座小小雕像，直到最後有一輛大怪物似的卡車，喇叭聲響震耳欲聾，就從他前方沒幾呎的地方呼嘯而過，讓他往旁邊樹木的方向倒。他環顧著這個長著樹木的區域，決定他最好躲在這裡，直到他母親來了為止。

狄倫在一棵榆樹下坐下，從路上看不到他藏在一個小路堤後面。他把腿伸到他前方，往後靠著一棵樹。他仍然揹著的新背包，稍微給他一點支撐。他直瞪著前方，而且開始把他的新布鞋鞋尖一次次輕輕併攏在一起。他很害怕，不過他知道他母親很快就會來了。他那樣坐了大概半小時，一部《唐老鴨新傳》影片的長度，然後他想到了無可想像的事情：她不會來了。他一有了這個念頭，就覺得全身又濕又冷；他的胃感覺在顫抖，而且他開始哭了。眼淚很快就變成了絕望的啜泣。他抽咽著哭了好幾分鐘，直到他大口喘氣為止。然後他想到一個主意。他盡可能深深吸氣，站起身來，小心翼翼地走回路邊，短暫地環顧四周。他大喊：「媽咪！」然後更用力些：「媽咪！」

狄倫距離他家大概四分之三哩（一．二公里），是在一個很好、很安全的市郊社區。他只要遠離馬路（他知道要這麼做），他在身體上就沒有危險。平靜的中產階級住屋座落在連結到街道的車道盡頭。說真的，狄倫要做的就只有走到其中一條車道上，敲一扇門，最有可能發生的事情就是有個同情的大人會應門，然後很快地聯絡他母親。可是五歲大的狄倫不知道這一點。到目前為止，他在地球上生活的短暫時間裡，他從來沒敲過一扇陌生的門。他甚至從來沒有獨自去過別人的房子裡。而以他現在的恐慌狀態，他甚至根本還沒想到這些靜默的房子裡有人。這些房子只是他周遭所有非人、可怖之物的另一個面向而已。

多喊了幾次「媽咪」以後，他放棄了，回到他在路堤後面躲著的大樹下。他的褲子後面因為他坐著的地面而濕掉了。他在溫暖的九月下午覺得冷，他在發抖。他又一次悄聲喊著「媽咪」，臉頰上又落下一些淚水。但接著他靜下來了。他在樹下相當僵硬地坐著，他處境的嚴峻程度吞噬了他。他迷失了。他母親不見了。他再也不能跟她說話了。他永遠回不了家了。

他又這樣待了大約一個小時。他開始感覺世界非常遙遠，他在一個模糊的灰色空間裡，宛如在某處漂浮的一個微小斑點。他以一種疏離的方式納悶地想，他現在是要死了嗎？最後他什麼都感覺不到了，甚至感覺不到冷與顫抖。他仍然揹著他的背包，在地上蜷縮成胚胎姿勢，而在他心裡，他完全從他自己還有他的環境中消失了。

又過了一小時。狄倫在他母親跪在樹旁、把他抱進懷裡的時候恢復了自我。那裡也有一些別的大人。狄倫不帶情緒地說：「媽咪？」他母親同時又哭又笑，她沒注意到狄倫兩種反應都沒有。

有人開車載著狄倫跟他母親回家。他們坐在車後座，他母親一次又一次擁抱親吻他，並且告訴他一切都沒事了。狄倫什麼話都沒說。在他們回家的時候，他母親打了好幾通情緒滿滿的電話，然後她替狄倫做了些雞湯麵。他沒有吃，這時她再度告訴他，一切都沒事了。她向他保證，從今以後她會親自到幼稚園接他，不用再搭學校巴士了。然後，因為覺得不知所措，她提議他們一起坐在舒適的沙發上，看一集他的影片。她抱著他，他則看起電影。他沒有跟上伴隨影片的旁白，也沒有像平常一樣，掙脫開來在家具上跳來跳去，不過她知道他一定累壞了，可能還在害怕。她也是。

在電影結束以後，她認定狄倫看起來很蒼白。她希望他沒有因為躺在潮濕的地上而生病，因此提議他現在就去睡覺，雖然現在還很早。狄倫沒有抗議，就讓他母親送他上床睡覺，他在那裡又恢復成胚胎的姿勢。

在我們從狄倫心裡想像這個事件的時候，我們看出他遠遠不只是疲倦跟非常害怕而已。他心靈受創。他對這個世界、對人剛萌芽的觀點受到侵犯，而他的應付能力徹底被擊垮。在五歲的年紀，他想像過死亡的事實，而且經歷了一個人可以靠著解離結束這種想像的過程。這一切都是在沒有客觀危險、而且故事還有個快樂結局的狀況下發生的。

現在讓我們來造訪另一個孩子的心靈：三歲大的愛美，她剛剛動過外科手術。

愛美的父母深愛著她。在她出生後，醫生說她有唇顎裂。他們發誓，要讓這個即將進行的醫療程序對他們的小女兒來說盡可能是舒適的，而不造成創傷。這個手術的目的在於改善愛美的說話能力，現在是手術完畢當天的凌晨兩點。她在手術後第一次徹底清醒，待在一個私人的醫院房間裡，她的父母都躺在她床邊的行軍床上熟睡。不過現在房間裡一片漆黑，愛美不知道她父母在那裡，也不知道她身在何處。在睡眼惺忪之中，她記得的最後一件事是跟她父母去了一間嚇人的醫院，還打了一針。她納悶地想，她現在是否以某種方式回到家裡的床上了。她開始抬頭，但在她抬頭的時候，她的脖子痛了起來——很痛很痛。她伸出雙臂，卻撞上了兩邊離她很近的冷硬物體。她大受驚嚇，縮回手臂，靜靜地躺著。慈悲的黑暗讓她不至於看見她左前臂上的靜脈注射針。

然後她想起來，他們告訴她要動手術並且住院。他們告訴她，她會在那裡的床上睡覺。可是回憶起這則資訊並沒有幫到她。她變得更加害怕了。為什麼這麼暗？現在是晚上嗎？在家裡她有小夜燈。她想要一盞小夜燈，而且她想要見她母親。她設法喊「媽咪」，但從她嘴巴裡冒出來的是一個小而輕的聲音，不是「媽咪」。而因為某種理由，試著出聲會痛。

她不再嘗試說話，再度靜靜躺著。然後真正的疼痛開始了。愛美並不知道，她的麻醉藥效正在消退。再大約五十分鐘，一位護士會來到房間裡，並且注射更多止痛藥；但這對愛美來說，會是很漫長的五十分鐘。她嘴裡跟頭部的痛楚開始膨脹得好厲害，讓她無法忍受。發生了什麼事？為什麼她的頭這麼痛？她淚水盈眶，成行流到她耳畔。房間是黑暗的，她看不到東西，而且她孤獨一人。

她盡可能靜靜不動，而且設法理解狀況。她哪裡不對？媽咪跟爹地之前說她哪裡不對？她嘴巴的某個東西，她的「上顎」，他們一直這麼說。那是什麼？她想不起來。不過她記得她不像其他孩子。她有某個地方不對。她記得她有某個真的很不對勁的地方。

痛楚變得更強烈，而愛美納悶地想她是不是要死掉了，就像是他們在動物醫院讓溫斯頓安息的時候。也許媽咪跟爹地把她留在這裡，就像他們留下溫斯頓那樣。溫斯頓也出了某種問題。她再度試圖喊出聲，但沒有聲音出現，只有更多痛苦。但現在痛得好厲害，讓她幾乎不能呼吸了。她爬進自己腦袋裡，注視著疼痛。疼痛是一種明亮的光線，在她的注視下變得越來越明亮。在一、兩分鐘之後，愛美的身體似乎消失了，唯一剩下的東西是那道光。

等到護士抵達，照時間表打了止痛藥以後，愛美的體溫降到華氏九十六度。因為愛美動都不動，護士認為她在睡覺，就靜靜地在她被子上加了一條毯子。然後，護士領悟到愛美的眼睛是睜開的。她答應過愛美的父母會叫醒他們，所以護士打開了一盞光線微弱的燈，溫和地喚醒筋疲力竭、睡在行軍床上的他們。愛美的父母立刻跳起來。母親看到她小女兒的臉跟頭髮是潮濕的，驚愕地想著她先前是不是躺在那裡哭。

愛美的母親捏捏愛美的手，在她耳畔輕聲說道：「媽咪跟爹地在這裡，甜心。手術結束了。妳做得很好。一切都很順利。」

另一個快樂結局。愛美充滿關愛的父母很快就帶她回家了，他們繼續在家裡無微不至地照顧她。

她永遠不會告訴他們那五十分鐘的恐怖；三歲大的愛美沒有語言可以形容這件事。而她母親與父親永遠不會勸誘她告訴他們，因為從他們的觀點來看，什麼事都沒有發生。

最後，讓我們想像一下九歲的孩子馬修及其內在生活，他滿心怨恨、處於備戰狀態的父母，經常在家裡彼此尖叫爭吵。爭吵主要是口頭上的，不過在馬修的體驗裡，這些衝突是極端嚇人的，儘管照慣例來說，並沒有肢體暴力。他擔心他的家庭會分崩離析。他納悶會發生什麼事。而且就像一般小孩一樣，他認為不知怎麼的，一切肯定都是他的錯。

他母親尤其滿腔憤怒又行事衝動。在她發火的時候，她看起來像個不同的人。

她皺起臉，緊握雙拳，看起來像是要殺掉某個人。事實上，在她跟她丈夫爭吵的時候，她通常會說有一天會宰了他。每次馬修聽到這番宣言，就覺得空虛而麻木。

就在這天晚上，在另一次大聲而兇惡的爭吵中，馬修的父親跺著腳走出屋外，駕著他的車離開。淚眼汪汪的馬修躲在他臥房裡，假裝在看電視。在他聽到他父親離開的時候，他躡手躡腳到樓下廚房察看狀況。他母親站在那裡，面對著廚房水槽，她的雙手緊抓著水槽邊緣。她的肩膀激烈起伏，正在嘟噥著粗話。馬修決定回到他房間去，但在他能撤退以前，他母親猛然轉身，開始用最高音量尖叫著相同的咒罵。她全身顫抖，接著環顧廚房一會兒，最後她的眼睛落在一個陶瓷大水壺上，那是她最寶貝的所有物之一。在馬修驚恐的凝視下，她抓起那個大水壺，把它扔向一堵牆。大水壺碎裂了，它的尖銳碎片在地板上噴得到處都是。

然後她注意到馬修。她說：「哈囉，孩子。看好這個。」而嚇呆的馬修成了她的證人，她拉開了櫃子的玻璃門，裡面裝著她的金邊婚禮紀念瓷器，然後她繼續拿出所有的晚餐餐盤，一個一個把它們砸向牆壁，就好像那是個飛盤。她每一次破壞餐盤，中間都再加上一句咒罵，像是：「那條蛆！」不久之後，廚房地板上就出現一道由砸爛的瓷器形成的寬闊帶刺堤防。在所有盤子都砸光以後，她在大理石磚上坐下，在她造就出的混亂旁邊啜泣起來。

馬修明顯在顫抖——因為他的母親，這個避不開的大人，似乎要命地失控了——他拿起一隻掃把跟一只畚箕，設法要恢復某種秩序。他把所有破碎的瓷器倒進三個紙袋裡。

過了一會兒以後，他母親冷靜下來，向他道謝。

第二天早上，在馬修下床開始著裝的時候，他不開心地記起他父母昨晚又吵了一架。他想他父親在吵到一半的時候離開了，不過他不確定。馬修不記得他聽到他父親開車離開後下過樓。他不記得發生在廚房裡的大崩潰。他相信他昨天晚上都在他房間裡看電視，但很讓人困惑的是，他想不起來電視在播什麼。

因為那場爭執的關係，馬修上學時感覺很沮喪，但他絕對不會記得徹底壓垮他、導致他脫離現實的那一幕。而他父母永遠不會注意到他的心理健康，不會問他如何應付他們騷動不斷的家。他們有太多自己的煩惱了。

狄倫、愛美、馬修經歷過的情境，大多數成人從外部旁觀，會形容成「糟糕」、「好嚇人」、或者是「醜惡」的。但對這些孩子來說，這些事件遠超過糟糕；它們造成創傷了。這三個孩子並沒有像茱莉雅那樣遭人刻意虐待，但他們很年輕的意義體系被侵犯了，他們有限的自我保護策略被測試到失效。不管有多短暫，在這每一個新生靈魂之中，都有一條通往徹底毀滅的走廊被開啟了。可是不論狄倫還是愛美、甚至是九歲的馬修，在成為大人以後，都不會對他們人生中的創傷插曲有清楚的記憶。等他們長大以後，要是有任何人偶然問起他們小時候是否曾經受創，他們——就像我們大多數人——會很有自信地回答「沒有，當然沒有啦」。

這些是*原發性創傷*（primary trauma）的範例，不知不覺地發生在已開發世界優質社區中未受虐待的一般兒童身上。這就夠讓人心神不寧了，但更可怖的是，創傷有第二層次、甚至更加隱蔽的機制。它就像原發性創傷一樣，可以直接影響兒童與成人；或者間接產生作用，透過偷偷摸摸的一步性跳躍，跨越時空，從一個人心裡跳到另一個人心裡。*繼發性創傷*（secondary trauma）——轉移的那種傷害——是心理治療師最常用的詞彙，用來指涉這個事實：一個人（像是一位心理治療師）

只因為反覆聆聽其他人（像是創傷患者）講述的創傷經驗，就可能開始展現出創傷後壓力症候群的明顯症狀。繼發性創傷甚至靜默而普遍地發生在不是心理治療師、也沒有治療創傷患者的人們心中——這很容易想像——在一個有太多小孩甚至從沒睡過床墊的世界裡，極端的人間慘事距離我們任何一個人都不太遠。

一九九三年，紅十字會與紅新月會國際聯合會（International Federation of Red Cross and Red Crescent Societies）在《世界災難報告》（*World Disaster Report*）中指出，在一九六七至一九九一年這四分之一世紀裡，世界各地的天災殺死了七百萬人，另外有三十億人直接受到影響。在同一份報告裡，紅十字會估計從第二次世界大戰結束到一九九一年之間，有大約四千萬人在我們長年不斷的人造災難、戰爭與武裝衝突之中遇害。

的確，從冰冷的客觀角度來看，我們整個物種都有戰鬥疲勞症。

如果我們旅行到稍微遠離已開發世界的地方，我們會發現全球超過五分之一人口仍然活在赤貧的狀態下。在某些開發程度較低的國家裡，預期壽命是四十三歲。現在活在我們這個星球上的人，至少有十億人苦於長期飢餓，每四秒鐘就有一個人類兒童死於營養不良。世界衛生組織指出，一半的人類人口仍然缺乏治療常見疾病與取得最基本醫藥的固定管道。

從時、空兩方面來看，我們距離類似程度的人類苦難都不是非常遙遠，雖然我們鮮少反省這個事實。如果把人類的歷史比擬成一小時的時間，所謂的「已開發」長度只有幾秒鐘。我們的許多曾祖輩，甚至是我們的某些祖父輩，大半生都生活在我們認為無可忍受的狀態下。

司空見慣的恐怖，距離我們就只有兩、三個世代，而且在某些地方，還沒有完全被拋諸腦後。納粹對猶太人的大屠殺還是活生生的記憶。甚至在我寫下這些話的時候，還有人在進行其他的族裔種族滅絕計畫。

而我們大多數人曾經聽過這些故事，通常是在我們小時候，從我們關愛的人那裡聽來的。對於某些人來說，這些陳述只是「要在雪地裡走五哩路上學」的變化型。但對其他人來說，這些故事則關乎從每天的飢餓、一場戰爭或者一個死亡集中營生存下來。

我所知最辛酸的繼發性創傷實例之一，牽涉到一名女性，她因為一個鮮明的惡夢而看過好幾位治療師。這個夢魘每天晚上破壞她的睡眠，長期剝奪她的睡眠品質，讓她筋疲力竭。四十四歲的瑪格達是一位波蘭醫師的孫女，這位醫師的女兒（瑪格達的母親）在第二次世界大戰之後就移民到美國。瑪格達的母親離開歐洲的時候，是這個在集中營被殲滅的大家族裡唯一倖存的成員。

瑪格達的父親是一位美國醫師，她母親在抵達美國不久之後就遇見他，當時他還是個學生。依據她父親的說法，瑪格達自己的童年與青少年時期是在西麻薩諸塞州的田園環境下度過，經濟優渥；而且因為她母親的關係，她小時候一直得到溫柔的對待與無微不至、近乎偏執的看顧。

「美容沙龍預約一直都是大事。她總是讓人幫我做頭髮，即使我當時還很小。」成年以後，瑪格達把她的棕色頭髮留得很長，而且總是把頭髮編成繁複的法式髮辮。

在我問瑪格達是否曾經心理受創的時候，她用全無口音的英語回答：「不，當然沒有。從來沒有那種事。」但不知道怎麼的，儘管她相當聰慧又有表現傑出的祖先，瑪格達並沒有達到她家人對她的期待。還小的時候，她本來想做個醫生，就像她父親還有傳奇性的外公一樣。但她反而在三年級的時候從哈佛大學輟學；她的夢魘糾纏她超過二十年，接著斷斷續續苦於重度憂鬱症，目前只能當看護助手勉強維生。

「那是我母親告訴我的故事。」氣色不佳、表情悲傷的她解釋道：「只是那不是我母親，而是我。」

「是妳？妳的意思是，在夢裡的人是妳？」

「對。那是我母親發生過的事，只是現在發生在我身上，一次又一次，每天晚上重複。」

「妳母親跟妳說過她在戰時發生過的故事？」

「喔對，講了許多次。總是同一個故事，關於集中營。」

「她第一次告訴妳這個故事時妳幾歲？」

「我真的不知道。我還不知道什麼是時間，所以不會記得是什麼時候了。我那時一定還很小。」

「那妳的夢總是一樣的嗎？」

「總是一樣的。總是一樣糟。我跟很多人在一起，排成某種長長的隊伍。我赤身裸體，而且我真的、真的很冷。有人把我推倒到地上，而我看到他們把我母親跟我父親帶走。我尖叫『母親！』可是有人很用力踢我。我尖叫著醒來。我每天晚上都尖叫著醒來。」

「這正是妳母親告訴過妳、曾經發生在她身上的事情？」

「對，正是如此……只是，唔，只是她那時不是個幼童，而在我夢中，我是個幼童。」

「那好嚇人。在妳從夢中尖叫著醒來以後，妳怎麼做？」

「我起床，在我公寓裡踱步。我打開所有的燈，並且觸摸物品。我觸摸我的大沙發，還有柔軟的窗簾。我觸碰我廚房電話上的號碼按鍵，做所有類似這樣的事。我需要用物品來把我帶回此時此地，或者類似的事。那夢境好真實。而在我這樣做一會兒後，我想我就開始變得真正麻木了。再也不會被夢境嚇怕了——我反而變得，嗯，有點缺乏感覺了。早上我很常在沙發上醒來。」

瑪格達這輩子每天晚上都被這個夢境折磨。我們治療的進展極端緩慢。

在她仍相當年輕的時候，她曾經發誓自己絕不當媽媽。在某一次療程中，我問她為什麼，她毫不猶豫地回答，這個世界對兒童來說太危險了。

「可是妳住在新英格蘭。」我說：「而且第二次世界大戰已經是很久以前的事了。」

「當然，妳是對的。」她回答。但接著她轉開視線，沉默地瞪著房間對面的一張空椅子。

第四章　我的碎片

我們的個別人格就是我們肉身形體的唯一居民，這點並不是絕對確定的……我們全都會在醒著與睡著的時候，做出讓自己驚訝的事。或許在我們居住的這棟房子裡，我們也有其他同住房客。

——奧立佛・溫德爾・霍姆斯（Oliver Wendell Holmes）

在一個不同的日子卻同樣的房間裡，茱莉雅跟我彼此相對而坐，坐在兩張寬而低的皮革椅子上。我們占用的辦公室所透露出的感覺，是一種完全自足而老派的穩健，甚至帶有沉重感。這個建立於世紀之交、位於波士頓後灣（Back Bay）的房間，天花板很高，氣勢宏偉，還有桃花心木鑲邊，四壁都有一排擺滿書的硬木書架。紅褐色調的東方地毯攤在地板上，還有一爐松木爐火，在比一個人還高的華美外罩裡面低調地呢喃著。

在我後面十呎處，現在牢牢關上的九呎手工雕刻雙開門後面，隱藏著一對相鄰的大門，同樣也很厚重，也是關起來的，它們通往等候室——這古董診間出名的雙開門，是被設計出來確保隱私的，有股罕見的徹底寂靜。在我滿懷希望的新催眠對象背後十五呎處，一場波士頓霧氣的珍珠色光線從落地窗裡透進來圍繞著她，在霧氣中，世界的其餘部分被吸收、抹消。整體而言，這個房間是個美麗的地窖，有著紅褐色頭髮的茱莉雅身在其中，穿著一襲她專為這個場合選擇的出塵白色洋裝，白得發光——而其他一切，都一絲不苟地從這裡被排除了。

從一開始，周遭氛圍對催眠師來說就很重要，雖然周遭環境並不總是這麼沉靜。十八世紀的維也納醫師弗朗茨．安東．梅斯梅爾（Franz Anton Mesmer，催眠〔mesmerize〕這個動詞就是從他的姓氏而來）就在法國大革命的血祭開始不久前於巴黎工作，他的病患大多數是「歇斯底里的」巴黎社交界淑女，他把她們放在充滿了玻璃粉與鐵粉的磁力盆裡。他用來「治療」患者的房間，根據他的「動物磁力」理論，是半明半暗的，而且充滿鏡子。一位特聘的玻璃琴樂手，會從裝飾著占星符號的簾幕後面彈奏安慰人心的曲調。在此同時，人高馬大的梅斯梅爾會穿著一襲紫色長袍、拿著一根鐵杖走進來，然後著手引進他奇蹟般的「磁力催眠狀態」。「*Dormez!*」（睡吧！）他會下令。然後理性時代的巴黎上流社會人士就會翻白眼、顫抖、刺痛、驚訝地叫出聲，還會昏倒。一旦被催眠，梅斯梅爾的患者通常就會進入一種像是惡魔附身的狂熱狀態，這時候他們就會被梅斯梅爾的助理帶走，送進一個鋪著床墊的「避難室」裡。

當時的人相信，這個過程引入一種療癒性的磁力流，藉此透過跟宇宙達成磁力和諧，讓病體恢復健康。

瑪麗．安東妮王后著迷於梅斯梅爾的活動，不過在一七八四年，法王路易十六被惹惱了，他指定法國科學院召開一個特別委員會來調查他的主張。這個包括班傑明．富蘭克林（Benjamin Franklin）的委員會，很快就徹底駁斥梅斯梅爾的理論，聲稱「沒有磁力的想像可能製造出轉變；沒有想像的磁力什麼都製造不出」。梅斯梅爾的全盛時期告終，他退隱到某個現在屬於瑞士的歐洲無名之地——這個結果很可能讓他免於掉腦袋的命運——然後在八十一歲的年紀，默默無聞地死於赤貧狀態。事實證明，梅斯梅爾的影響仍然長存，而且很多樣化。他已經爬進我們的字典裡。而且莫札特的仰慕者們可能會想起《女人皆如此》（*Così fan tutte*）裡面的磁力治療。

所以，催眠起初是個精采絕倫、眾星雲集的騙局，來自一個天賦異稟的狂熱分子驚人的發明。難怪就算到了今天，大家對於催眠的反應，仍然是懷疑主義、心醉神迷與恐懼並存。而且，一個人可能會在催眠術的起源中察覺到不只一丁點性別歧視的暗示，這種陰險的潛在意涵，事實上還延續到我們自己的時代。

現在會實行的催眠術，是從詹姆斯．布雷德（James Braid）開始的，他在英國工作，於一八四三年發現一種「緊張性睡眠」狀態（從後見之明來看，這是可以原諒的誤稱），可以光靠集中注意力或者「凝視定點」導引出來。他是第一個把這個過程稱為「催眠」的人，這個名稱來自希臘的睡眠之神。從一八四五年到一八五三年——大約在那段時間裡，乙醚也開始被當成麻醉劑使用——詹姆斯．艾斯戴爾（James Esdaile），一位在加爾各答工作的蘇格蘭醫師，則做過超過三百次無痛外科手術，其中包括截肢與白內障摘除術，他只用催眠來控制疼痛。而在這裡，除了天賜的益處以外，種族歧視也參與其中，因為艾斯戴爾在他的文章裡說，印度居民就是比歐洲人更容易被催眠。

十九世紀後半，催眠重新被引進法國，尤其是神經學家尚・馬丁・夏考（Jean Martin Charcot）讓催眠廣受歡迎。他除了有許多其他影響深遠的成就，也是第一批有系統討論解離概念的人。夏考吸引了來自全歐洲的學生，而且他是另一個領悟到戲劇性場景對催眠很有好處的專家，且他的成就更加可信。在巴黎擁有卓著名聲與陰森歷史的硝石庫慈善醫院（La Salpêtrière）裡，夏考為了指導成群學生與其他人士，進行引人入勝、策略上很優雅的示範，催眠了他的「歇斯底里」女性病患，這些觀眾很快就開始叫他「精神官能症的拿破崙」。夏考的學生包括皮耶・賈內（Pierre Janet）、約瑟夫・布魯爾（Joseph Breuer）、還有另一位年輕的維也納醫師，西格蒙德・佛洛伊德——雖然根據佛洛伊德自己的紀錄，他從來就不是很好的催眠家。到了二十世紀之交，佛洛伊德已經放棄使用催眠，偏好使用自由聯想的技術，後來則使用精神分析。

夏考描述了一種由創傷產生的 *choc nerveux*（神經性休克）——一個無可忍受

的經驗導致的結果——可能驅策一個人陷入催眠的心理狀態，就像催眠師可能引導的那種。後來，他的學生賈內提出這個論點：過度嚇人的記憶無法被整合到正常的覺察中，因此從意識中分裂出去。而這些關於創傷經驗影響的關鍵性洞見，在很大程度上來自對催眠的研究與靈感，並得到歐洲科學社群的廣泛接納，直到精神分析在二十世紀早期得到幾乎絕對的霸權為止。精神分析堅持，受到壓抑的衝動與內心衝突——而不是真實的經驗——構成了探究心靈運作唯一合理的領域。

整體來看，催眠——刻意導入的出神狀態——以及它聳動的歷史，既是潛在的詛咒與巨大的祝福。當然，催眠受制於人類的無知與瘋狂、利己主義、還有偏見的顛覆。但同樣地，我們之中比較沒那麼貪心、充滿洞見、有同情心、懂得節制的人，可以利用它達到卓越的結果。

第二次世界大戰還有後來的戰爭裡，美國人發現用催眠疏導（hypnotic debriefing）來消除「戰鬥壓力」的好處。[5]而在二十世紀晚期，當人們再度發現真正的創傷性記憶在臨床上很重要以後，有許多治療師在與各方面受創的人工作時，使用了催眠術。催眠可以被用來提供一個「安全地點」（safe place），可以在裡面回憶過往的事件，甚至加以討論、並且重新框架它們，好讓這些回憶對倖存者來說比較能夠忍受、沒那麼祕密、或有毒性。

我看待催眠的態度很謹慎，甚至還有點懷疑主義，同時也有些感激之情；而在某些時刻，還有某種近乎敬畏的情緒。利用催眠狀態可以加速治療的進展，因為這樣加強了回憶，而我起初就是為了這個理由研究催眠技術。三十歲、四十歲、五十歲或更老的世代，對他們來說極端創傷的實際事件是過去二十、三十、四十或更多年前的事情，對於那些古老事件徘徊不去、耗盡他們的生命力，他們通常覺得很不耐煩，而且很有理由如此。太常見的狀況是他們近乎絕望，把他們的人生看成是半途失敗的嘗試、或毫無希望的錯誤搭配。所以，如果我相信某個人已經準備好處理過去，有充沛的內在與外在資源，去面對可能挖掘出來會極端令人不安的材料，我就會建議把催眠當成我們共同工作內容的一部分——而且只是一部分。極其重要的還有非催眠治療的成分，包括提供一個安全的護持環境（holding environment，確定治療整體構成了一個關愛的「安全地點」）、認知重構（cognitive restructuring，對於長期存在的信念系統，做治療性的重新檢視）、還有情感容忍度（affect toleration，教導以建設性的方式與強有力的情緒共存）。

在利用催眠的時候，我保持嚴格的謹慎小心，並且反覆警告我的病人，我們可能召喚出的記憶本來之所以從意識中解離，是出於非常良好又能保存性命的理由，因此我們必須保持至高的尊重，並極其小心地進行。我並沒有魔法杖，而合乎倫理的催眠治療遠遠不只是劇場演出。

在這個現代辦公室溫暖而有如地窖的氣氛下，茱莉雅坐在我對面，等著第一次被催眠；理所當然地，她問我兩個對大多數人來說似乎直指核心的問題。

她想要知道：「妳會讓我像雞一樣咯咯啼叫嗎？」

「不會，我不會讓妳像雞一樣咯咯啼叫。這是個合作性質的成就。妳必須容許我這麼做，我才能讓妳像雞一樣咯咯啼叫。」

「這個嘛，我不打算這樣做。」

「很好。」

然後，可以理解的是，她想知道催眠如何起作用。無論如何，我的意見是什麼？

我說：「我的意見是催眠有解離性。記得嗎，我們談過，在某件事情觸發妳的時候，妳的部分『自我』離開了，而妳繼續行動，卻沒有自覺？那就是妳覺得失去時間的時候；妳在星期二醒來，然後發現已經星期五了。」

「對，我當然記得這件事。我怎麼可能忘記這個？」

「我想催眠就像那樣。在催眠的例子裡，一個人的解離是從……嗯，我把它想像成撤除看守通往有意識思考入口的哨兵；有意識的思考是妳通常察覺到的那一部分心靈，那只是非常小的一部分，因為有哨兵讓它維持那個狀態。一旦妳放棄哨兵跟妳有意識的思考，那些在妳心裡發生、而妳通常沒察覺到的事情就可以進入。它們可以宣示自己的存在；有時候它們甚至可以大聲說話。」

「喔好極了，所以妳在說的是妳會要我解離，妳會要我做我花了大半輩子設法不要做的那件事。」

「呃，首先，我不會要妳做任何事。如果妳想學，我會教妳如何做某件事。而且沒錯，我確實認為妳會解離——不過有個很大的不同。我可以向妳示範如何自願做到這件事，而不是反射性地做到，現在就是反射性的。而且更好的是，我可以教妳如何在妳想要的時候就脫離催眠的出神狀態。」

茱莉雅真的很喜歡最後一部分，大多數人都是。

我問道：「今天還想要繼續進行這件事嗎？」

「對，我想我真的想做。」她說道。

「那麼我們何不開始？就放輕鬆，如果妳覺得舒服的話就閉上眼睛，那樣會很好。」

茱莉雅很聽話地躺進她的皮革椅子裡，並且閉上眼睛。

有一會兒，我注視著我眼前這個充滿信任、現在卻看不見的初領聖餐者。在四散的光線下，穿著白色洋裝的她看起來就好像可能浮上天空。在此，我又一次面對極其痛苦的兩難。

我就要催眠茱莉雅，目標是幫助她想起更多充滿磨難的過去。鼓勵她重拾這樣的記憶就已經夠令人痛苦了，但真正的問題來了——常見卻磨人的事實是，我們的記憶並不都是真的。在人類的心靈中，記憶與想像力繞著彼此打轉，互相擁抱、退卻、然後再度相擁，跳著發生在我們覺察範圍之外的舞蹈，複雜而神祕。我們可以有精確的記憶；我們可以有夢，有迷人而純屬虛構的幻視。我們還可以有「記憶夢」——我們真實過往經驗的能量，結合引人入勝的幻想創造，從而產生的東西。

任何人要是曾經困惑地感覺到，某個記憶可能是真的，有可能是某個近期夢境裡稍縱即逝的細節。相對來說，任何人要是懷疑某件童年軼事是不是他自己的記憶，也可能是因為聽別人講同一個故事太多次的結果。藉此，人們可以體會到記憶與想像之間潛在的混淆。

一個搶眼的幻象、一個隱喻，可能在某種意義上包含比紮實事實更多的真理。舉例來說，如果某個人在童年被她的奈德叔叔嚴重虐待過，她腦中可能會有個揮之不去的影像，是奈德叔叔把她裝在獨輪手推車裡，運送到靠近她童年家園附近的樹林中，接著活埋了她。這個影像承載著意義的力量，換句話說，比起無聊的事實——奈德叔叔甚至從沒擁有過獨輪手推車——包含了更多關於她過去的真相。但這一點，這幅影像、這個隱喻還不夠好，因為在大半狀況下，治療中（與治療外）的人擺明了在尋找事實。當人們自認已經找到事實的時候，通常會把他們的感受、思緒與行動基礎建立在這些事實上。要是我們的虛構影像創造者開始相信她實際上被活埋過，這個信念會永遠改變她跟奈德叔叔之間的關係；而要是她理解到她的「記憶」是一種隱喻、是某種傳達受虐兒童經驗的東西，而不是具體事實的某種紀錄，她可能永遠不會選擇做出那些改變。

記憶及其來源的問題，在整個二十世紀都吸引著心理治療師，卻又逼瘋他們，如今也會繼續荼毒我們。如果一個人對她的治療師說：「在我小時候，我姊姊眼睜睜看著我幾乎溺斃在海裡。」這是個事實陳述，或者是由「無意識」的心靈，以深不見底的創造力製造出來的可分析隱喻？佛洛伊德問過這種問題，而在短暫考慮把童年創傷視為一種成人病態的來源之後，他很快就達到他影響力無可估算的結論：不，這樣的故事並不是以過往的真實創傷為基礎的，反而是內在衝突的想像產物。解離基本上不是對生活經驗的反應，而是個人內在掙扎的病理性後果。他的理論導致一整個世紀大部分的時期裡，精神病學都固著於幻想而非真實生活。

舉例來說，以這種方式來看，茱莉雅不會被視為童年受虐的倖存者，反而會被視為一個「神經質」的人，是她受到壓抑的嬰兒期性慾在創造解離「症狀」。

簡單扼要地說，佛洛伊德不相信他的患者們記憶是真的。

現在，隨著創傷後壓力症候群療法引起了更強烈的興趣，我們也日漸理解到童年創傷令人心碎地常見，「回憶」的議題已經有了全新的熱度，並引起辯論，以「假記憶」這個題目出現。如果一個人對她的治療師說：「我繼父強姦我。」這段陳述確實是真的嗎？或者這只是她想像中發生過的事，因為她從來不喜歡她繼父？或者——這是二十世紀末、二十一世紀初的新說法——這種陳述的根源，是一位太過狂熱的治療師出於意外、甚或是刻意植入病人心中的概念？

相信重新恢復的記憶純屬虛構的人，可以在某些可以想見的執業不當例子中，指出最糟糕的幾個，有些案例還牽涉到法律體系。在這些例子裡，個人與整個家庭的生活都被摧毀，因為假記憶受到鼓勵、甚至被植入。這些例子有一些留下了清楚的紀錄，讓人看了很心寒，如果你剛好是個心理治療師就更是如此。

相信重新恢復的記憶真實無誤的人，則可以引用哈佛、柏克萊、加大洛杉磯分校、耶魯、門寧格診所（Menninger Clinic）與其他機構，以及在美國、以色列與澳大利亞等不同國家做出的研究，明確指出兩件事：首先，創傷產生的失憶症是存在的；其次，在一段遺忘期之後重新恢復記憶，內容常常相當精確。

隨著大家認知到——並且想像到——「假記憶」的種種社會、法律與政治後果，關於這個議題的正反論證，變得很兩極且刺耳。這些眾人恐懼的結果，出現在正反兩方，從文化上全盤否認兒童性虐待是個問題、對某些心理治療師的大規模迫害、法律體系史無前例的改變，到一種反女性主義的強烈反彈，不一而足。而且很反諷的是，恐懼已經妨礙我們用更冷靜的方式處理可以取得的事實了。

所以可以取得的事實是什麼呢？目前來說還不算很多，但我們確實知道的事實很關鍵。[6]我們可以肯定地說，心理治療中有著一個世紀歷史的記憶分析，它們確實牽涉到被濫用的風險，不論是出於意外還是有其他原因，在牽涉到法律體系時尤其如此，因為整體人口中有百分之二十明顯是「極容易接收暗示」的人。另一方面，我們也可以肯定地說，治療是通報資料中最不常見的回憶觸發物。引起特定創傷的提示物與成年生活危機，是最常被講到的觸發物，而且頻率高得多；而病人一開始會尋求治療，提出的理由通常就是因為有新的記憶侵入。

關於腦部活動本身，認知神經科學家告訴我們，在壓力下釋出的神經肽（neuropeptides）與神經傳導質（neurotransmitters）通常會影響記憶功能，對杏仁核、海馬迴以及牽涉到記憶的其他腦區起作用。[7]童年長期受虐可能導致這些神經化學物質的功能長期被調節。腦部造影研究指出，童年受虐對陳述性記憶（declarative memory，有時候又稱為外顯記憶〔explicit memory〕）中的長期改變有關聯性；在罹患戰鬥相關創傷後壓力症候群的人身上，也發現了同樣的模式。

除了從神經科學取得的知識以外，我們從早期醫院紀錄所做的社會學研究中得知，至少某些童年曾經受害的人，有一段時間忘記了記錄在案的虐待，但後來又恢復了受虐的精確記憶。[8]

不過我們也知道，我們完全有可能暗示並灌輸極端虛假的「記憶」到別人身上（事實上，對某些人做這種事很容易）。若是討論並鼓勵某個人對自己起疑心、產生模糊的疑慮，那就更容易了，這會讓人懷疑自己記憶的品質。最近，甚至那些理解恢復記憶對治療有多大重要性的實際執業者，都開始發表警告與指南，指出外部核實、追蹤醫療紀錄還有可能存在的目擊證人、親友與老鄰居，都是很重要的。他們也強調有責任確認跟過往創傷經驗特別相關的症狀（對於大量過往的非器質性失憶症、現有的明顯解離發作）。

這些警告大力強調治療中立性的需求，以及治療師這方要清楚理解歷史事實（徹底事實性的陳述）跟敘述事實（narrative truth，這種陳述中除了事實性資訊以外，可能包括空白、象徵性故事與隱喻）之間的差異。最嚴肅的一點是，這些指南告誡我們不可混淆治療與法庭鑑識專家的角色。

所以，關於恢復創傷記憶的精確性問題，答案並不是非黑即白。就像許多其他重要的問題一樣，這一題的答案是灰色的，而且外面裹著很多警示與告誡。有時候恢復的記憶是事實性的；有時候它有部分或整體來自想像，甚至是出自別人想像的產物。

不過對於這個議題，我們所知的兩個事實最有說服力，它形成了一種無可忽視的指令。首先是不斷有報告指出，「解離性疾患」（dissociative disorders）跟童年創傷相互關聯；其次就是創傷記憶的治療，是失能解離反應患者的復原關鍵。如果我們要提供持久的緩解方案給因為解離行為而失能的人，我們就必須處理這「滑溜」到難以掌握、有政治性與爆炸性的存在：記憶。不管是不是站在黑暗的走廊上，我們都必須設法找到出路；因為要是我們只因為無法用精確到以小時為單位的鑑識細節來重建個人歷史，就把過往當成永遠散失了、就放棄了，那我們也等於失去了我們的創傷患者。

那催眠本身又如何呢？大多數研究催眠出神狀態的腦科學家，都提出在催眠期間監督性注意力（supervisory attention）有某些變化——打個比方來說吧，這些變化至少將一部分我剛才跟茱莉雅說過的警惕性心靈哨兵給卸甲了。而催眠不只是一種神經學現象；無可避免地，它也是一種人際影響過程。大多數人就算聲稱對催眠術抱持懷疑態度，但還是相信它（不管「它」是什麼，就像茱莉雅有一次說的俏皮話），甚至相信催眠師本人施展的力量比自己希望擁有的還要多。催眠師提出的評論與建議，通常被催眠者不加批判地照單全收，就像是一座非常平靜的湖泊，吸收著漣漪傳得很遠的飛濺雨點。

開始對某人進行催眠時，我總覺得有幾分畏縮，因為催眠的力量很強大，也因為它有潛力可以發掘被催眠者心中努力層層掩蓋的材料，有時候一覆蓋就是數十年。我仍然凝視著一身白衣的茱莉雅，同時長長深吸一口氣，專注於手邊的工作。

除了在火爐裡輕聲窸窣的火焰以外，房間裡徹底靜默，直到我開口說道——

「這樣很好。妳可以放鬆下來。」

茱莉雅很合作，讓她的頭微微往前傾，她的一綹髮絲落到她右眼前方。

「放輕鬆，聆聽我說話的聲音。妳就只要做這件事。一下下就好，妳要做的就只有這個。聆聽我說話的聲音。其他一切都很遙遠，很遙遠。這裡只有我說話的聲音。一下下就好，妳可以放輕鬆，聆聽我說話的聲音。」

我讓四、五拍過去，然後再繼續。我的話語變得緩慢、重複、朦朧而謎樣。

「在妳聆聽我說話的聲音時，可能不時會有其他的雜音。也許會有車經過，也許電話會響起，也許窗外有小孩玩耍的聲音。那樣完全沒關係。不要緊的。妳可以注意那些雜音，它們也許會聽起來比平常更輕柔，也許會聽起來比平常更清楚。無論如何，就是不要緊。妳可以聽那些雜音，就讓它們流過去。就讓它們流過去吧，因為一下下就好，真正重要的只有我說話的聲音，我在跟妳說話。真正重要的只有我說話的聲音。妳可以放掉其他一切。這樣感覺好好，就放掉其他一切。」

茱莉雅的下巴貼到她胸口了。隨著一聲深深的嘆息，她睡意朦朧地把雙手從膝上舉起，把它們安放在她的椅子扶手上。

「非常好。」我繼續說：「放輕鬆。盡可能讓你自己舒服，放輕鬆。

「偶爾在妳只是放輕鬆的時候，可能會發現有思緒進入妳腦海中，關於這件事或那件事的思緒，進入妳腦海中。那樣完全沒關係。那樣完全正常。妳可以讓思緒飄進妳腦海中。它們可以在那裡待一下下，然後妳可以讓它們再飄出去，就像蓬蓬的白雲，飄過美麗的藍色天空。妳的思緒就像雲。就像雲，它們飄進視線裡。誰知道為什麼？它們就是飄進天空裡。它們在那裡待了一下下，接著過了一下下，它們又飄走了。它們走了，自己就走了。」

茱莉雅現在非常放鬆了。她的呼吸深沉平穩。

我又留下幾拍空白，然後繼續：

「非常好。妳做得非常好。現在趁妳非常放鬆的時候，如果妳覺得這樣沒問題，我就要讓妳把身體所有部分再多放鬆一點點。妳總是可以變得再放鬆一點點。

「我會希望妳開始讓心思專注在妳雙手的感覺上。就放輕鬆，並且注意妳雙手放在椅子扶手上有什麼感覺。注意皮革貼著妳的皮膚，光滑細緻，是什麼樣的感覺。

「現在如果可以的話，我希望妳想像有一種深層、放鬆、平靜的美妙感覺，擴散到妳的雙手上。深層的放鬆感已經流入妳的雙手，流入妳的手掌，一路往外流到妳的指尖。現在兩隻手都非常平靜，非常鬆弛又癱軟。放輕鬆。

「現在我希望妳去想像這種美妙的放鬆感開始擴散。它開始擴散，然後往上傳遍妳的手腕，進入妳的前臂。它從妳的前臂開始移動，穿過妳的手肘，然後往上進入妳的上臂。現在妳的兩隻手臂都非常、非常放鬆，非常鬆弛又癱軟。」

茱莉雅嘆了口氣，她的肩膀往下沉。

我用安撫的口吻繼續，描述著讓人愉快的放鬆感如何進展，逐漸穿過她的肩膀，往上延伸到她的頸背，跨越她的頭皮，往下延伸到她的臉，然後深入她的肺部。

「妳感覺好好。妳的呼吸輕鬆又平靜，好輕鬆又好平靜。現在放鬆感流進妳的胃部。所以，妳的整個上半身都放鬆了，很放鬆而且非常平靜。

「這種放鬆感現在在移動，往下進入妳的雙腿。妳的大腿感覺平靜而放鬆。現在它移動著穿過妳的膝蓋，然後往下進入妳的小腿，現在妳的兩條腿都非常、非常鬆弛，非常平靜而放鬆。妳感覺這個放鬆感往下移動，穿過妳的腳踝，進入妳的腳，跨越妳的腳底，一路往外傳到妳的腳趾尖。非常鬆弛。非常、非常平靜而放鬆。」

在那一瞬間，在靜默的房間裡，火爐裡的餘燼突然斷裂，發出像玩具氣槍似的聲音——啪！我張大了眼睛，但茱莉雅沒有動，也沒有改變她深沉平穩的呼吸。

「茱莉雅，妳可以聽得見我嗎？」我問道。

有一會兒，只有一片沉默；但接著，從現在遮掩著她右下半邊臉龐的那綹紅髮後方，傳來一聲差點就聽不見的「嗯」。

「好。非常好。」我說道：「現在呢，趁妳非常放鬆的時候，我要開始倒數，很慢很慢，從十數到一。在我數到『一』的時候，妳就會深深陷入催眠狀態，非常平靜、放鬆而舒適，而且深深沉浸在出神狀態。

「從十開始……」

我讓二十秒鐘過去。

「九……」

我用極其緩慢的步調倒數，用我的手指來記得數字，免得數亂了。在我數到

「一」的時候，我問茉莉雅第二次：「妳聽得見我嗎？」

「嗯……」她再度嘟噥。

然後茉莉雅在那裡，穿著一身白衣，沒有自覺地癱坐在她椅子上。她髮色迷人的頭平和地垂著，她的呼吸帶著節奏卻緩慢，就像在深度睡眠一樣。

有著最樂意合作的被催眠者，又在正確的環境裡，有經驗的催眠師可以就這麼容易地導入出神狀態，雖然有些被催眠者一開始達到的出神狀態就比別人更深層。隨著時間過去，我跟茉莉雅在許多療程裡反覆這個過程，她自己會沉到更深的層次裡。除此之外，她還會越來越快進入催眠狀態，同時成為被催眠者與催眠師。到最後，我只要說我們差不多要開始了，也許從十倒數到一，經驗豐富的茉莉雅就會自己把自己帶進深沉催眠狀態，只需要一會兒就能完成這個任務。

但現在我們要做的只是一次表淺的初步考察，進入茉莉雅不曾在常態下拜訪過的心靈部分。

「好。非常好。」我再度說道：「現在，如果妳覺得可以，我想要妳在自己的心靈裡做個小旅行，一個到某處去的小旅行，雖然實際上不必真的去任何地方。

妳可以把妳的心靈當成一艘神奇的船來使用，這艘船會帶著妳去到妳想去的任何地方，然後在妳想要回來的時候，把妳帶回這裡。一艘神奇的船。簡單而輕盈。妳甚至不必離開妳的椅子。

「這裡有張椅子。妳坐在一張椅子上。妳可以感覺到這張椅子嗎，茱莉雅？」

一陣暫時的停頓，然後她說：「嗯。」

她扭動她在椅子扶手上的手指，然後用比較沒那麼輕的聲音說：「對。對。椅子。」

我的話語現在不再像個謎團了；這些話就只是毫無道理，其中的訊息不是要給茱莉雅心靈中負責分析的部分，而是要給某個「別的部分」。

「在妳椅子裡漂浮。」我說：「漂浮又漂浮，到另一個時間，另一個地點。漂浮又漂浮，非常輕柔。也許妳會去一個妳最近去過的地方。或者妳會往回漂了又漂，妳的椅子會載妳去很久、很久以前到過的地方。有這麼多椅子、這麼多時間可以坐在一張椅子上，妳漂回來過。妳也可能在別處，坐在一張椅子上。在妳的椅子停止漂浮的時候，妳會發現妳在別處。有這麼多畫面，有這麼多時刻，但過了一小段時間以後，椅子會停下來，妳會知道妳身在何處。

「妳坐在一張椅子上。妳坐著，而妳知道妳在某處。某處，一個特別的地方。妳知道妳在哪個地方嗎？」

茱莉雅靜默無聲。

「茱莉雅。」我繼續說道：「妳坐在椅子上嗎？」

更多的靜默，然後是輕柔但清晰的聲音：「是的。是的，在一張椅子上。」

「妳的椅子在哪裡，茱莉雅？」

「我不確定。」她這麼回答；過了一會兒，她繼續說道：「我其實不確定，但我想我知道。我想我知道。這樣沒關係嗎？」

「沒關係，茱莉雅。一切都很好。妳認為妳在哪裡？在哪種椅子上？」

「硬的椅子。」她說。「木製的椅子。」然後：「不能把我的手臂放在桌上！」

她突然動作了，她的雙臂從皮革椅子扶手上滑下，雙手僵硬地緊抓著大腿。

「不能把妳的手臂放在桌上？」我跟著說道。

「不能。不禮貌。把妳的手臂放在桌上很粗魯。」
「所以，這是吃飯用的餐桌？」
「對。吃飯用的餐桌。我想我要吃我的午餐了。」
「妳的午餐？我懂了。」為了喚醒視覺細節，我問道：「餐盤是什麼顏色？」
「餐盤？嗯。餐盤是白色的。白色。它們是紙盤。我在午餐時間總是拿到紙盤。邊緣有小波浪皺摺的紙盤。」
我要自己留意，因為我注意到茱莉雅的用語（「我在午餐時間總是拿到紙盤」）並不是特別深沉的出神狀態下會用的語言；她現在仍然對我說話，講述她所記得發生在過去的事，而不是即時重新經歷一個經驗。不過那沒關係。我們才剛開始。
我納悶地想，我是否可以靠著暗示另一個感官細節，讓她的催眠狀態稍微加深一點。我問道：「妳可以用手指感覺到那些盤子的波浪狀邊緣嗎？」
茱莉雅鬆開她的手指，舉起她的右手，繞了兩次小圈圈。她的眼睛仍然閉著，而她從開始催眠以後第一次抬起頭，露出微笑。她盲目的微笑光彩照人。
「我感覺到盤子了！」她說。「它們既光滑又凹凸不平。」

「既光滑又凹凸不平。」我把話反映回去給她。「那很棒。妳餓了嗎？」

「餓？對，餓了。我在吃午餐。」

「妳在吃午餐。妳吃的是什麼？」

有一陣短暫停頓，然後，仍舊閉著眼睛的茱莉雅說：「熱狗。我在吃熱狗。」

「熱狗。妳喜歡熱狗嗎？」

「對，對，我喜歡熱狗。它們很好。」

「我很高興妳喜歡熱狗。妳可以聞到熱狗嗎？」

又是一陣短暫停頓，然後她用興奮的語氣說：「對！對！我可以聞到熱狗！」

有一陣比較長的停頓，突然，茱莉雅的臉失去原來的興奮之情，開始出現難受的表情。又過了一段時間，她皺起鼻子，露出讓人看了很心痛的表情。

「發生什麼事了，茱莉雅？」我問道。

「她說我必須在我的熱狗上放那個。我不想要！」

「她說妳必須吃那個？那個是什麼？」

「我不想要！我不想要！我要普通的熱狗！」

茱莉雅開始來回猛搖頭。「不，不，不！」她說道。

這小小的戲劇場面本身聽起來不像虐待兒童，但確實看起來讓人很難受，而我很擔心茱莉雅第一次的催眠經驗可能會讓她不敢再嘗試這個程序。我決定現在該終止催眠了。

「茱莉雅。」我說道，接著我的語氣稍微更堅決了一點：「茱莉雅！」

她不再搖頭了。

「茱莉雅，妳可以聽見我說話的聲音嗎？」

她幾乎動也不動一段時間以後，接著說：「是的。」

「很好。非常好。如果妳覺得可以，我希望妳現在回到我辦公室的椅子上，回到現在。妳可以做到嗎？」

「嗯哼。」她點點頭。

「好。這樣很好。妳要做的就只有聆聽我說話的聲音。妳要做的就只有聆聽。現在我要從一數到五，在我數到『五』的時候，妳就會脫離催眠狀態，警醒，但還是平靜而放鬆……開始了，一……二……三……妳現在可以開始睜開眼睛了……

四……」然後堅定地說：「五。」

數到「三」的時候，茱莉雅的眼皮開始顫動。在我數到「五」的時候，她的眼睛完全睜開了。她的雙手放鬆地放在腿上，她的臉很放鬆，她直接看著我。

她很沉默。爐火窸窣作響。

在幾秒鐘以後，我說：「嗨。妳好嗎？」

「我很好。」她回答。「我覺得煥然一新，就好像我睡了真的很長一覺。我睡過去多久？」

「喔，從開始到結束大約半小時。」

「就這樣？真的？」

「真的。」

「這真驚人。」她說：「妳知道嗎，我實際上聞到那個德式酸菜了。我可以真正聞到它，就好像它在我鼻子底下，就在這個房間裡。」

「什麼德式酸菜？」我問道。

「她要我放在熱狗上的德式酸菜。我痛恨那玩意，厭惡至極。」

「誰要妳把那個放在妳熱狗上。」

「她，我是說我母親。哇！我可以聞到它。催眠這檔事真驚人。被催眠的人總是會有這麼真實的感官經驗嗎？」

「妳做得極好。妳現在感覺還好嗎？」

「我很好。」她臉上帶著大大的笑容說道，再充分伸展她的手臂。完成第一個催眠療程讓她看起來幾乎樂上雲霄。她在催眠狀態裡有過的任何負面情緒，似乎都消失了。

「在妳聞到德式酸菜的時候，妳害怕嗎？」

「害怕？不，不是害怕。就只是真的很生氣，不開心。」

「那種氣憤現在消失了嗎？」

「對，消失了。我其實覺得真的很好，就好像我剛睡了很長、很棒的一覺。我真不敢相信那玩意聞起來有多真實。醋味！呼！」

她捏起她的鼻子。

經過幾分鐘的事後彙報，我們的治療時間結束了。我滿意地認為她處於可以安全恢復日常活動的狀態，就讓她離開了。我為她打開門，然後她往外走進等候室，她的步伐很輕快。

每次的催眠結束後，茱莉雅並不總是那麼無憂無慮。在十或十一次療程之後，她的催眠狀態變得越來越深，到最後深刻到要是我們想導入催眠止痛狀態，我們可以做得很好，好到可以讓她經歷小型外科手術都沒問題。隨著茱莉雅被催眠的經驗越來越豐富，我開始容許她保持較長時間的催眠狀態，而她的記憶變得極度逼真，有時候很嚇人。再度脫離出神狀態時，茱莉雅會變得不再恐懼，但剛才呈現在她眼前的影像，通常會讓她心神不寧，感覺到幾乎難以忍受的哀傷。

我們每週進行一到兩次催眠療程，直到三個月後，茱莉雅宣布，她會去一趟她度過童年的洛杉磯，為期十天，除了拜訪老鄰居，還有她兩位阿姨、一位舅舅、一些過去的朋友，也許還會試著找到她曾經被帶去看過幾次的小兒科醫師。她重新尋回那些令人擔憂的記憶，還有其中蘊含的個人受虐故事，迫使她找出更多在此之前一直忘卻的往事。

她沒有手足，而她父母在她上大學時都過世了，首先是她母親因為胰臟癌驟逝，接著是她父親死於肝硬化。

「我記得他們過世時有多恐怖。」她有一次這樣告訴我。「不是因為悲傷——恰恰相反。我什麼感覺都沒有。他們是我父母——我的意思是，他們是我父母啊——而且他們死於這樣駭人的疾病，我就是沒有任何感覺。我鐵石心腸，這麼鐵石心腸。這樣很羞恥……我真糟糕。我一定是真的、真的很糟糕。」

在這一點上，茱莉雅從以前到現在一直都無法釋懷。她總是堅持她有某種非常不對勁的地方，才會在自己父母過世時毫無感覺。

「我很確定兩場葬禮我都有去，但我甚至不記得我曾經置身於我母親的葬禮。我猜，我對我父親的葬禮有一點點記憶。而我確實記得在他生前與他最後一次的見面。他坐在輪椅上，很蒼老，他看起來好蒼老。他其實想握住我的手，但我不願意……而他對我唱歌。他對我唱歌！」

她打了個冷顫。

「他唱了某一首披頭四的老歌，講茱莉雅的。『茱—莉—雅！海貝眼睛……』

那一首。讓我起了雞皮疙瘩。我想吐。就只是盡可能快點離開那個地方，我回到學校去了。」

所以茱莉雅必須從回憶、印象，還有不像她父母這麼直接的證人不情願的懷疑之中，把某些事情拼湊起來。因為要是她父母還活著，幾乎可以肯定會將真相保密到底。

她從洛杉磯回來的時候，她描述在她所有做過的事情裡，這次的偵探計畫是最困難的，難度遠超過其他一切。但對茱莉雅來說，這個工作很值得。她在催眠中還有其他狀態下的記憶（到了這時，她已經開始在治療以外的零星時刻恢復片段記憶），結合了她在加州蒐集的整組核實報告（少量但切中要點），讓我們能夠澄清茱莉雅模糊童年的某些部分。

就在她這趟旅行之後，茱莉雅提出一個很自然的問題：「我需要記起多少事情，才能夠好轉？我必須記起一切嗎？在我思考這一點的時候，有好多事情我還是不知道。我記得幾件事情，但不是我整個童年，差得遠了。」

我曾經這樣被問過許多次，而我的答案總是一樣的。無論具備多棒的記憶力，無論動機多迫切，但不管怎麼樣，就是沒有一個人會記得自己過往的每一天，甚至是每一個重大事件。所以很幸運的是，為了從創傷中恢復，一個人即便必須打開幾扇門，但少少的就好，對那麼幾件重要事件有些了解就好了，分量要足以建構一段個人敘述、一個可以被理解的人生故事，雖然在細節上不完整，但在較寬廣的主題與議題上，是有意義的。

在回答她的問題時，我對成就卓著的製片家茱莉雅提出一個我自己的問題：「如果妳在拍攝一部受虐孩童的電影，妳在銀幕上必須呈現多少直白的虐待場景，才能讓觀眾理解這孩子被虐待？」

茱莉雅毫不猶豫地回答：「說真的只要一場。如果妳想要把這個概念強力灌進他們腦袋，那兩場。」

「正是如此。」我說道。

「是的，嗯，我懂妳要講什麼了，但我想在這個例子裡，我需要相當強力的灌輸。」

「好，成交。妳會有兩個以上——不過還是比所有細節來得少。妳會有幾個清楚的記憶，還會有很多個感官上一閃而逝的記憶，那感覺像是記憶的顆粒——氣味、畫面、聲音。」我說：「而現在呢，讓我問妳另一個奇特的問題。」

「當然。」她說道，同時給我一個有趣的困惑表情。

「如果我不知怎麼地拿到一組錄影帶，裡面包含妳童年裡所有最重要的事件，完完整整的，妳會想要看嗎？」

「絕對想。這一秒就想看。」

「但為什麼呢？妳不認為其中某些影帶會很嚇人、很悲傷嗎？」

「對，大多數會是。不過如果我可以看到那些影像，我就可以把它們留在大腦裡，就像常規的記憶——對，那些是恐怖的記憶，不過確實是常規的記憶，不是我腦袋裡陰森的小小鬼魂，從我甚至不知道它們存在的某部分跳出來，把其餘的我帶走。妳知道我是什麼意思嗎？」

「我想我知道。」我說道：「如果妳必須記得，妳寧願在妳的大腦前方做這件事，而不是背地裡。」

「差不多意思。對，我猜是這樣。我是說，我的大腦前方是實際可以應付事情的部分，在此時此地，在我現在試著生活的地方，對吧？」

「對。所以隨著我們繼續進行，妳會想起幾個常規的記憶——不是幾百個，但足以把全部的妳拉進妳現在的生活，並且把妳留在現在。」

對此她思考了一秒鐘，然後問道：「所以，妳認為我大腦背地裡還有什麼別的？我會找到什麼別的東西？」

「我不知道。」我吃了一驚，這麼回答。「茱莉雅，如果我知道這個，我就會直接告訴妳了。我不會讓妳經歷這一切。」

「就只是確定一下。」她說著咧嘴笑了。

透過茱莉雅在治療、催眠與洛杉磯勇敢做的努力，我們終於發現了一點點——但是足夠的——關於小女孩茱莉雅的事。

茱莉雅的父母親喜歡玩「遊戲」。茱莉雅在催眠之下恢復的第一批創傷記憶之一，是她大約四歲時發生的事。（「我還沒有去上幼稚園。我在家裡跟她在一起，他去上班了。」）她母親宣布，她們要玩捉迷藏的遊戲。

「我會閉上我的眼睛，一路數到一百。妳躲起來，如果我找不到妳，妳就贏了。但如果我確實找到妳了，我就會用爹地拿來切雞肉的刀子砍掉妳的拇指。妳再也不能像個大寶寶一樣，有拇指可以吸囉。」

她給茱莉雅看一把刀，然後開始數。

「我不知道一百是什麼。」在我辦公室的催眠療程裡，長大的茱莉雅用一種細小如孩童的聲音說道。

不過當然了，小茱莉雅當時沒有把這句話說出口。她就只是恐懼地逃走，可憐兮兮地尋找一個可以躲藏的地方。照著典型的兒童策略，她只能躲進自己臥室的衣櫃裡，盡她所能從裡面把門關好。她站在黑暗中靜靜地哭泣時，她母親一路數到「九十九、一百」，然後用折磨人的緩慢速度周遊整棟房子，喊道：「媽媽會抓到妳。媽媽會贏的。」毫無疑問，她猜到茱莉雅會逃到自己的房間裡，母親最後才進入那個房間，最後微微打開衣櫃的門，悄聲說道：「抓到啦！」

茱莉雅的父母是受過教育的上層中產階級，極端在意鄰居的想法，絕對不可以留下看得到的虐兒證據。實際上這位母親並不打算砍掉任何手指。可是四歲大的茱莉雅不知道這一點。她母親把她的拇指壓到她的其他手指裡面，她啜泣得太厲害了，甚至開始乾嘔，此時她母親把她壓制在衣櫃地板上，展示那把刀，然後描述一個人可以用哪幾種方式砍掉拇指，就像正在考慮似的。

到最後，母親在一根拇指底部劃下一道小小的割痕，剛好足以見血，然後在確定茱莉雅看到血以後，她讓這個孩子離開了。茱莉雅爬進她衣櫃的一個角落，仍然緊壓著她的拇指，同時癱倒在地板上，她母親就把她留在那裡。

人有時候會在催眠中展現出對細節的講究，茱莉雅靠著這點記住了這位母親臨走時說的話：「現在妳就好好想想這件事。」

茱莉雅的父親在家的時候，她母親的肢體暴力就表現得稍微少一點。「遊戲」變成更趨向心理學與性方面的。父親的最愛是一種極端虐待性的儀式，他稱之為「小教練」，在這個遊戲裡，茱莉雅被迫在她父母做愛時跟他們同床。既然她父親並沒有威脅施加肢體傷害，茱莉雅在她還非常小的時候，試過一次要找他幫忙處理她母親的暴力行為。她讓他看她袖子底下的某些瘀傷，然後問他是否可以「叫媽咪不要再做這種事情」。

「媽咪有時候喜歡開玩笑。」他說：「這沒什麼。妳會活下去的。」

心理學從來沒能恰當回應這個問題：為什麼一個人看到一個脆弱的生物時會感到同情，卻有另一個人會看著這樣的生物，做出獵食者或虐待狂的行為。講到像茱莉雅父母這樣的人時，這個問題尤其引人入勝，因為大多數父母對於自己的後代，都不由自主地體驗到一種由生物機制準備好的巨大依附感，還搭配上一種強勁的扶養與保護本能。想到一名母親可能蓄意出手傷害、羞辱自己的孩子，甚至做出像茱莉雅母親一樣的行為，很難讓人理解。然而這種事情是會發生的。我們總是在報紙上看到、在新聞裡聽到，我們難以置信，深感厭惡。在我讀到這些故事的時候，我仍然驚恐膽寒，雖然我在工作上一直碰到類似的例子，而我可以向你保證，即使沒有上個世紀那種知性上無懈可擊的大道理支持，聽到這些故事畢竟還是發生了，我沒有一次不覺得心痛。

考量一個虐待孩童的家長是怎麼一回事時，專家提出的解釋是，他們通常是無意識地「認同攻擊者」。換句話說，像茱莉雅母親這樣的暴力性家長，其實是暴力虐待她的父母所造就的產物，而這樣可以上溯許多世代：虐待產物滋生出虐待產物，再繼續虐待，連續不斷，就像是鎖鏈的環節。在某種意義上說，這是「打不過就加入」這個策略的無意識變態版本。無助的人在無處躲藏、受到攻擊的時候，為了讓自己在心理上生存，轉而「認同」強大有力的人，設法撐過自己的童年。而在自己有孩子時，這個鎖鏈會繼續下去；面對目前無能為力的孩子，自己現在是「強而有力」的成人了，自己可以——也的確——在最後逆轉位置。

這種解釋有個問題，在於有時鎖鏈會斷裂。有時候一個曾被父母虐待的人會對自己發誓，事情到此為止——也遵守了自己的誓言。這個人將很有意識又有警惕心，養育、真心疼愛自己的孩子，並且保護他們——無論他們自己可能有多混亂、憂鬱與焦慮。我認識許多這樣的父母，他們簡直閃閃發光。

我無法在心理上解釋這一點，也沒有人能向我解釋直到我滿意為止。或許有些仍然神祕未知的中介因素，造就出這種差別。或者——有時候我就靠這個念頭撐下去——也許某些特別的孩子，從一開始就不願或不能認同「攻擊者」。

茱莉雅從洛杉磯回來兩週後，在波士頓一個熱到不行的春日到我辦公室，做她第二十一次催眠療程，這是她這趟旅行後的第一次催眠。有兩週，我們把時間花在清醒地討論她從美洲大陸另一邊、她童年時懷抱著祕密的鄰里之間得知的事情。在幾乎長達一個月的中斷後，現在她準備再度進入自願的催眠出神狀態。從我們先前的催眠療程密集程度來看，這四個星期的空白，感覺很有分量。

茱莉雅椅子後面的大窗戶是敞開的，一陣感覺像是來自熱帶的微風，為我的波士頓辦公室注入一股元氣，在大教堂式的天花板上舞動，然後再繞著圈子回到下方。房間角落裡的一張桃花心木桌子上，紙張飄動著，而在茱莉雅坐下來面對我的時候，她的頭髮揚起，在她的臉龐周遭跳動。她心不在焉地試了好幾次，要把她的頭髮固定在耳後，不過只偶爾成功一下下。她今天休假不工作，穿著藍色牛仔褲、一件無袖紫色T恤，而且當然，還有她的紫水晶珠寶。

從一切外在表現來看，她的心情很輕鬆。講到那超現實的天氣時，她說：「我想我一定是把南加州一起帶回來了。」

「這是心理學上的陳述嗎？」我帶著微笑問道。

她笑出聲來。

「一切不都是嗎？」她這麼回應。然後，她稍微嚴肅了一些，說道：「我們今天要催眠，對吧？」

「如果妳仍然想這麼做的話。」

「是，我想。妳認為隔了這麼久以後，我還會記得怎麼做嗎？」

「唔，咱們來試試看吧。」

我緩緩倒數，從十數到一，然後茱莉雅毫無困難地進入深度催眠狀態。現在她顧不到的頭髮在她周圍飛揚，彷彿毫無重量。

一會兒後，我問道：「茱莉雅，妳今天在哪裡？」

通常她會立刻回答這個問題，就算只是說「我還不確定」。但這次只有一片靜默。

我決定等候，而照我手錶上的時間，我等了整整三分鐘。茱莉雅還是完全不動。

我再度說道：「茱莉雅，妳今天在哪裡？」

聽到這句話，仍然閉著眼睛的她，把她右手腕上的一只細緻紫水晶手鐲拿掉了，並且開始玩弄它，漫不經心地扭著它，然後用力拉扯那個手環，用力到我擔心它可能會解體的地步。

「茱莉雅，那是個很好的手鐲。別弄壞它。」我說道。

「它真的很漂亮。妳知道嗎，她讓我玩那個手鐲。她是在一棟叫做珠寶大樓的巨大老建築物裡弄到的。」

「妳說的是珠寶商大樓（Jewelers' Building）嗎？」我問道。

「對，對！她是在那裡得到的。它是不是很漂亮？它是紫色的！」她再度拉扯那個手鐲。

「它非常漂亮。但『她』是誰？我還以為是妳自己買下那只手鐲的。」

「不是，我沒有那麼做。是茱莉雅做的。」她說。

「茱莉雅做的。所以，我不是在跟茱莉雅說話囉？」

「不是，傻瓜。我聽起來像茱莉雅嗎？」

「對，妳聽起來很像。」或者更精確地說，她聽起來像是茱莉雅不太成功地想模仿小孩的聲音跟語言。

「唔，我不是。妳真傻。」她咯咯發笑。

「喔？」我說：「那妳是誰？」

「愛蜜莉雅。」

「妳的名字是愛蜜莉雅？」

「愛——蜜——莉雅！」茱莉雅快樂、清楚地宣布。

「哈囉，愛蜜莉雅。妳好嗎？」

「很好！我可以玩這些漂亮的珠寶。」她還在扭動拉扯那只手鐲。

「妳是個小孩嗎，愛蜜莉雅？」

「我當然是，傻瓜。妳以為呢？」

「唔，我以前從沒見過妳，所以我不知道。妳多大了？」

「嗯。唔……我五歲。就像這樣。」茱莉雅舉起她左手的五隻手指。她繼續用唱歌似的聲音說道：「而且我知道妳是誰。」

「真的？我是誰？」

「妳是瑪莎。」她要唸出「莎」那個音有點困難。「妳是那個女醫生，她老是跟妳交談。」

除了治療師的辦公室以外，這種表面上的轉變都會被看成是糟糕的表演，就像某個毫無天分的人在學校戲劇裡扮演小女孩的角色。我想一個不諳此道的觀察者、某個不知道茱莉雅處於深度催眠狀態的人，很可能會翻個白眼，叫她別再裝了。

在治療中安全、輕聲細語的氛圍之下，有時候人會滑入一個可以被正式稱為「催眠性出神」的狀態，就算治療師並沒有蓄意嘗試導入催眠。大多數時候，我相信這些時刻在雙方都沒注意到的時候就過去了。有這方面天賦的治療師，我想就算沒有考慮把催眠納入自己的業務之中，也常常會透過他們安撫人心並接納一切的舉止，再加上或許是治療時特有、把無意識材料吸引出來的力量，意外地催眠別人。這些無心的、通常沒被標示出來的插曲，可能是治療中最能揭露真相、又最有幫助的過程之一。

但在一個解離自我狀態（dissociated ego state）——像是「愛蜜莉雅」——在其中一次催眠過程中說話了，這種事件可能會讓人緊張到難以招架。它們可能讓觀察者——也就是治療師，在催眠中專注於病人身上——有一陣短暫、自發的生理衝動，就像濕熱的八月天空下起一陣彈珠大的冰雹，你會想要跑到戶外去感受，結果風暴又突然停了下來。

我第一次（就我察覺到的）碰到這種情況時，我還是研究生，在一個諮商中心擔任初出茅廬、極度認真的學生諮商師。我有新手面對任何重要大事時都會有的全副焦慮，但當然了，這個情境本身的性質就要求我不得揭露任何一點跡象。每個人都知道好治療師很有智慧、能力完全勝任，而且異常冷靜。

而我，就像我當時大多數的同僚一樣，從來沒有聽說過任何「解離自我狀態」或者「創傷相關解離事件」的東西。

有好幾週，我都在治療一個十八歲、成績全都拿A的高四生，她自己到了收費超便宜的諮商中心來，她父母不知情，因為她母親跟父親「逼」她做早期流產，而她「憂鬱到甚至沒辦法叫自己再念書了」。

我回憶起那一天，我穿著一件新買而且相當昂貴的灰褐色羊毛套裝，是由永遠無盡支持我、又不強迫人的母親買給我的——遠從北卡羅萊納州寄給她剛成為治療師的女兒。大多數時候，如果我人不在諮商中心，還是會穿著牛仔褲跟運動衫，就像任何稚嫩的二十二歲研究生那樣。因為實情是，我就只比那個凝視著我，敬意強烈到嚇人的受創青少年大個四歲而已。

要價極低的諮商中心，把一些八呎見方石膏板牆隔成小間，保留作為「諮商室」。在其中一個小間裡，她穿著黑色運動衫跟藍色牛仔褲，坐在我面前。這個空間內部裝潢的是兩張金屬椅子、一張外皮剝落的美耐板桌子、一台最粗糙且只值二十塊錢的錄音機，還有歪了一邊的檯燈，用意在取代吊頂天花板上日光燈的刺眼螢光。就我的回憶，有一張聖馬可廣場上鴿子振翅的海報，很不協調地釘在其中一面米黃色牆壁上。

我們兩位非常年輕的女性當時正在進行一場對話，談到她並不想要的懷孕，還有在墮胎診所結束妊娠時讓她體驗到的羞恥與悲痛。那個診所向我釋出一份簡單扼要又毫無幫助的醫學報告，講到我的病患在孕期第一期結束妊娠時「並無顯著事件」。在諮商前幾週有好幾次，她近乎執迷地詳細描述她被沉默的母親與母親的朋友載到診所去、入院的過程、醫生在手術前告訴她的話、手術本身，還有沒人事先跟她提起配西汀（Pethidine）藥效消退後會出現一波波的身體痛苦，讓人想要緊抱著自己的膝蓋。

我記得她就像茱莉雅，有感情豐富的藍眼睛，也記得她對醫療程序的描述，還有那種痛楚，讓我都開始覺得肚子痛了。

這個下午她在說的是，如同她在先前的會面中已經跟我說過兩、三次的：「我覺得我真是個娼妓。」—（從事實上來說，這名不幸的年輕女子參與過的性行為正好就只有一次。）「而我感覺像個謀殺犯。要是我沒懷孕……但如果我非得懷孕不可，我想我真的想要留住那個寶寶。我想這個寶寶真的應該有權活下去。」

她輕輕地哭泣，很符合當時狀況。她跟我有眼神接觸，而且用一種悲傷但正常的對話語調說話。而用同樣的方式，沒落下任何一拍，也沒有改變表情或者轉移視線，她就繼續說道：「我希望他們永遠不會逮捕我。」

「逮捕妳？」

她似乎並沒有聽到這個詢問。她繼續說，用同樣靜靜吸著鼻子、對話似的方式說著——但我注意到她現在看著我的後方，看著某一面空無一物的牆壁——「她好美又好小。我叫她吉娜瑪莉。我替她穿上了一件小小的白色洋裝，然後我拿了一把刀殺死了她。我把她切成碎片。可憐的小寶寶。有好多的血！我真的不知道整個世界有那麼多的血。」接下來她回來看著我說話，這次又是一拍都沒落下，語調也沒有改變：「現在我們時間一定要結束了吧。」她用手指抹乾她的眼睛。「我下星期一可以再回來嗎？」

後來的診療裡，我戰戰兢兢希望自己能夠成功，我會跟她談到罪惡感的深刻程度，還有某一部分的她覺得自己實在太應該被譴責，以至於她相信自己名副其實就是個謀殺犯。不過在事發當時，我什麼也沒做。我太過震驚，甚至無法反應。我說：「對，當然。下星期一我會再見妳。」然後我就放她走了。

我記得有個小小的土墩狀白噪音產生器裝在門裡，擺在那裡是為了掩蓋外面走廊上過路行人的說話聲，算是部分成功的嘗試。它盡責地在靠近地板的位置呼呼作響，在她離開之後，我坐在我的金屬椅子上瞪著它看了很久，然後我才有辦法冷靜下來，起身前往諮商中心前台辦公室，去找全然信任等著我的下一名約診患者。

那位受盡委屈的年輕女子，我又多治療了十個月，直到她去上大學為止，而我後來再也沒聽說過「謀殺犯」的消息。我想在某種程度上，我甚至開始覺得是我想像出這個事件的，或是我有誤會。而我肯定能理解，不是治療師的其他人在真實世界裡碰到類似事件的時候，會假定彼此想像力太過活躍、或者可能是訊息被錯誤詮釋。選項只有這些：「她完全瘋了」、「我完全瘋了」或者「我一定誤會了」。在這些選項的競爭之中，第三種解釋——相信一定有某種可以糾正的誤解——將會輕鬆勝出。這點是真的，尤其是大多數的自我狀態侵入（ego state intrusion）沒像茱莉雅、或者我第一位病人的狀況那樣顯而易見，大多一開始比較含糊不清。

不過隨著一年年過去，在進行治療的這些歲月裡，我（就像我許多也看過創傷倖存者的同僚一樣）很快就開始刻意結合正式催眠技術，投入使用與研究之中。我實在太常碰到表面上看來只有單一身分認同的個人，出現了解離自我狀態，以至於看到這些事件的時候，我的反應不再是把它們看得很驚人、甚至不尋常了。事實上，我現在近乎把它們看成例行公事了。我不再驚慌失措或者覺得驚嚇——在治療中或真實世界裡，我再也沒有衝動想叫任何人別再裝了。

我繼續跟「愛蜜莉雅」交談，同時鼓勵她：

「我是茱莉雅常常交談的那個女醫生嗎？」

「是啊。我也想跟妳講話。」

「妳想跟我講話？為什麼呢？」

「唔，妳知道的，我才五歲。我有點寂寞，一點點。我真希望有人會照顧我。妳似乎滿好的。」

「謝謝妳。」

「不客氣。」

「茱莉雅有照顧妳嗎？」我問道。

「傻瓜，她不知道有我啦。」

「茱莉雅不知道有妳？」

「當然不！唔……我猜現在她會知道了。」

這一切過程裡，茱莉雅的雙眼仍然閉著，她的臉很平靜。她的說話聲調隱約比平常更像小孩一些，調門比較高；但她聽起來仍然比較像個三十多歲的女人，而不是五歲小孩。只有她的雙手完全是小孩的手，那雙手魯莽地亂玩一只大人的昂貴手鐲。

我說：「妳是說茱莉雅現在會知道妳了，因為妳跟我說過話了？」

「是啊。」

突然之間，茱莉雅的雙手還有那個手鐲，就落在她腿上不動了。她默然無聲，沒有進一步的動作，只有一綹綹紅髮隨著窗口吹進來的過暖微風，在她沒有表情的臉龐周圍浮動。

「愛蜜莉雅？」我催促道。

「不是。」突兀的回答來了。另外三十秒的沉默以後，接著是：「妳知道，她會毀了那只手鐲。」

「誰會毀了那只手鐲？」

「愛蜜莉雅。她很可愛，不過她只是個孩子。我叫她把手鐲放下。」

茱莉雅的聲音失去那種略帶稚氣的特徵，現在是一個惱怒的大人聲音，冷嘲熱諷而帶有幾分鼻音。

「是妳嗎，茱莉雅？」我問道。

「才不是。」她回答。又一陣短暫停頓，接著她說：「所以醫師，妳真的要幫她嗎？」

「我真的要幫誰？茱莉雅嗎？」

「當然是茱莉雅啊。妳以為我在講誰？也許是南西·雷根囉？」又是那種拙劣表演的感覺。可憐的、高貴的茱莉雅。在她脫離催眠狀態時，她會羞愧欲死。

「我肯定想要幫助茱莉雅。妳是誰？」

「妳真的想知道這個，是吧？」

「妳不必告訴我。」我說道。

「是啊，妳很機靈。我的名字叫凱特，好嗎？」

「哈囉，凱特。妳有事情要告訴我嗎？」

「為什麼我會有事情要告訴妳？」

「唔，妳以前從沒有講過話，我想⋯⋯」

「是啊！」她打斷我。「妳想、妳想。好吧，嗯，我猜，反正那孩子已經讓該死的實情爆出來了，我只想告訴妳，妳最好幫忙茱莉雅。」

「我正在設法幫助茱莉雅，我向妳承諾。妳有在幫她嗎？」
「我真的需要回答這一題嗎？」
「妳是說答案很明顯？」
「是啊。」
「所以我猜想，說妳在幫助茱莉雅是保險的說法。妳的名字是怎麼來的，凱特？」
「嗯，她需要某個人，不是嗎？所以她有我，凱特。他們打她打得滿慘的。她需要某個人幫助她忘記並且脫離。真的，她需要脫離！把這一切都拋諸腦後，妳懂嗎？所以我幫她做到這件事。實際上，她是在十七歲的時候得到我的。她那時已經有那孩子了。」
「妳是說她已經有愛蜜莉雅了嗎？」
「是啊。她也需要那孩子。他們打不到她。甚至沒有人知道她在那裡。現在還是不知道。」她格格發笑，臉突然間突破沒有表情的狀態，變得很樂。
「所以，妳保護了茱莉雅？」我問道。

「就是這樣。我是個黑帶高手。而且我在監視妳，醫生。妳最好繼續對她好。」

「我打算這麼做。」

「嗯，妳最好這樣。」

我看著我的手錶，發現診療時間只剩下三十分鐘。而我知道在這個狀況下，當茱莉雅脫離她的催眠狀態時，會對自己的行為感到震驚。我向「凱特」喊話：

「凱特，妳認為我可以請茱莉雅回來嗎？我們沒剩下多少談話時間了，而且妳知道，茱莉雅對於妳還有愛蜜莉雅會感到很困惑。」

「是啊，她會相當驚嚇吧。我會離開。」

突然之間，茱莉雅再度變得面無表情。我照慣例從一數到五讓她清醒，茱莉雅的眼睛顫動著睜開了。

她驚愕又害怕。要是有艘太空船從我辦公室窗口飛進來，接著有小綠人在她面前登陸，我相信她還不會這麼震驚。

她把拳頭壓在眼睛上，就好像想把某個東西擦掉。

「喔我的天啊！」她大喊出聲，就像是在對自己說話。「那是什麼？那是什麼？」

「茱莉雅，茱莉雅！」我說話了，試著引起她的注意。「我們稍微談一下剛才發生的事。」

「我知道我瘋瘋的，但我沒想過我是個神經病！」

要說服某個剛經歷這種催眠經驗的人，不算是不尋常到不可思議。茱莉雅不會馬上就被送去精神病院，這樣做很困難、或許根本不可能。但我為茱莉雅盡我所能了。我知道我必須在接下來好幾週裡一再重複給她聽，因為幾乎所有我要講的資訊，都會被她今天經歷的痛苦所建立的高聳柵欄反彈回來，她聽不進去。

「妳不是神經病，茱莉雅。」

「所以妳要怎麼解釋剛才發生的事？」

我告訴她，她剛經歷兩個解離自我狀態。對於處於深度催眠狀態的創傷患者來說，出現這種偶發事件並不算不尋常。解離自我狀態是一種人格構成物，或者可以稱為特徵與行為模式的一個群集，有「意識」的個人通常對此渾然不覺。一個人的解離自我狀態可能會表明它有個專屬於自己的名字（「愛蜜莉雅」、「凱特」），也可能沒有名字，或者用「小的那個」、「憤怒的那個」、「哀傷的那個」或者「有話要說的人」這類標籤來宣示自身的存在。

在任何特定時刻，我們把大腦功能想像成有道「意識之光」，但它只能照亮整體大腦活動的一小部分，對於我們聰明絕頂、有多種傳輸方式、極端憤怒不耐的心靈真正發生的事情，只做出一、兩個輕微的暗示。所以對大多數人來說，一個人的大腦（甚至可能就是自己的大腦）可以藏著像是「有話要說的人」或者「凱特」這樣的存在。這種概念似乎是科幻小說才有的東西，但在現實生活中，人類大腦很有能耐發展並裝下這些「額外的」自我構成物。

雖然我們並不樂於把自己看得這麼平凡無趣，但說到底，我們的大腦是用來生存的。如果嚴格區隔我們的自我，可以應付長期創傷帶來的龐大迫切需要，甚至幫助我們生存下去，人類大腦在這種時間拉長的脅迫下，會形成這樣的人格區隔就不奇怪了（或許只有在哲學上或神學上顯得怪）。在創造出分隔開來的人格時，我們隔開了在其他狀況下會毀滅我們的恐怖；我們可以調節、做特殊化的處理，然後繼續生活下去。以這種方式看，解離自我狀態的組成，並不是一種失調疾病，甚至不是一種怪異現象，而是一種適應。

「人格」的字典定義是「身為一個人的事實或性質」，而根據這個描述，每一位人類（其中肯定包括茱莉雅）都剛剛好有一個人格。但人格的心理學定義是「一組相對來說持久的特徵與行為模式」，而根據這個定義，如果有需要，人類的大腦可以形成許多這樣的人格。

至於這些「組」的名字——湯姆、迪克、哈利、愛蜜莉雅、凱特——人類心理學最占優勢的特徵之一，就是我們一長大到會為物體命名的那一刻起，就傾向為幾乎所有東西命名。我們有意識地為東西命名，就像是替新生寶寶或新地點命名。而在我們缺乏有意識覺察的時候，我們繼續為東西命名，最明顯的例子就是我們在自己夢中為各色人物、地點與物體命名，通常方式相當巧妙。解離的自我狀態並不總是有名字；然而一旦它們有名字的時候，它們的名字也不太會引起多大的訝異情緒。

我確定在那三十分鐘裡，茱莉雅對於我要說的話沒聽進去多少。隨著茱莉雅設法接受她人生中的種種發現、還有她足智多謀的心靈如何適應自己的人生，我會記得在將來的診療裡，重複那些話許多次。她確實聽到我說她不是個神經病，不過我極其懷疑她那天有沒有相信我。

她注意到她腿上閃亮亮的手鐲，把它戴回手腕上，可憐兮兮地盯著它看。然後她開始用另一隻手的指尖觸碰紫羅蘭色的寶石，一個接著一個。

「我的某些碎片從其餘部分斷裂脫離了。現在要怎麼辦？」她用近乎哀求的語氣問我。

「唔，至少現在妳知道有一部分的妳是孩子氣的，還有一部分的妳很強悍。問題是——現在既然妳知道有這些妳的碎片在，妳要怎麼處理她們？」

「我以前為什麼不知道有她們？」

我回答：「因為意識很小。」

我這個評論的意思是，我們指稱為「意識」的自我覺察功能，在所有狀態下都被當成一種神經學工具——一個心理哨兵——在運作，讓我們的心靈與相對而言極微量的外部資訊互通有無、加以組織。這個心理哨兵讓我們在日常生活中能夠發揮功能，不會因為訊息輸入量過大而被壓垮。在任何一刻，「意識」都沒有完全理解整體心靈，就像它也不會理解整個世界。

為了描繪意識的限制，來自丹麥的一位傑出科學作家托爾・諾爾川德斯（Tor Nørretranders）借用了來自電腦科學領域的詞彙「用戶錯覺」（user illusion）來形容。[9]「用戶錯覺」是指電腦的使用者對電腦運作的想像。在任何一刻，一個在工作的人察覺到的只會有俐落出現在電腦螢幕上的適量訊息，而不是機器本身在使用、或者準備要利用的那些幾乎超乎想像的海量資訊。

就算是經過最簡單的反省具備最粗淺的理解，我們大多數人都能明白，螢幕上的影像、還有對於主機實際做了什麼才能產生那些影像，我們眼睛看到的並不等於全部的運算過程。然而我們強力抗拒這種概念，不願相信我們的心靈，僅僅透過我們的意識覺察狀態——宛如受到巧妙限制的螢幕——只揭露出一丁點的內容讓我們看到而已。

突然之間被剝奪這種錯覺，就像茱莉雅剛剛經歷的那樣，可能很痛苦又嚇人。但這是個錯覺，最好將之拋諸腦後。

「這表示我有多重人格疾患（multiple personality disorder）嗎？」茱莉雅謹慎

地問道。

「不是的。」我說：「妳的解離自我狀態可能影響妳的行為，這件事非常重要，妳得先知道。不過她們還停留在妳的腦袋裡。我們沒有理由認為她們替換了妳，再跟其他人互動。」

「妳是說，這個『愛蜜莉雅』跟『凱特』沒有到處去跟我的朋友講話？」

「對。」

「也就是說，某些人也有妳提到的解離自我狀態，而那些狀態確實會到處跑去跟別人講話？」

「在某個意義上來說是這樣。」

「喔我的天啊！」茱莉雅很戲劇化地呻吟，同時設法用一抹她平常的反諷口氣來恢復自我。「多麼令人尷尬！」

眼中還有驚恐的她對我微笑，我也回以微笑。

還會有更多像這樣的日子，但茱莉雅慢慢變得比較好了。把她的記憶從地下喚起，讓它們變得「常規」，是個悲慘的過程，這還包括會讓所有人的自我感受都從根基開始動搖的新發現。不過就算經歷過這個，經歷了她的恐懼——還有她的尷尬——茱莉雅的勇氣還是堅持住了。我現在可以合理地確信，無論發生什麼事，她會繼續打開電燈。

第五章　人性處境

精神官能症（neurosis）是一種靠著避免存在來迴避非存在的方式。

——保羅・田力克（Paul Tillich）

我們是個徹底戰鬥疲勞的物種。雖然並沒有全都從小受虐，卻也承受著那些被我們視為嚇人的經驗，還徹底耗盡了我們理解、應付的溫柔嘗試。來自一個常常看似有威脅的動盪世界，我們許多人也從我們關愛的人、甚至是從非關個人的媒體上，反覆吸收到有毒劑量的繼發性創傷。因為我們的歷史，還有我們在心靈需要保護的時候變得解離的天生傾向，結果就是適度解離的覺察變成所有成年人類的正常心理狀態。我們的情況無人發現，但我們的行為舉止全都有點像我的創傷病人茱莉雅那樣。

無論如何，解離行為並不總是悲劇性的。通常它是良性的，而且視當時的迫切程度而定，它甚至可能會有幾分滑稽。

現在來考量一下，二十六年後，看母親砸盤子的馬修三十五歲了。他長成一個有吸引力又討人喜歡的男子。他跟他妻子住在他們的田園風維多利亞式住宅裡；從那裡通勤到市區，馬修做著令人羨慕的專業工作。如果有人問起他的童年，他會提出他誠摯的意見：除了他父母事實上常常吵架以外，基本上還不錯。他會暗自認為、也可能會說出來，他自己的婚姻非常不同，而他打算保持這個狀態。如果有人問他要不要養兒育女，他會回答說他不想要有任何小孩。他自認為不是「當好爸爸的材料」。

長大的馬修有幽默感，通常很能享受笑話，即使是針對他的笑話。他最常被人開玩笑的事情之一，就是他的一項特徵，他的一群友人稱為「馬修的太空人例行公事」。沒有明顯理由，馬修就是會三不五時從對話裡淡出。他跟他的朋友們會討論某件事，然後馬修就突然不講話了——也沒在聽人說——看起來像是迷失在某種很耗費心力的個人思維裡。

「嘿，馬修！」有人會說道：「你怎麼啦？」

馬修變成這樣子的時候，從來不會回應。他看起來沒察覺到他周圍的人，然而他剛剛還在跟這些人對話。他的眼睛是睜開的，但似乎沒在看任何特定物體。

他的朋友們總是取笑他。

「地球呼叫馬修，地球呼叫馬修。」某人會這麼說。但直到他們之中有人開玩笑地捶他肩膀一拳、或者用報紙拍他頭以前，他都不會脫離那個狀態。

「那時候你是去哪裡啦，馬修？」

他總是說他不知道，而永遠不變的是，他都會忘記先前他們在講什麼。在他們跟他說他又經歷了那一套太空人例行公事以後，他會難為情地跟他們一起笑。這種嘲弄幾乎總是講好玩的。

不過當他跟他妻子討論起他的「太空人」傾向時，就沒那麼好玩了。她不會用同樣的可愛名詞來講他的行為，反而稱之為「馬修的懦夫行徑」。馬修跟他妻子不常起爭執，但他們吵起來的時候，對話只要變得略帶那麼一點點火氣，馬修就會神遊天外，這個事實讓他妻子一直很挫折。她這樣抱怨：「在他身邊，我甚至不能表現出最丁點的憤怒或情緒。在我那樣做的時候，他就關機了，就像一台電腦當掉一樣；他眼神會變得茫然，不會開口說話，就跟我不在房間一樣。而我越不高興，他就越放空。他看起來就像個殭屍，我真是受夠了這點。我就是不可能永遠都沒有情緒。」

馬修妻子完全不像他母親是那種滿懷怒火、讓人心生恐懼的人；然而就算是她這方溫和的情緒展現，也會觸發馬修的解離發作。至於他在其他狀況下的「太空軍校生例行公事」，他朋友們、甚至是馬修自己都沒有理解到觸發點是什麼。最常見的狀況，是觸發點被他無意中連結到不舒服的感受或生活壓力等主題上，有時候連結的方式相當迂迴。舉例來說，大家對某位同事的車做出無關痛癢的評論，結果在馬修心裡引發一個自由聯想，連結到他無法真正負擔他想擁有的新賓士車，而這個念頭引起一種強烈而非理性的感受：他對自己的生活沒有足夠的控制力。或者有人隨口評論這條街上有計畫要蓋一棟醫院複合大樓，這可能變成一種令人緊張的提醒：他住在遠方的父親最近生病了。同樣的主觀並置與拼貼，會發生在所有人身上，然而在馬修身上會觸發的解離反應實在太即時，以至於他根本沒有機會有意識地評估他自己的想法與感受。

他放空了，他的朋友們不知道這是為什麼。到最後他們捶他一拳，他才恢復自我。他對於自己的心靈缺席狀態、觸發這種狀態的感受或者先前的對話都沒有記憶。他就只是個「太空人」。讓事情變得更混亂的是，在某個場合會觸發他的主題，要是發生在他剛好比較不累、整體而言比較不焦慮、或者就只是在想其他事情的時候，可能就不會有相同的影響。

馬修的朋友們很訝異他可以這麼成功又聰明，同時又這麼魂不守舍。他們猜想他一定有某種心不在焉教授症候群。

他們跟馬修本人都不知道事實：馬修的童年消耗在一種創傷性的氛圍中，這教會他一種心靈的解離策略，到後來甚至教過頭了。每次他父母家裡發生的事件太讓人不知所措的時候，他就會脫離自我。這些年來，這種策略發展成一種運動過度的心靈肌肉，現在只要馬修覺得被任何事情威脅，無論事情根本不會造成創傷、或者多無關緊要，那塊肌肉總是會率先反應。身為一個成人，他不需要他父母的失控怪象、也不需要任何其他的創傷性壓力因子來啟動他的解離行為；稍微不舒服的念頭、跟他妻子稍微帶點情緒地交流、或者有時候就只是在車流中被插隊，就可能會發生了。最驚人的是，甚至某個人表現出的情緒都可能會觸發馬修——就算那種感受是正面的——像是興奮的期待、熱情或同情的關懷也一樣。

馬修的解離發作很短暫，通常延續幾分鐘，或者頂多一、兩個小時。為時兩小時的事件通常是專屬於他跟他妻子的情緒化討論。他的解離行為對他來說是隱形的，所以事後他獨自一人的時候，他從來無法意識到他曾經脫離自我。事實上，一個不相干的觀察者會注意到，整體來說馬修的解離反應對他自己的影響，遠低於他對周遭人們的影響。

像馬修這種人的解離傾向，跟極端虐待倖存者茱莉雅的解離傾向有什麼樣的差異呢？

大半時候差異只在於程度。如果我們進一步發揮「太空人」意象，我們可以說，馬修被觸發的時候是被射到月球上，但創傷更深的茱莉雅有時候是被轟到深太空。她的發作延續得更久，有時候連續好幾天，而在發作持續的時候，她是無法恢復的；她無法靠著友善地敲敲腦袋來恢復自我，馬修卻可以（除非是在跟他妻子起爭執的時候）。

對於不同的人，這些程度變化是跟心靈有多少部分被徵召去應付創傷經驗有關。這取決於創傷發生時當事人的年齡（因為神經及心理學上的理由，越年輕狀況越糟）、事情發生過多少次及其嚴重性。當然，一個創傷的嚴重性是由它造成多大損傷來衡量，不過也像我們在前一章看到的，要從受害者賦予它的主觀意義來衡量。在這方面，因為我們全都無可逃避地仰賴著其他人，比起天然或意外災難，人類造成的創傷很有可能需要更廣泛的認知特技才能應付。而且，因為相同的依賴性理由，比起陌生人施加的虐待，家人的行為很可能構成更嚴重的創傷。

茱莉雅童年發生的可怕事件更加頻繁、更蓄意，而且在某種意義上比馬修過去的創傷「更糟」。茱莉雅跟馬修比，她的認知器官甚至更廣、更致力於從創傷中生存下來，她的解離發作因此為時更長，也更加頑強。不過除了這些解離反應程度上的差異——還有當事人是否在做治療——以外，茱莉雅跟馬修是很相像的。做為一個成人，茱莉雅到頭來幾乎對她人生中的特定創傷事件毫無記憶，馬修亦然。茱莉雅在被觸發以後，還是可以去買紫水晶珠寶，並且進行其他複雜的活動。正是同樣的現象，讓馬修被觸發以後還能繼續開車。

茱莉雅在做治療，馬修則如前所述沒在治療。這個事實值得多做一些闡述，因為這個區別及其潛在結果，才是真正重要的部分。人們幾乎永遠不會光因為他們有解離行為就尋求治療，甚至連茱莉雅這樣的人也是，有時候連他們自己都看不到這種狀況。他們經常為了別的理由——那些看起來不僅明顯、也有極大破壞性的問題——進入治療，諸如重度憂鬱症、徹底社交孤立、企圖自殺、難治型飲食障礙、恐慌症、長期夢魘、成癮等等。換句話說，人們只有在他們實質上很痛苦的時候才會尋求治療，而且通常只在他們痛苦很久以後才這樣做。如果解離傾向就是茱莉雅的問題核心，我可能永遠不會認識她。茱莉雅來做治療，是因為憂鬱讓她苦惱難當，而且死亡的危機越來越急切。

令人震驚的是，對於有充分勇氣去搜尋解方的人來說，這種痛苦有時候可能掌握了某種優勢。因為茱莉雅的慘況逼著她去求助，她才辨識出她的解離症，而且有機會對此做點努力。對於她的苦難，長期而言，她可能會有足夠的準備為她的行為負起真正的責任，在最完整的意義上指引她自己的人生。

相對來說，馬修可能從來不曾苦於可以合理稱為「精神痛苦」的任何問題。他反而會逐漸接受「心不在焉教授」的身分認同，把這個身分當成外套一樣穿在身上。如果他善於內省，他可能會以一種疏離的方式感到疑惑，既然他的記憶力有時候這麼糟糕，那他的整體智力怎麼能這樣完整無損。他會開始認為妻子在情緒上要求太多，也毫無疑問會一再這樣告訴她。他會害怕生小孩，到最後他的婚姻可能會（或者不會）分崩離析。如果他的婚姻確實結束了，離婚感覺上會像是他發生過最糟糕的事情，而他永遠不會了解這種損失的大部分責任在他。簡而言之，在他擁有中度（但並不深刻）的創傷童年之後，對於運氣不佳的馬修而言，無論是他的人格認同還是他自己的生活，永遠都不會完全屬於他。

情緒痛苦就像生理痛楚一樣，都是危險訊號，逼使我們注意到有事情不對勁，並且做出回應。要是一個人腿骨裂了卻只感覺到不明顯的痛楚，他可能會繼續使用他的腿，到頭來死於壞疽——一種迅速而惡性的腐爛。

雖然馬修永遠不會被無可忍受的苦惱所驅動，但這裡要講到的事情，可能會帶領馬修這類人做出他需要做出的改變。我們假設馬修的性格結構裡，剛好包括了他對自己行為有持續性的責任感，尤其看重對於他人的衝擊。馬修的這種性格特質，除了許多其他很有價值的影響以外，也會讓他無法把夫妻相處困難的主因都歸咎於妻子。他會很納悶他做了什麼，才會滋生出這種不快樂——而這個簡單的環境條件重要性，再怎麼強調都不嫌誇大。他會納悶他是否可以做出某種改變。這個誠懇的想法、這單單一個反應，對馬修這樣的人來說，就可以造成極大的改變。

有這樣的性格結構，他比較不可能會認為他妻子在情緒上太苛求，也可能會疑惑是什麼阻止他滿足她更多的需要。事實上，整體而言，他能夠把她看得更清楚，因為根據他的天性，他不會傾向把過錯投射在她（或任何人）身上。就她這方來說，她把他視為「懦夫」的可能性就遠低得多，因為他不會是那樣的人。根據大多數的定義，這個馬修會是個勇敢的靈魂。

而當他的妻子、還有他所有的朋友都堅稱他定期做出某種造成混亂的事件——恍神——的時候，他雖然仍不理解，不過他不會置之不理。因為他的性格美德，他會覺得要為自己的行為、還有每個人都描述過的怪事負責。他會開始看出他讓其他人苦惱，尤其是他的妻子，而為了這個理由，他也會感到苦惱，而且因為他不會自動知道要怎麼補救這個情況，所以會更加難受。

不負責任的人會加以合理化然後忽略大部分議題，但負責任的馬修會認真考量。他會納悶這是為什麼。舉例來說，他會納悶為什麼他受不了生兒育女的想法。要是他妻子開始談到離婚，他幾乎免不了會把這看成是個人的失敗，然後開始尋找一個方式讓定時炸彈上的時鐘停下來，甚至會非常急切。要是他非常盡心盡力，他滿有可能成功。

馬修甚至可能達到願意進入治療的程度，雖然他唯恐這樣做會立刻帶來「瘋子」的標籤，至少他的看法如此。一旦進入治療，馬修就會開始感覺到多年來隱藏在他心靈「解離暗櫃」裡的可怕事物、感受、感官知覺與影像。剛開始的時候，他不會知道要怎麼去理解它們。他會很困惑又害怕——比起他開始治療之前，這一切都安全地被束之高閣——而且他可能會開始認為自己真的瘋了。幾乎可以肯定的是，他會考慮退出治療。畢竟治療應該要讓一個人覺得比較好了，但他沒覺得比較好；他會感覺更糟，至少在最初時是這樣。

然後可能會發生某些事情，可能不是天搖地動的洞見，卻有某種意義。就跟以前一樣，馬修的妻子可能會變得不高興，也許對某件小過失有點生氣，而她可能會告訴他，他們必須談談。過去總是這樣，光是「我們必須談談」就導致馬修變得解離、脫離現實，他甚至還沒得知到底哪裡出了錯。

但這一次，這一次，他沒有解離，反而有個記憶：

他妻子說：「我們必須談談。」

他望向別處，沉默下來（一如往常）。她栽進一張椅子裡，開始哭泣；這一切太讓人難以承受了，似乎永遠不會改變。但接下來，打破了所有前例，馬修突然間說話了。

「你這隻蛆！」他說道。

他的妻子震驚的感覺大過受辱，抹了抹她的眼睛然後說道：「你說什麼？」

他很蒼白，臉上有著訝異的表情，轉向她重複那個稱呼：「你這隻蛆！你這隻蛆！在我媽對我爸生氣的時候，她就這樣叫他。她叫他蛆。」

讓我們假設馬修的妻子是個溫柔而敏銳的人，並且承認（至少現在）這個新發展比她本來要處理的種種過失更重要。她說：「天啊，那真可怕。你小時候有聽到她那樣講話？」

「呃，是啊，一直都這樣。」他這麼回答，不太確定為什麼她會認為關於他童年的這個事實有這麼驚人。「他們老是在吵架。我還以為妳知道這點。」

「我確實知道這點。我的意思是，你總是說他們常常吵架，但你從來沒告訴我她這麼惡毒。」

「妳覺得這樣很惡毒嗎？」

「說妳丈夫是蛆？就在妳自己的小兒子面前？你不會覺得那樣很惡毒嗎？」

「不會。呃，我的意思是，我猜我從來沒真正思考過這一點。那大概只是一般狀況。」

「喔，那很惡毒，馬修。」

隨著時間推移，馬修可能會有更多記憶，而一樣重要的是，他可能會開始為這些記憶重貼標籤。在他的妻子、他的治療師、也許還有他某些朋友的幫助下，他可能會逐漸開始看出他父母的行為在他小時候造成了創傷，他見證了某些「惡毒」的交流，雖然在其中，暴力沒有付諸實踐，卻有強烈的暗示性，而且對於夾在中間的小人兒來說真的很可怕。

而當馬修記起過去，並且重新標籤他的記憶時，他解離反應的觸發點會變得越來越不敏感。他會經歷一段不舒服的時期，有悲傷與後悔，還會有不少憤怒，但如果他一直堅持到撥雲見日，他就不會再是心不在焉教授了。他會是馬修，活在他當下的生命裡。他會拿回他自己。他會有公平的機會搶救他的婚姻。有一天他甚至會成為父親，而且是個好父親，因為他可以在場，跟他自己、他的妻子還有他的小孩同在。

就算在這種狀況下，馬修可能永遠不會特別想起他九歲時母親在廚房裡砸盤子的瘋狂行為。記起一切，或者記起任何一個特定事件並不必要。他必須想起的事情，只要足夠讓他看清自己童年的主題、自身過往經驗的主旨就好了。對於某些人來說，單一的視覺影像、一句強而有力的句子或詞彙（「蛆！」），可能就足夠充當通往過去的鑰匙，開啟有意識的新標籤，解除一長串連續相關的創傷事件與其毒性，而他不會明確地想起所有事件。

這個概念不是要製作出某個人生歷史的詳細劇情長片，反而是容許大腦承認過去發生的某些事，並給予恰當的標籤（雖然這樣做剛開始可能很嚇人又痛苦），好讓心靈不再避開現在，將霧濛濛、沒有言語可以形容的解離過往繼續包圍自己。

簡單說來，我們的目標是讓一個人能夠實質活在當下；任務則是肯定生命。對於當事人所愛的人來說，也是一種仁慈寬厚之舉。

達成這種乍聽會讓人誤以為很簡單的目標，需要下功夫、拿出勇氣、還要承諾對自己的生活負起個人責任，在沒有明顯的精神疾患驅策人們去冒這種險的時候，尤其需要。雖然馬修的歷史不像茱莉雅那樣驚人，但正面迎擊他家遺留的解離問題，贏得勝利的馬修、做出決定要扛起責任的馬修，是某個我會樂於認識的人，而這個馬修也是我會非常引以為傲的人。

不是每個人的解離方式都會導致他像馬修那樣變成「太空人」，至少並非總是如此。解離行為在其他普通人身上看起來是什麼樣？解離感覺起來像什麼？

有許多跟創傷無關的解離經驗，相信大多數人對此都有熟悉感。一個去看電影的人坐下來看《絕命追殺令》，透過具有高度娛樂性的出神狀態，有一會兒脫離了自己。我們許多人偶爾都會在出神狀態開車，這不必然是因為我們像馬修一樣，被自己對另一名駕駛的憤怒給觸發了，有可能只是因為很簡單的理由：我們獨自一人，而且容許自己在心理上去了「別處」。出神狀態的變化形式、把我們帶到別處的白日夢，或許是無關創傷的溫和解離中，最容易被認出的例子。

某些解離傾向甚至比中性更有生產力，甚至是很神奇的生產力！無數才華洋溢的人，包括作家喬伊斯（James Joyce）跟科學家愛因斯坦在內，都曾經講到他們在深入進行藝術或科學創造的時候，需要脫離現實。大多數人都可憶起他們如何沉浸於有趣的工作、以至於「忘記時間流逝」的日子。這些心理抽離的插曲，幾乎可以像魔法一般成果豐碩。這些插曲不必然涉及隔絕創傷，反而把常規、日復一日的「現實」（時鐘、他人、個人周遭大部分的環境、飢餓、疲倦及其他實際的日常掛心之事）放到一邊，以便實現另一種創意上的努力。當我們落入這樣的出神狀態時，可能必須處理別人對我們的惱怒，尤其是我們對此特別有天分的時候。但在我們為創造所服務的解離性逃避之中，我們並不特別應付創傷。

我們能夠指認這樣的經驗。我們知道它們感覺如何。相對來說，根源在於創傷的解離事件對我們來說更難辨識。由創傷滋生的解離反應之所以存在，是為了隔開我們經驗中的某些部分，好讓我們的經驗不至於癱瘓我們，所以從本質上來說，這些反應本身就傾向在我們面前隱藏起來。或者更確切地說，它們通常很滑溜，很難捉摸，就像匯流的水銀，或者像做夢者醒來後模糊的夢。我們大多數人不知道創傷解離的感覺是什麼，直到我們可能有好得過分的理由專注於學習此事。

做為初步一瞥，我可以提供千鈞一髮反應做參考，對某些人來說應該會很熟悉：在有時候幾乎是災難、卻不盡然如此的事件發生時，我們會被那種千鈞一髮的狀態觸發到解離。舉例來說，現在是傍晚，你朝著西方夕陽的方向開車。眩光讓人幾乎看不見，所以你隔著太陽眼鏡瞇起眼睛。你在一個紅綠燈前停下，準備左轉。你的轉彎信號燈亮起了。紅綠燈轉為綠色，你往左進入十字路口，而在你的眼睛從太陽的眩光中解放出來的百萬分之一秒內，你發現有個自行車騎士就停在你正前方，就從你移動的車子靠駕駛座這邊前端驚險擦過。在那瞬間你看到騎士的臉，那張臉上充滿警覺與義憤。你們避開了對方，沒有出車禍。但如果你起步得稍微快一點點……

你踩了煞車，留在十字路口一會兒才繼續前進。你可以感覺到你的血壓升高到耳朵，你咒罵那個自行車騎士，因為你很確定是他太魯莽。你覺得你剩下的下午都毀了，你很激動憤怒。

不過等你開出半哩外以後，車禍已經被你拋諸腦後，你在想別的事情了。又開了一哩以後，整件事很有可能就像沒發生過，只是當天晚上，在凌晨三點的時候，你在你安全的床上醒來，而有片刻你在心裡看到那個自行車騎士，就好像他是一張快照。突然間，你想起你稍早幾乎發生嚴重車禍。你心跳加速，然後再度慢下來。你領悟到在此之前你全然忘記這個意外了。有一會兒，你有種感覺，時間不知怎麼的崩潰了：你就在那個十字路口看著那個可鄙騎士的臉，而現在——轉眼之間——你在這裡，在自己床上。

你忘記了這個事件，不是因為它在技術上來說是創傷性的（它不是），而是因為這令人心生警覺，而且以這種方式被突襲，觸動了解離傾向的引線；早在你長大到可以拿車鑰匙很久之前，這種傾向就建立起來了。

無數其他環境條件會牽動同樣的引線。某些人可能認得出另一個觸發點是表演焦慮，我們必須在一個或更多其他觀眾面前達成某種有個人重要性的任務時，會感受到這種焦慮。表演焦慮的常見例子是發表演講、上鏡頭、在班級裡被點名、在一齣戲或者演奏會裡軋一角、主持活動，或者就只是走進一個房間，但裡面滿滿都是我們認為很迷人或很重要的人。所有這些情境，雖然不是創傷性的，卻都有可能產生滿滿的焦慮，觸發了已經建立好的制約反應——解離。

想像一下，一位新娘在自己的婚禮上。她跟新郎為了這一天已經計畫了好幾個月。現在她嚇得六神無主。她告訴自己，她不是怕結婚，反而是怕經歷這個精心準備過的婚禮本身。她穿著一件她有記憶以來就著迷不已的驚人白紗禮服，跟她笑容滿面的父親挽臂而行。婚禮曲調的第一段樂句從風琴裡傳出，她緊抓著她父親，開始走上那條路，從她生命中所有重要之人、或者曾經很重要的人中間走過。一張張臉孔在她周圍載浮載沉。現在她真的不確定她能走完需要走的距離。她不再感覺自己的雙腳正在帶著她前進。其實她幾乎什麼都感覺不到了。她有一種魂魄離體的感覺——一種她漂浮到自己上方，而身體卻在獨立運作的印象。

當她走到典禮前方的時候，她未來的丈夫站在那裡，她發現她還是能夠背出他們排練過的字句，但她對自己的聲音有多大完全沒概念。也許她是悄聲細語到聽不見，也許她根本就是在大喊大叫；她就是無法分辨。她遠遠沒有感覺到她丈夫的溫暖與親近，她甚至連恢復自我都沒辦法。但她撐過了許下誓言的部分，除了她以外，沒有人注意到她的心理狀態有任何不尋常之處。

在婚宴上，新娘心情輕鬆得不得了，比空氣更輕盈。她跟每個人談笑，她喝著香檳，她跳舞，她切蛋糕。但在這一切全部結束後的某一刻，她會發現她記憶裡有四小時的空檔。她心裡有些婚禮後派對的快照，這裡記得一張臉，那裡記得一句話，還有一種參與活動與慶祝的感覺；但整體而言，她記不得自己的婚禮，也不記得大半的婚宴。兩週後，在她看錄影帶時，她會很驚異地看到在同樣那四小時裡，她看起來、聽起來完全鎮定沉著。

對於我們人格解體的新娘，一次非臨床性的解離發作，感覺可能像是靈魂出竅跟部分記憶失效；[10]對於「千鈞一髮反應」來說，感覺可能像是短暫的時間感崩潰；或者對馬修來說，這可能感覺像是什麼都沒發生，直到有別人被逗樂或者覺得挫折為止。

然而解離反應的另一個常見型態，通常被稱為閃回（flashback）。在文學與電影裡，「閃回」通常就只是描繪一個記憶。心理上的閃回則更加深奧；那是再度置身於那裡，一個人在心裡再度活生生經歷一個過往事件，或者其中一部分。在這種狀況下，閃回包括從眼前的現實解離，在時間上跳回去重新經歷過往的事件。這通常就只有一下子，但在好些例子裡，是好幾個小時、甚或好幾天。在火車站讀報的女人貝佛莉，在被火車鳴笛聲驚動的時候暫時「聞到」不存在的氯氣味道，她是經歷了一次短暫的閃回。

漫長而持續不間斷的閃回，是極端困難的臨床問題，甚至對一位經驗豐富的臨床治療師來說，親眼見證都讓人心碎。這是深刻而長期的創傷所造成的結果，可能痛苦到難以言喻。閃回跟整個範圍內的其他解離反應，形成了強烈的對比，它不會提供遠離恐懼的逃避路線，反而讓人在幻覺中回歸受創過往的可憎畫面與感受。體驗到反覆、冗長閃回的人，彷彿被交付給酷吏折磨，我們日常生活中的任何事情都無法與之相比。這樣的人被過去追獵著，可能到頭來只能躺在地板上緊緊蜷縮成胎兒的樣子，毫無希望地迷失在自己的地獄裡，一次就是好幾個小時。

然而短暫的閃回並不是不常見，我們大多數人在某個時刻都經歷過一次，最典型的狀況是在我們非常疲倦、缺乏睡眠或身體不舒服的時候。

舉例來說，在我執業早年造訪海地的期間與回國之後，對於創傷暴露（即便為時短暫）在心頭徘徊不去的後果，我得到了一些不期而至的經驗。事實上，我們生在凡事都被保護得很好的「第一世界」，一旦到外面旅行，常常要直接面對經歷過困苦與創傷的臉孔，還有這些事情對心靈的影響。

在那趟旅程裡，我記憶最鮮明的地點——也是最常從我所有心靈力量逃開的地方——是一間臥房，具體來說是太子港的歐洛佛森大飯店，約翰・吉爾古德爵士（Sir Arthur John Gielgud）套房的臥室。一九八六年的政變讓當時在位的獨裁者「小醫生」杜瓦利埃（Baby Doc, Jean-Claude Duvalier）帶著大量行李逃到法國，也毀了這個地方，但在此之前存在的歐洛佛森大飯店是裝飾華麗、貨真價實的維多利亞式豪宅，座落在一座山坡上，讓它有幾分超脫於這個城市忙碌而有尊嚴的絕望之上。這間飯店看起來像是白色的十九世紀尖塔，一直有著被熱帶植物悶殺的危險。而在內部，這個看起來不真實的城堡，美麗得如同孩子的幻想一樣。

那個臥房——在我的心靈之眼看來，我甚至現在還可以看見自己站在那裡——有柳條製品、白色亞麻布、蕾絲還有海地壁畫，混合了塗脂抹粉的維多利亞風格與爆炸性的海地能量。有個高高的四柱大床用白色亞麻布鋪好，擺著白色蕾絲的枕頭；一個附上斜角鏡子的大梳妝台，還有一個巨大的落地衣櫃，櫃子裝飾著華麗的雙開門，在房間裡占據顯眼的位置。一切都是乾淨的白，每面牆壁、每樣傢俱都是。而在這片粉白之上，每張牆面都奢侈地裝飾了海地藝術品，除了裝在上漆木框裡的原版油畫外，還有一面手繪壁畫，妝點著難以理解卻熟悉得奇怪的畫面。

西印度的陽光透過維多利亞式高窗照射進來，戲耍著陰影的邊緣，沿著房間跳著緩慢的華爾滋，然後融化消失。一陣熱卻不致命的風，讓長及地板的白色亞麻窗簾如波濤般無盡地起伏動作，似乎也帶動著其他物體：飾帶、我的衣服、一扇扇的門。我的行李放在通往旅館通風走廊的一扇搖曳的門邊。一切都在慵懶地律動，只有我除外。我幾乎站著不動，介於畫上謎樣圖案的衣櫃與床鋪之間。

這個場景有催眠效果，就像一個永恆夏季的夢。從大片窗戶外面的某處，傳來有人在打鋼鼓的模糊聲響。或許這個人是在預演一首曲子，因為樂句半途中斷、重複一次、然後再度中斷。我暗忖，這就像風鈴。

我對約翰．吉爾古德爵士套房的記憶，遠比對那天晚上親眼看到的巫毒教儀式清楚得多，因為我對後者的記憶被恐懼遮掩得模糊了。我確實回想起那輛古董福特汽車，當灰髮司機載著我跟我的同伴去參加儀式的時候，似乎在嘲笑我們；事後載我們回旅館時，甚至笑得更加心中有數。他做這個工作得到的酬勞是十塊美金——在海地至少是兩個星期的薪水——而我只要求得到一次有趣的經驗，我不該這麼低估它的。

海地是地球上最貧窮的國家之一，而在我們離開太子港到鄉間去的時候，計程車車窗外迅速掠過城市外圍，盡是貧窮與剝奪的全景圖，因為情況太過慘烈，起初無法完全理解。道路旁排列著美國人眼中的單側斜頂棚屋，側面則安置著大硬紙板箱子，棚屋接著紙箱再接著棚屋——住在這裡的人把那想成是他們的房子。來得晚的海地薄暮終於降臨，但仍然有足夠的光線可以辨識出一片地景，距離佛羅里達僅僅七百哩遠，而我們大多數人會把這兒當成夢魘體驗（因為我們只能把它想成是一場夢），一個由危險、讓人窒息的塵垢與絕望構成的幻象。

我可以看到這些紙板「房子」的內部，清楚到足以捕捉大大小小人影難以解讀的斷續動作，偶爾還會看到一張被光線照亮的臉。不時會有個站在路邊的人對著司機揮手，喊出他的名字，他也會揮手回禮。

「我很有名。」他用小心翼翼的英語解釋：「我有輛車。」

關於這一切，對我來說最持久的影像是一個枯瘦到讓人心痛的小男孩，我們恰好看到他的臉，我猜測他大約六歲。他像隻年輕的烏龜那樣，把頭探出住處，然後在我們經過時對我們咧嘴笑了。他毫無虛假的微笑完全展露出缺掉的牙齒，就像任何六歲的小孩一樣。

我被護送去看的儀式在戶外舉行，位於森林裡的一個特別聚會地點。我們坐在被奉為神聖廟宇的古老榕樹下，當時已經入夜，我們靠著月光與火炬來視物。我不知道我在那裡待了多久，而我的恐懼讓我只剩下一點朦朧的心靈畫面。我記得有個催眠般的穩定鼓聲，還有吟唱聲。那裡有個祭司，還有一個穿著處女式白色蕾絲祭袍的女祭司，有著舞蹈、尖叫，還有暴力、侵犯、或許還有死亡的隱含威脅。有隻雞被犧牲了，從牠脖子裡湧出的血液到處噴濺，特別是噴到那名女祭司的白色祭袍上。鼓聲變得更大、更讓人麻木。煤炭散布在地面上，被點火燃燒到它們亮著紅光為止，一陣帶著苦味濃煙的臭氣，吞噬了樹木與泥土撫慰人心的氣味，那是我們最後一絲的安慰。

我要極其誠實地說，在當時就算是為了救我自己一命，我都不可能逃走、甚至連動都動不了，而我可是非常不確定需不需要這麼做。

祭司靠近了，直到他跟我的臉距離只有一呎，充滿穿透力地瞪著我的眼睛，還張開他的嘴展露出他舌頭上仍然燒得赤紅的一塊煤炭。在鼓聲砰砰作響的時候，他繼續用這種方式瞪著我——我還是不確定到底為時多久——而我在他眼中看到的東西，可以被描述成空虛的幽靈。這就好像他的靈魂徹底離開他了。我被這個男人逼迫著要直視空虛之眼。起作用的到底是魔法還是詭計並不重要。

在一切結束之後，司機從陰影中重新出現，靜靜地帶我走出樹叢外，回到他車上，好像他很清楚我會有一段時間說不出話來，而且他暗地裡覺得有趣。我鮮少這麼高興可以看到任何人。在回旅館的路上，我突然一驚，回想起我的套房門窗都沒有鎖。空氣很暖，我卻感覺像是冰冷的黏土柱子，而不是血肉之軀。我不記得我那天晚上怎麼入睡，甚至不記得我是怎麼爬上床的。

當我回到我現在居住的麻州時——就像任何曾經被嚇得半死的人一樣，但接著就發現自己再度在日常生活裡安頓下來——我以為這件事情結束了。過了幾乎五年，這五年我都只把這個經驗當成可以講的有趣故事，然而我知道它根本沒有過去。

流氓似的病毒讓我臥病在床，發著高燒，只差一點就要陷入譫妄。此時是一月的新英格蘭，一陣微弱的東北風在我周圍的窗口滲進來。我把毯子拉高到靠近我的鼻子，渴望睡眠帶來遺忘。但每次我入睡的時候，我都有同樣嚇人的視覺幻覺、同樣的閃回，每一次睡眠開始包圍我的意識。我做夢夢到——不，我就相信——我不是在自己家中的床鋪上，而是回到歐洛佛森大飯店約翰．吉爾古德爵士套房裡高高的四柱大床上。

那裡有白色蕾絲枕頭，而不是我的普通枕頭，還有謎樣的壁畫。波濤起伏的亞麻窗簾、敞開的門，當然還有上了漆的巨大衣櫃。但我沒聽到鋼鼓敲出模糊的音樂，反而聽到邪惡的鼓聲與吟唱，正是進行儀式時那棵榕樹下聽到的，而且每一段都一樣大聲。舞者在那裡，女祭司在那裡，或者說，就我個人的現實來說，他們很有可能就在那裡。最令人心生警覺的是，我無法看到他們。他們躲著我。

如果在夢中的這一刻，我沒設法讓自己硬是從睡眠中掙脫開來——我確實這麼做，一次又一次——這幕景象會接著延續到下一章，維多利亞式衣櫃沉重的雙開門會緩緩轉動打開，那個眼裡沒有靈魂的男人，那個走在煤炭上的人就會現身，站在衣櫃裡面。他穿著一件長長的白色束腰袍子，手上沒有煤炭，反而握著一根點著的白色蠟燭。他從衣櫃裡朝我的方向漂浮過來，而在我夢中，我會很驚嘆蠟燭無視於一月的風，還繼續燃燒著。

我總是在那時候醒來，劇烈顫抖，有一部分是因為發燒，另一部分是因為我的驚恐。而我毫不懷疑，他還在那裡，在我大腦內部的某處，只等著溫度計裡的水銀升高。

那天晚上在榕樹下，還有後來在我家中的病榻上，我都被迫理解到恐懼如何影響到心靈——還有某些人可以如何容易地利用苦難與恐懼，癱瘓、控制他們的人類同胞。（在「小醫生」離開以前，大多數海地人私底下認為他是極高強的巫毒術士。）我也學到記憶有著煉金術本質，還有記憶可以用什麼方式跟想像力串通起來，讓我們的生活對自己來說也變得神祕。記憶有時候就跟老祖母在教堂裡的歌聲一樣清楚明確，有時候又模糊混沌，就像一個人實際上在黑暗海地森林裡目擊的事物一樣。這也強而有力地提醒我，我們全都活在自己的腦袋裡。可以確定的是，經驗、尤其還有其他人，很有力地影響了我們的內在宇宙；但我們生活在這個宇宙的內部深處，總是如此。

現在，我們先擱下閃回，繼續回溯常見的解離經驗及其分支，還有這是什麼感覺。讓我們檢視另外三個人在生活裡的某些事件，從半漫遊症（demifugue）經驗開始。

一個大二學生蘿拉正搭機飛回老家過感恩節假期。她在這趟旅程中一直很滿足地用功讀書，但在飛機開始著陸的時候，她把她的書本收起來，注意到她開始胃痛了，接著感覺到難以解釋的疲倦。她很高興看到下方有晚間的燈光在閃爍；很快她就可以爬上她童年的床鋪去睡覺了。蘿拉的父母在機場跟她會合。她父親一臉不悅，這不算不尋常；蘿拉認為他又喝酒了。她注意到她母親指定要自己開車回家。

她父親幾乎什麼話都沒說，而她偶爾很心不在焉的母親則靠著閒聊打破寧靜。

在他們到家的時候，蘿拉宣稱她胃痛得厲害，要上床睡覺了。她把自己關在舊房間的舒適環境中，沉睡了十二個小時。不過在她終於起床的時候，她還是累得不得了，幾乎沒辦法睜開眼睛。她設法幫助她母親完成感恩節大餐最後畫龍點睛的部分，但她動作拖拖拉拉；她苗條的身軀感覺有幾千斤重。當賓客抵達的時候，蘿拉很安靜、很退縮。她感覺像是個旁觀者，而不是參與者。而且她隱約想到，身為旁觀者有很多東西可以看；她的某些親戚真的很特別，「有強烈的個性」，就像她母親會說的一樣。在巨大的火雞被擺上餐桌的時候，蘿拉那位全身穿著粉紅絲絨、已經有點醉意的祖母站起身，領著每個人（蘿拉例外）齊聲高唱節慶經典〈渡過河流、穿過森林，我們去祖母家〉（Over the River and Through the Wood, To Grandmother's house we go）。

幾小時過去了，蘿拉覺得離每個人都越來越遠，她像做夢一樣，而且沉默不語。她想睡得不得了，情感疏離，以至於覺得有點不真實，幾乎就好像透過某個奇怪的望遠鏡，從錯的那一頭在看她家人的感恩節聚會。

蘿拉又有三天一直克制不住睡意。在星期天晚上，她疲憊地登機飛回學校。她假定回程會讓她累倒，已經決定要蹺掉她在星期一早上的課。然而讓她驚訝的是，在機長宣布飛機即將落地的時候，蘿拉覺得清醒警覺，這是從星期三以來第一次有這種感受。在她回到宿舍房間的時候，她跟她朋友熬夜到凌晨兩點。

不管是哪種情緒理由（可能有好幾種），蘿拉在她童年的家裡變得失去現實感，感受疏離——變得解離。

接下來讓我們來跟隨肯尼斯，他帶著他的年幼兒子出門，要去紐約世貿中心的觀景台參觀。

肯尼斯懼高。而且，他對於懼高的事實感到羞恥，設法要保密，尤其不想讓他六歲大的兒子崔佛知道。崔佛不怕高，而且有個熱切的希望，執意要造訪世貿中心的觀景台，他在學校裡的其中一個朋友去過了，後來宣稱它「超超超酷」。肯尼斯答應有一天要帶崔佛去那裡，現在「有一天」似乎來臨了。

他們搭電梯上世貿中心（而且電梯不斷上升）的時候，肯尼斯已經覺得反胃了。在門滑開的時候，崔佛打算全力衝刺奔向巨大的窗戶。肯尼斯一把抓住他的手臂，發表一篇早就準備好的小演說：「你冷靜點，崔佛。在像這樣擁擠的地方，你應該走得非常緩慢。咱們慢慢來。我們會在一兩分鐘內抵達玻璃那邊。」

崔佛看著他父親就好像他瘋了似的，但他聽話了。最後，他們完成了接近觀景台北側邊緣的冗長過程。崔佛大喊大叫，還問了種種問題——「爹地，那邊的水是什麼？」——同時肯尼斯站在後面幾呎遠的地方，小心翼翼地從腰部開始往前傾，就好像他是在一個風大的懸崖上凝望。在讓人緊張到停止心跳的一百層樓底下，肯尼斯心愛的曼哈頓化成陽光普照、熱氣蒸騰的全景圖，看似無窮無盡、深不見底，斜著眼睛往上看著他。這個經驗對他來說是無可忍受的，他往後退了。他告訴崔佛，他會在那邊找張椅子坐著，等崔佛看風景。幸運的是，崔佛太著迷於巨大的遠景，所以忽略了他父親的行為；但在他父親堅持拒絕去搭穿越整個紐約市的免費直升機動態模擬器時，他確實看起來有點垂頭喪氣。

等到他們回到地面的自由街時，肯尼斯感覺很奇怪，這不完全是他自己，就好像他的思維剛剛出現了某種古怪的典範轉移——正常狀態下樂觀又和藹可親的他，現在覺得偏執又疏離，讓他很苦惱。只有崔佛似乎豁免於肯尼斯的疏離感之外。他們往前走的時候，他緊握著兒子的手，並且跟其他人盡可能保持相對遠的距離，這不是容易的任務。每一次有陌生人瞥向他或者崔佛，肯尼斯都感到一股無法解釋的怒火。在幾碼外，有人在錯誤的時機踏上街道，差點被車撞，結果肯尼斯低聲嘟噥著一句骯髒的辱罵。崔佛滿腹疑惑地注視著他父親。肯尼斯納悶自己這種突發的厭世感到底是從哪來的，而且覺得這樣有點愚蠢。

不過他繼續對一切都感到懷疑與憤怒，到晚上在家裡時都還這樣。他認為他以前可能有過這種古怪的感覺，一次或兩次，而且他知道自己若處於想挑釁吵架的狀態，就避開他妻子。他入睡困難，因為他在反芻他人生中所有讓他生氣的事。然而讓他放心的是，一整晚做著他不記得的夢之後，他早晨醒來時偏執妄想已經過去，他又覺得恢復自我了。隨著早晨繼續進展，他察覺到他再度跟這個世界和平相處了。

肯尼斯自己的童年多舛，然而——這是讓人痛心的領悟——卻是世界每個角落都有的常見故事。身為俄國移民的父母替他命名為肯尼斯，因為這名字聽起來似乎完全屬於美國。在他父親工作容許的狀況下，他們搬到一個中產階級社區，距離市中心要通勤很久，這對八歲的肯尼斯來說很不幸，因為那裡沒有其他的「外國人」

家庭。小肯尼斯是個溫和且樂於跟人相處的小男孩，勇敢地設法對父母隱瞞鄰家小惡霸加諸於他的瘀青跟偶爾的流鼻血，那些小惡霸得到間接、或者不那麼間接的教導，要憎恨不一樣的人。有時候，他私下恐懼著他父母可能也有危險，即便他們是大人。而且當然了，他覺得他跟全家人一定有什麼令人遺憾的錯處。

不久之後，小肯尼斯滑入一種了無生氣的狀態，讓他的父母迷惑又害怕，又很無助，無法為他做任何事情。他直到十四歲左右才開始脫離他的憂鬱狀態——那時他幾乎六呎高了，對他的迫害者來說，肯尼斯不再是非常誘人的目標。衝突止息了，而隨著他看起來再度變得像「他自己」，滿面微笑又親切友善，他父母大大鬆了一口氣，私下決定別對過去幾年的黑暗時刻過問太多，免得無端生事。

肯尼斯的歷史是一種實例，呈現了光靠充滿敵意的氛圍，就可能徹底壓倒一個小孩子的感性，還有他對自身應付能力的信念。但在今天，肯尼斯的生活不同了。在漸進與自然的發展中，他確實完全變成了美國人，在言談、舉止與興趣上，跟所有其他徹底的美國人都不分軒輊。他已經忘記他早年的憂鬱、還有發生在他童年那個不友善社區裡大多數最糟糕的事情，在紐約市這裡也已經建立了讓他滿意的合理生活。當然，他兒子崔佛對於父親早年所受的折磨一無所知。你要是問肯尼斯身為這個國家的新移民是什麼感覺，他會心情愉快地回說，你必須去問他父母。他真的不知道。

不過在離地一百層樓高的地方，肯尼斯的祕密恐懼，強烈到足以觸發保護性的「解離自我狀態」。這種狀態在許久以前就已成形，理由與高度完全無關。肯尼斯的自我狀態是否有個隱藏的名字，不得而知，但它的態度類似「凱特」——我的病患茱莉雅那個有保護性且好鬥的自我狀態，當時是在催眠的狀態下被發現。跟解離自我狀態掙扎，是相當常見的經驗，而且這種經驗幾乎總是被歸諸於錯誤的原因（「我今天心情很奇怪」、還有「我得趕快擺脫這個狀態」等等）。在被觸發的時候，一個舊有的自我狀態可能會完整地呈現出來，就像我們能流利說話前學會的一首童謠，它固存在心靈中原始而有力量的層次裡。

肯尼斯或茱莉雅被一種自我狀態所影響；至於解離性身分疾患（dissociative personality disorder，先前稱為多重人格疾患〔multiple personality disorder〕）的狀況，則是完全轉換到另一個解離性身分。這兩者之間的差異，在於只是被解離自我狀態影響的人，還保留著一個觀察性自我（observing ego），這指的是觀察並評估自我的能力。肯尼斯的觀察性自我（一種他持續感知到的功能，屬於肯尼斯的一部分，是他真正尋常的某個自我面向），領悟到肯尼斯的內部經驗發生了不尋常的事，並且採取了它能採取的手段，來顛覆那種異樣的感受與思緒，並且主要以一種「類肯尼斯」的方式來指引肯尼斯的行為。在解離自我狀態被觸發的時候，一個人到底是保有或失去觀察性自我，非常關鍵。這樣的差異區分出一個人是像肯尼斯那樣，能夠很不舒服地跟自我區隔開來，還是有一陣子被一個「第二自我」（alter ego）完全取代。

我們偶爾都會缺乏觀察性自我，事實上我們每次都會在一部電影或者一場白日夢裡徹底失去自我。實際接掌控制的解離自我狀態，會讓大部分人覺得「很尷尬」或者「失控」，其理由部分就是因為觀察性自我缺席了。這種感受在某方面來說，很像是有人抓到我們沉浸在深層的遐想裡，這導致我們會感覺尷尬——我們知道我們沒有在監控自己。

如果為了突顯人類的與眾不同，我會說在觀察性自我中，我們至少發現了把我們跟其他動物區別開來的特徵——基於某種理由，我們執迷於做出這種區別——但要是在大象、某些大型鳥類、靈長動物、甚至在貓狗當中發現了觀察性自我，我不會覺得意外。對我們靈長目或人類的任何一員來說，觀察性自我並不是良心、超越功能（transcendent function）、意識本身或者靈魂。它既單純又深刻，就是我們觀察自己的那個部分。

學生蘿拉在她童年的家中進入了半漫遊症狀態，雖然在她的感恩節假期裡，沒有發生任何可以正式判定為創傷性的事件。她肯定對「半漫遊症」這個詞彙不熟，但她——還有她的觀察性自我——知道那四天有某件事情非常不對勁，而無論它是什麼狀態，她回到學校時都消失了。人父肯尼斯在設法隱藏他對高處的恐懼時，激發出舊有的解離自我狀態。他仍然能夠觀察他自己，納悶地想著那個強勁的厭世感是從哪裡突然冒出來的，而在這個狀態過去時，他大大地如釋重負。

現在，讓我們花一點時間跟一位新手祖母克麗歐相處，她剛去拜訪過她剛出生的孫兒，現在在回程的飛機上。

克麗歐古靈精怪的母親，當初準確預測到她會生下一個黑髮女兒，於是以「埃及豔后」為靈感，為女兒取名為克麗歐佩特拉，結果卻死於難產。嬰兒克麗歐回到哀慟逾恆的父親與她四個哥哥組成的家裡。一位關愛又深情的姑姑在前兩年搬進來幫忙；但在那之後，身於一個由失恃年輕男孩主導的喧鬧家庭裡，黑髮的美麗孩子克麗歐差不多就得自立自強了。她從來沒被蓄意虐待過，卻還是吃了苦頭。她世界裡的每個人都比她更大更強壯，而她強烈感覺到自己很容易受到傷害。她這樣一個幼童被留在有壓倒性力量、還常常很危險的環境裡，沒有母親的監督或保護，必須自己設法過完一天。

跟她四個哥哥們的掙扎與打鬥，徹底壓垮了她，在身體上跟情緒上都是。但古怪的是，在她哥哥們的記憶中卻不是那樣。就算到了現在，身為七十多歲的男人，他們有時候還會驕傲地談到自己的妹妹是多麼無懼的小女孩。成年的克麗歐只是露出微笑，什麼都沒說，因為她並不記得他們講到的無所畏懼，她甚至根本很難回想起自己跟四位「紳士」比摔角的畫面。

「不管她受到的傷害多大，或者怎麼樣被逼到牆角，她絕對不會洩露她的感受。她臉上總是沒有表情，這很厲害，你應該看看那個老練的小馬戲團員！」

也有過一些獨處的時刻，克麗歐害自己陷入困境，要是沒幾分運氣，可能就會付出生命代價。舉例來說，她五歲的時候仿效某些大孩子做過的事，自己爬到屋頂上，卻從一根大樑上滑落，整個人背部著陸，最後平躺在乾燥的泥土上。這次墜落讓她好一會兒無法動彈或吸氣，在這段期間她想著她可能會死掉。在她終於可以再度呼吸的時候，她沒有叫人來幫忙就自己起身，回到房間。她坐在床緣好一會兒，讓她的感受自動平息下來，就像某種巨大的噪音，只靠物理定律，就在遠處慢慢消散、恢復寂靜。她從床上起身的時候已經鎮定下來了。

儘管有這種千鈞一髮的時刻，童年還是過去了，她生存下來。成年時期來臨，隨之而來的是某種程度的安全感、美好的婚姻、豐富的人生，還有對於久遠過往的某些實況模糊不清的感覺。

滿頭華髮的克麗歐現在六十六歲了，已有三個成年的孩子。不過這是她的第一個孫子。她覺得自己從子女長大以後，就一直在等著把另一個新生嬰兒抱在懷裡。在她兒子打電話來說他妻子懷孕的時候，克麗歐喜出望外。在她掛電話的時候，她在臥室地板中央蹦蹦跳跳，大喊著：「我要當祖母了！我要當祖母了！」她丈夫取笑她這個樣子。但她可以看出來，他也以他的方式覺得興奮不已。

在接下來七個月，她花費許多個下午幸福無邊地選擇一份奢華的新生兒用品。不過在消息終於傳到、生產正在進行、她跟丈夫也開車到機場去趕下一班從辛辛那提飛到芝加哥的飛機時，克麗歐被一種不那麼舒服的感受給吞噬了。要是她媳婦生產時發生什麼可怕的事呢？要是寶寶有什麼不對勁呢？要是新手父母期待自己知道如何照顧新生兒而她卻忘記了呢？要是她媳婦不照自己想要的那樣，花那麼多時間跟寶寶相處呢？要是親家母——小寶寶的外婆——討厭自己選好並已運送到伊利諾州的所有嬰兒用品呢？要是她到頭來並不是真的準備好要當個祖母呢？當飛機降落在機場的時候，最後這個問題最困擾她。

但在拜訪新手父母與他們完美的新生兒子一週後，克麗歐順利飛回往辛辛那提的飛機上。一切進展順利，她所有的憂慮似乎都很遙遠，她也覺得非常快樂。在走道位置，坐在她跟她丈夫旁邊的是一位和善的年輕女子，差不多是她媳婦的年紀。這位年輕女子跟克麗歐談到她的旅行，而且很甜美親切地鼓勵她談談她的孫子。克麗歐很快樂地分享了小寶寶的某些可愛事蹟，像是他的優點——有世界上最小巧的腳，而她很遺憾她的照片還沒沖洗出來。

最後那位女子說：「第一次把小寶寶抱在妳臂彎裡，一定非常棒。妳的感覺是什麼？」

「對啊。喔對啊！」克麗歐這麼回答。然後她停頓下來。突然之間，她領悟到（她的觀察性自我「領悟到」）最奇怪的事情。就她能喚起的記憶，在這個一生只有一次的時刻，她抱起她剛出生的孫子，第一次把他摟進懷裡的時候，她完全沒有感覺——沒有愛、沒有柔情、沒有焦慮、沒有好奇——什麼都沒有。事實上，在她記憶中整個第一天都可恥地毫無情緒。她可以想起發生了什麼事，細節就跟她記憶中的任何事情一樣多，但她想不起來任何感受。那一天「存在」，但在沒有任何情緒感染力的黑白場景中，麻木地過去了。經過這麼多年的等待，在她終於見到她的第一個孫兒時，那裡卻沒有任何色彩，只有事件。

克麗歐對於她孫兒出生的艱難感受與擔憂集合起來，激發了一種暫時把她跟自身情緒分開的反應。如果她能夠保有這些情緒，她就會有能力處理這個非創傷情境裡的各種情緒，但她沒有這個選擇。因為古老創傷——孤獨童年的不幸冒險、跟小學男生的摔角比賽——而形成的解離性心理習慣太過根深柢固，讓她無法嘗試做選擇。她的經驗是一個很好的示範，指出我們的解離能力雖然演化出來瓜分我們的經驗，並藉此幫助我們存活下去，卻太容易發展成一種反射性「抓取一切」的手臂，原先靠這手臂保住生命的人，如今生活的點點滴滴都可能被這隻手臂奪走。

解離可以比擬成一種藥物（另一種可以提供幫助或造成傷害的人類工具）。解離的能力就像擁有一種永遠不會產生適應性的中上等級麻醉藥物，供應沒有上限。然而等到我們是成人的時候，這種心理止痛藥太過一觸即發，以至於不再需要創傷、壓倒性的恐懼或痛苦，就會注入這種藥劑；因為環境條件頻繁地激發焦慮、難以應付、令人困惑或只是不確定，我們就會小規模地逃亡，逃避此時此刻。我們之中，可能連最清醒的人都是終生上癮者。我們的覺察來來去去，常常沒有人注意到，導致我們過度學習的行為在成人階段還一直延續下去。我們這樣過生活已經很久了，以至於正常來說，我們再也不會深思這些心理事件，就好像常態下我們也不會深思我們如何呼吸。

結果，這讓成年人類的記憶進行某種像是老派電影放映機的活動；這種放映機有個窺視孔，讓人往裡看到一個由張張照片構成的卷軸，加在一起刺激出一種連成一氣的動態整體。雖然我們大半忘卻了這個事實，但在我們往前推進的生活中，排列著無數察覺不到的多餘空隙。

克麗歐是個充滿愛的人，而在她孫兒誕生後的那些年裡，事實證明她是個絕佳的祖母，對於小男孩跟他的父母有各種深刻的感受。不過她從未忘記、也從未告訴過任何人，她第一次見到第一個孫兒的那一天，她就是什麼感覺都沒有。

第三部

分裂的身分認同

第六章 被替換

一個人什麼都能被剝奪，只有一件事例外：人類最後的自由——在任何既定的環境條件裡，選擇自己的態度，選擇自己走的路。

——維克多・弗蘭克（Viktor Frankl）

我第一次遇到一個看起來極其明顯有解離性身分疾患的人，是我在麥克連醫院（McLean Hospital）實習的期間。一八一一年，麥克連醫院在麻州安靜、富有的貝爾蒙特（Belmont）創立，就在劍橋西側，這裡是哈佛醫學院的主要精神科教學醫院，是個聲譽隆崇的機構，常出現在小說、自傳、電影、甚至是流行歌曲之中，於此同時，它對這個名聲也感到不自在。許多實體設備是由宅邸建築群組成，每棟宅邸都是在十九世紀建立，為的是容納某個富裕家庭的單單個人——他們不夠「正常」，無法端莊體面地待在家裡——還有他或她的僕人們。這些被常春藤屏蔽到近乎窒息的巨宅，在很久以前區分成多個辦公室與病房，以便容納許多人，以不引人注目的角度，座落在狹窄的道路旁；這些路穿過綿延好幾英畝的莊嚴老樹、平靜的草坪，還有山坡上的蘋果園。

開車穿過這些土地，任何人都能輕易把這裡想像成某一所古老、優良的新英格蘭名校，而現在顯然不是學期中，因為即使在一個晴朗溫暖的午後，戶外也鮮少看到人。不過接著你或許就會看到，有個孤零零的人走在其中一條路上，駝背低頭，處於明顯、甚至是摸得到的憂鬱之中，而你對這個地方的感受，會開始轉換成某種比較陰暗的東西。

病患中有相當多人仍是富裕且受過高教育程度的，而在任何時候這群病患之中都可能包含世界名人，或是名人的子女。這群客戶的身分受到一絲不苟的守護，避開好奇的外界。這個地方的光環，還有其中某些病人具有特權又受過高等教育的地位，在我心中形成一個永久性的象徵，這可以用一幅都會風塗鴉說明。塗鴉出自這間醫院知名兒童病房的其中一位年輕病人之手，此人有一次逃得夠久，可以把大大的字母書寫在一面外牆上，就像是一種求救訊號：

LES ADULTES SONT FOUS.（大人們都瘋了。）

我在麥克連實習的時候，外人常常發現無法分辨病人跟工作人員，他們沒有任何一個人穿著制服；貴賓級長住病患通常也跟其他病人難以區別，這點要大大歸功於這個機構。

在這個特別的場合，我在其中一間成人病房裡監督一個社群會議，這種會議每週召開，以便處理當時住在這裡的十來個病患日常生活的種種問題。病患們、一位精神科護理師、一位心理衛生工作者還有我，在其中一間重新分配過用途的宅邸一樓，一起坐在一間老式鄉村廚房裡，圍著一張極長的脫色木桌。各色各樣的一般鍋、平底鍋跟其他炊具掛在牆上的掛鉤上，刀具則明顯缺席，還有個矮胖的古董冰箱在角落裡嘎嘎作響。窗戶上裝著波浪狀的格紋窗簾。我們若不待在這裡（因為我們看起來都非常嚴肅），這房間很有可能會像是一幅歡樂鄉間房屋的居家生活畫。

病房的其他部分是由一間入口門廳、一間裝飾很有品味的客廳、六間宿舍所組成。每間宿舍內含兩到三張床；三間給女性，三間給男性。無論經濟能力多高，沒有人可以預定一間私人臥室。

我們在大廚房進行的會議才剛開始就非常典型。有些常見的克制抱怨，也有習慣性的指控。其中一位男性對其中一位女性付出過多的注意力，反之亦然。（除了監獄以外，精神病院應該是我們這個社會唯一一個可以合法剝奪成人權利的地方，其中最明確被剝奪的就是交往自由。）還有餐盤被留在水槽裡沒有洗、這個人霸占電話、那個人整晚打鼾。

但接著有個憤怒的中年女子轉向一個比較年輕、名叫克莉絲朵的女人——她溫柔靦腆，受到所有病人與工作人員喜愛——然後對著克莉絲朵受驚的漂亮臉孔搖著一根手指。

「而妳真是個混蛋！」那個年長女人低吼：「妳吃掉我所有的博斯克梨！」這個敵意滿滿的女人斑駁的皮膚讓她看起來很兇，而在她變得稀疏、幾乎不存在的頭髮底下，頭皮上鼓突的血管清晰可見。

「法蘭，我沒有吃任何梨子。」克莉絲朵輕聲回答。讓每個人都感到懊惱的是，她的黑眼睛裡充滿了淚水。

「天啊，法蘭。她甚至根本很少吃東西。妳為什麼不閉嘴？」第三個女人說道。

我知道，我當然被告知過，二十五歲的克莉絲朵得到的診斷是激烈的自傷行為（舉例來說，「割傷」），還有「多重人格疾患」（對於解離性身分疾患的老派概念）），但我的知性理解完全無法讓我做好心理準備看到接下來發生的事。並不是克莉絲朵突然看起來不一樣了——她並沒有。那是別人的聲音，徹底屬於別人的聲音，從她嘴裡冒出來。

「我很害怕。我想去我房間。」那個聲音說道。毫無疑問，那是個三、四歲女孩的聲音。這個聲音跟克莉絲朵自己的聲音太不像了，以至於在我聽來似乎是由他人發出的聲響，就好像是她喉嚨裡的某個電子設備播放出來的。我太過震驚，以至於有一會兒連呼吸都停了。

「我很害怕，史陶特醫師。我可以離開嗎？」那個聲音堅持。

我讓自己鎮定到足以問出一個勉強算是合適的問題：「克莉絲朵，妳為什麼這麼害怕？」

其他病人之一，一個眼神哀傷、年紀跟克莉絲朵相仿的年輕男子望著我，很努力讓自己不要聽起來像是不服管教，同時糾正了我的錯誤：「這不是克莉絲朵，這是凱西。」

「妳為什麼害怕，凱西？」我設法補償錯誤。

「法蘭恨我。她恨我。」那個彷彿不屬於這個世界的聲音說道。

然後「凱西」開始認真哭了起來，一個幼童誠心誠意地嚎啕大哭，還夾著一點點吸氣聲的傷心啜泣，幾乎會引起每個聽到的人膝反射式的保護反應。所有的病患，甚至是法蘭自己都轉向她，跨越長長的桌子伸出他們的手臂，設法要照顧她。過了一會兒以後，她停止哭泣，變得靜默到讓人不安。

在會議結束後，我立刻去護理站寫下一張指示，要求安排克莉絲朵／凱西「室內禁足與每三十分鐘察看一次」，意思是她不准離開病房，每半小時就會有個拿著筆記板的工作人員去確定她的位置，並在一張表格上註記她的行蹤，不得有失。這些安全檢查（是為了她自己的安全）在當天剩下的時間都會持續，而且要用手電筒幫忙照亮她的臉，甚至是晚間在她藥物作用下入眠都一樣。

同一天晚上，當我終於結束醫院的工作、回到我劍橋的公寓時，我走進浴室。在我領悟到我幹了什麼以前，我花費很長的時間，就只是盯著在鏡子裡的我。我看起來像我，但不知怎麼的，這點比過去更模稜兩可，也更讓人感到安慰。

當年的我是非常年輕的實習生，還在浴室鏡子裡確認自己的身分，如今我在心理學界執業已經超過二十年。這些年裡，透過大量重複的經驗，要是有人明明清醒著跟我在房間裡對話，結果下一秒在我眼前突然變成別人，我已學會在表面上保持鎮定。我現在肯定知道該說什麼、該做什麼，而且身為一個有經驗的治療師，我覺得自己有能力說點什麼、做些什麼。不過就算在這麼長時間以後，我偶爾還是會發現我在心裡建議自己：「繼續呼吸，瑪莎。記得要呼吸啊……」我現在可以充分欣賞我們人類同胞改變的潛力，在我們任何人於治療療程或者其他地方會遭遇到的人類本性中，這是最讓人震懾的面向之一。而我相信，這就是為什麼顯著的解離反應對我們來說如此著迷、卻也叫人如此反感的原因，無論經歷多少世紀，甚至到今日都還是一樣。

在克莉絲朵之後，一直到最近，才有個人曾經威嚇我，甚至有一、兩次讓我心生恐懼，但也曾經激勵我、讓我訝異，次數多到讓我數不清。他叫嘉瑞特。不像「凱特」或者「愛蜜莉雅」，甚或肯尼斯那種沒有名字的保護性陰影，嘉瑞特的解離自我狀態確實到處去跟別人講話，而從他走進我辦公室的第一天起，他就相當清楚這一點。

「在我講到任何其他事情以前，妳需要知道我有ＭＰＤ。」他這麼宣布，態度就像是一個人知道他的火車要開走了，他必須早退趕車。

ＭＰＤ是多重人格疾患（multiple personality disorder）的縮寫，這個診斷在一九九四年美國精神病學會的《精神疾病診斷與統計手冊》第四版中，重新被命名為解離性身分疾患（dissociative identity disorder，簡稱ＤＩＤ）。術語上的轉換，反映出對於創傷與解離疾患已經累積了大量研究。當「歇斯底里」（或者「漫遊子宮」）這種古老且有驚人性別歧視的標籤，被更中立客觀又有用的「焦慮疾患」清單所取代時，精神病分類學也跟著演化。在最佳狀況下，舊名字從反映戲劇化又迷信的文化概念，演化到從研究得來、挑撥性較低、精確度更高的描述性診斷。對於解離性身分疾患來說，就是這種狀況。

「你有多重人格疾患？」我覆述了一遍。

「對。」

「你怎麼知道？」

「唔，我看過另外五個治療師，最後三個都說我有多重人格疾患。」

「喔！」我說，盡可能態度中性。

「妳相信有多重人格疾患嗎？」他問道。

「跟你說實話，我不認為這是信念問題。解離性身分就是存在，不管我們信不信它們存在都一樣。你有聽說過『解離性身分』這個說法嗎？」

「教宗住在森林裡嗎？別忘了，我看過另外五個精神醫生。」

「當然。而最後三個『相信』解離性身分疾患？」

「對。」

雖然我略有迴避，但嘉瑞特問我的是一個合理的問題。對「多重人格」的描述已經見諸於紀錄超過三百年了。（在一六四六年，文藝復興時期的醫師帕拉塞爾蘇斯〔Paracelsus〕描述了一個女人，她忘記有個第二自我偷了她的錢。）[11]不過因為各種強勁的心理學、哲學與法律理由，這種現象對許多人來說都充滿恐懼，而且徹底令人反感。解離性身分疾患在非醫學刊物上是熱烈爭辯的主題，這就是為什麼嘉瑞特問我是否「相信」有這種東西。這些爭議預設了解離性身分就像精靈或獨角獸一樣，是信念的問題；常有人只以強烈的個人信念或意識形態來反對，輕蔑地拒絕接受ＤＩＤ，認為ＤＩＤ是偽物、是醫生灌輸的（iatrogenic）、或是某些未經診斷的頑強精神病（psychosis）引起的副作用。而ＤＩＤ的存在，據說會引起個人與法律的責任問題，因此特別讓人關心。

除了一般人對此理解不足，解離性身分疾患還背負著成為美國媒體一流炒作材料的詛咒。想要讓你的脫口秀有個吊人胃口的段落嗎？試試多重人格疾患吧。你的法庭驚悚小說需要一個情節轉折嗎？寫個有謀殺傾向的多重人格角色吧。而這種娛樂潛力無可避免地影響著某些真實的人，他們每天正面迎擊自己的解離行為，進行著絕非虛構的搏鬥。

媒體的注意也影響到心理衛生專業。ＤＩＤ不只是一種診斷；這是一枚榮譽徽章，一種專業上的珍貴案例。因此某些病人會試著裝出解離性身分疾患（為了在治療師面前顯得更有趣），尤其是在醫院與診所裡，這些地方他們獲得的診斷與相對來說關注的分量，是所有人都觀察得到的；有時候ＤＩＤ是被醫生誘導灌輸的；而可能有一小部分被誤診的病人，很悲劇性地在跟精神病而非ＤＩＤ搏鬥。更常見的狀況是，病患實際揭露的解離性身分變成治療核心，至於當事人精神構造中其他重要的面向，沒有得到關注，就這麼被遮蔽掉了。被揭露的自我狀態得到治療師的仔細檢視、鼓勵還有詳盡闡述，卻沒有照著它們的實際狀態加以處理——它們是慢性童年創傷的分裂性產物，通常很痛苦，根據它們的重要程度，可以被治療，也應該被治療。

儘管這種疾患帶來了情緒混亂，但在臨床上受到關注的解離性身分疾患，還是可以用標準化的評估措施來做有系統的調查。利用這些工具所做的跨文化研究，尤其以美國、荷蘭與伊斯坦堡大學為主，證明了被診斷出ＤＩＤ的病患，有一組穩定的核心症狀，在整個北美、歐洲還有土耳其都是如此。[12]

一份來自美國國家心理衛生研究院（National Institute of Mental Health）的報

告陳述：「一組核心臨床現象的反覆複製，證明概念的有效性等同於或優於大多數（精神病的）疾患的概念有效性。」同一份報告也指出，解離性身分疾患「顯示出一種在大多數現代診斷中付之闕如的歷史有效性」。ＤＩＤ作為臨床的實體存在，構成了醫學意見上的共識；目前從麻州貝爾蒙特到澳洲的墨爾本，遍及全球的主要醫學中心與創傷壓力研究機構都在研究這種疾患。

是，我相信有ＤＩＤ。

「我肯定是真貨。」嘉瑞特說。「我有所有的證明文件。治療師五號想要我寫下我所有第二自我的清單，她說她在做研究。」

「你照做了嗎？」

「不，我沒有。那樣能有什麼好處？在那之後我們相處得不是很好，所以我離開了。這就是為什麼我在這裡。我的意思是，我不能就這樣放棄。我想要有個我。」

「你說『有個我』是什麼意思？」

「喔，妳知道的──就像搞電腦的人一直嘗試要做出一台有自我意識的機器。」

「你沒有我的意識？」

「沒有。不過我倒是有個很大的我們的意識。」對於自己的評論，他發出很有感染力的格格笑聲。

嘉瑞特，一個四十一歲的房屋油漆工，是個高得不尋常的男人，剛好超過六呎半。他有詩人似的特徵：深棕色捲髮框著一張細緻英俊的臉孔，上頭有閃亮的灰色眼睛跟顫抖著的薄唇。不過他外表中遠比其他部分都搶眼的一個面向，是他極度消瘦。他身體這麼高又這麼缺乏血肉，呈現出的樣子就像個模特兒假人，以至於在他站著的時候，旁人會產生不自在的印象，覺得他正在傾斜，就算他自己站得很正。後來在治療裡，他告訴我，把創傷或解離發作整個排除在外以後，他童年最難過的某些事件是被其他小孩嘲弄，因為他好像只包了一層皮、又被拉得長長的。

嘉瑞特的說話方式有種細微的倦怠感，讓我想起在南方度過的童年，但在我問他是哪裡人的時候，他說「東長島」。

「大家想起長島的時候，會認為那跟紐約市有關。但在東部遠處我出身的地方，除了馬鈴薯田以外沒什麼東西。至少當時沒有。」

隨著跟他一起做療程，我得知嘉瑞特在鄉間度過的童年是無可忍受的。在嘉瑞特五歲的時候，他父親在自撞的車禍裡死去，自殺的可能性從沒有完全被排除。那輛車在高速衝撞一棵樹的時候給撞毀了。緊接在一個月內，嘉瑞特的伯父，他父親最年長的哥哥搬進家裡，並立刻恐嚇、脅迫嘉瑞特的母親。根據嘉瑞特的說法，他母親「一輩子都病態地消極，就是無助之人的海報代表人物」。這位伯父很快就開始跟她同床；她可能從來沒有同意過，但無論如何，狄恩伯父覺得無關緊要。

狄恩伯父變成了嘉瑞特的折磨者，同時也折磨著嘉瑞特的嬰兒弟弟。這個弟弟的真名我從未得知（嘉瑞特只稱呼他「列夫」，一個未曾解釋過的綽號），比嘉瑞特小了四歲。父親死時，五歲的小嘉瑞特帶著他一歲大的弟弟，負責照顧他。他母親餵養他們兩個，替他們洗澡，洗他們的衣服；不過卻是嘉瑞特陪伴著列夫，教他各種事情，讓他不至於惹上麻煩。嘉瑞特教列夫走路，然後是跑步，在他跌倒的時候扶他起來。而嘉瑞特設法要保護兄弟倆避開狄恩伯父，卻不太成功。

伯父愛控制與易怒的本性引導他去打這兩個年幼的男孩，下手毒辣且頻繁，理由通常是細微的、甚至是想像出來的過錯。嘉瑞特最早的記憶之一，是他七歲時受了傷，瑟縮在某片灌木叢裡，他是挨了一頓揍以後被扔在那裡。那一次他被打斷腿，傷勢有半天沒人照顧。除此之外，狄恩伯父還性虐待又羞辱嘉瑞特。在治療中，嘉瑞特向我報告說他心裡有個畫面，是他被一整群男人猥褻，這些人包括狄恩還有嘉瑞特另外三個叔伯，他們是狄恩還活著的兄弟。然而嘉瑞特從來不確定這個心像反映的是真實的記憶，還是一個恐怖的幻想。

狄恩伯父最令人髮指的習慣，是指控小嘉瑞特做了某件錯事，然後聲稱為了懲罰嘉瑞特，要傷害小弟弟列夫，而不是嘉瑞特。嘉瑞特必須旁觀。狄恩伯父在一次替代性的毒打中把列夫踢死了，當時列夫六歲大。伯父被起訴了卻沒有定罪，有一部分是因為唯一的證人是個格外瘦削的高個子十歲男孩，而讓人發毛的是，這孩子一直堅持是自己殺死了弟弟。

在那之後，嘉瑞特被安置到一連串的寄養家庭裡，其中某些家庭很和善，另外某些家庭會施加情緒與性虐待。

我記得在我聽到嘉瑞特的完整故事時，我低聲對他說道：「你是個很令人佩服的人類。我不知道你如何熬過這一切生存下來。誠心誠意地說，我不認為我能熬得過。」

有一刻他注視著我的眼睛，幾乎是在懇求。但接著他瞥向別處，聳聳肩膀。

「是啊，唔，某些人忍受的還更糟呢！」他說。

嘉瑞特的童年對任何小孩來說都太可怕，根本難以生存。所以他並不是以單單一個孩子的身分熬過去的；他變成好幾個孩子，這些孩子分割了那種恐怖，讓它變得可以熬過去。這好幾個孩子——他的多種自我——全都活在嘉瑞特的腦袋裡。有一個解離自我狀態像個學步幼兒，純真無知。有一個很強悍、憤怒，還偶爾有攻擊性。學步幼兒人格自稱「詹姆斯」。硬漢則是「高登」。還有另外幾個，在某種程度上處於童年與青少年之間，型態未定。其中一個堅信嘉瑞特謀殺了自己的弟弟，因此也應該殺死自己。

不像茱莉雅的自我狀態，對她本人來說是隱藏起來的，嘉瑞特的自我狀態偶爾會完全取代他，代替他思考與行動。但大多數時候，嘉瑞特還是嘉瑞特。只有在他完全一人，而且可以感覺安全的時候，他的行為才會受到「詹姆斯」指引。「高登」只有在嘉瑞特需要肢體上被保護時才會出來管事，在他長到占了優勢的身高以後，這種狀況的發生頻率就降低了。而這套系統變成嘉瑞特持續的意識經驗，他並沒有質疑這件事，就好像我們大多數人不太會質疑我們持續的意識經驗。事情就是這樣。

儘管他有這樣悲劇性的狀況，他還是上了一所技職高中，而且學會替住宅上漆，他在這個任務上表現卓越，不管在油漆技巧本身與工作習慣上都是如此：可靠、誠實，還有一種練習出來的活潑輕快；這些習慣增加了他身為工匠的搶手程度。而且當然了，他的外表很引人好奇；他們通常會開他玩笑，說也許他並不真的需要一把梯子才能油漆上層。嘉瑞特在一九七〇年代波士頓地區的郊區建築熱潮期間搬到那裡。他堅持他的職業，而且對自己的工作很自豪，就好像他是個知名藝術家一樣。油漆房屋這份工作還有進一步的優勢，就是他可以獨立作業，而且如果必要的話幾乎可以自動作業，這讓他可以在經常性的憂鬱狀態、甚至是一陣陣強迫性的自殺傾向裡，得以工作維生。他的自我狀態所從事的其他活動相當有限。

他是個聰明的男人、熱切的讀者，儘管經歷過童年的一切，卻還是很幽默。他教自己閱讀跟講西班牙語，希望有一天用他的油漆技巧在這個國家及中美洲幫助仁人家園（Habitat for Humanity）。中美洲跟當地長期受苦的人很吸引他。

嘉瑞特很不情願地進入他人生首次的治療中，只因為他的那些人格最後變得很難控制，就算他在公眾場合的時候也難以將之「關在裡面」。最糟糕的是，他們開始在工作時出現，用名字來說明自己的身分，而且還嘗試跟一位雇主法蘭克講話，那是他特別喜歡的雇主。

「這有夠尷尬。」他對我說道，同時用一隻細長的手遮住他的眼睛。而我，當然想起了茱莉雅。她也曾經是很可靠的。

「我總是知道他們在那裡，但我猜我從來沒花太多時間去想他們。他們或多或少算是某種個人隱私，而且說真的，直到他們開始出現在別人面前，而我看到其他人怎麼應付這件事的時候——哇！——那時候我才知道這很極端。但在那之前，嗯，存在著嘉瑞特、高登、詹姆斯還有其他人，而事情就是這樣，無論如何，誰在乎過啊？

「是啊，現在我回頭想想，在他們真的失控以前，我沒有任何理由去看別人怎麼反應。詹姆斯總是一個人。高登呢，唔，他肯定會引起巨大反應，但你想，在有人要揍他們一頓的時候，誰不會有某種驚訝的反應呢？除此之外，高登並沒有真正做過自我介紹。他就是以某種方式處理了正事。

「事實上，妳想聽個有趣的事情嗎？這是我的想法：我想如果沒有牽扯到名字，如果這些第二自我出來的時候沒用他們的名字，大多數人應該永遠不會知道。最好的例子就是法蘭克，我的老闆——我想如果威利就這麼跑出來，行為像威利，講話像威利，卻沒有實際對法蘭克說：『嗨，我是威利。』法蘭克的眼睛應該連眨都不會眨一下。他會認為——天啊，那個嘉瑞特很怪欸——然後大概就這樣了。真的，我想這是事實。」

在雇主法蘭克確實有反應，而且覺得反感的時候，嘉瑞特去找了一位治療師。嘉瑞特當時真誠的目標是把自己的第二自我留在「裡面」，至少在公開場合如此。第一個治療師給他的診斷是「重度憂鬱，一再復發」的分裂型人格（schizotypal personality）；她相信他有幻覺。直到治療師三號出現時，嘉瑞特的創傷背景才被辨識出來，並得到比較精確的診斷：解離性身分疾患。

在《精神疾病診斷與統計手冊第四版》（簡稱ＤＳＭ第四版）裡，解離性身分疾患（診斷編號 300.14）被定義為兩個或者更多不同身分自我狀態出現在一個人身上，「每個人在認知、建立關聯並且思考環境與自我的時候，都有自己一套相對持久的模式」，對此疾患而言，至少有兩個這樣的自我狀態一再掌控行為。此外，DSM第四版具體指出，首先這個狀況的特徵是「無法回憶重要個人資訊，且情況太過極端，不能以一般的健忘來解釋」；其次，表面上的身分多重性並不是因為某項物質（像是酒精）、或者因為某種醫療狀況（像是複雜性癲癇）直接造成的生理效果。

DSM第四版、還有許多其他以研究為基礎的來源都敘述了有DID的人，通常會報告自己在幼童時期經歷過嚴重的身體與性虐待。

這些是解離性身分疾患跨文化的核心症狀與相關特徵。雖然其他跡象與特色也常被觀察到，不過不是普遍性的。許多有DID的人——但不是全部——有創傷後壓力疾患的症狀（誇大的驚嚇反應、夢魘、閃回），可能會出現自殘、自殺或侵略性行為。在當事人身上，某些自我狀態可能體驗到像是假性癲癇發作這樣的心理生理學現象，或者具備超乎尋常的忍痛能力，而其他自我狀態沒有。有些報告還提到

（同一個人身上）不同自我狀態的生理屬性，像是視覺敏銳度、氣喘症狀、對過敏原的敏感度、血糖對胰島素的反應等顯著變化。換句話說，一個人格可能近視，其他人格卻沒有；某個人格可能有氣喘，其他人格卻沒有；依此類推。

自我狀態被創造出來並維持的過程，目前還不為人知。現有研究提供的展望是，在將來我們會從心理學與神經生物學的研究中，更了解我們之中的任何人是如何著手形成、鞏固與承認自己的身分——從嬰兒時期原始而易變的行為狀態開始，經歷童年的幻想遊戲與想像朋友，進入相對來說（但並非絕對）停滯的狀態：發展完全、受到文化限制的成人人格。所有這樣的研究，都會遭受「自我狀態」的複雜性與權威性嚴厲挑戰；這包括了許多其他領域，例如控制生理性事件——近視與低血糖這種完全不受意願控制的事情。

控制個人行為的自我狀態，可能宣稱自己有個專屬名稱，也可能根本不會做自我介紹。某些有DID的人領悟到他們有解離性人格；許多沒在做治療（以及一些有在做治療）的DID患者，並不知道他們以這種方式解離。不像重度憂鬱症、思覺失調症或者流感，DID可能自己看不到，直到有人明確地指認出來。當然，這個事實跟解離性身分疾患的流行形象——囈語狂人的明顯典型——相當矛盾。不過在外面的真實世界裡，這種疾患的任何症狀，乃至看起來更明顯的那些，比如說生理功能上有所變化的疾患，都可能無人注意或者被歸類錯誤，尤其是在第二自我浮現出來、卻沒有「自報家門」的時候。

此外，在症狀第一次自己表現出來的時候，就把解離性身分疾患稱為一種「疾患」，根本是種有疑問的習慣。這種病況似乎是在最初始的創傷情境裡自動浮現的，而且是一種高度有效的自保策略，有可能保住個人的生命，容許當事人在本來會引起強直性暈厥的環境下，竟然還能夠繼續思考與行動。對自我來說，有太多慢性恐怖要應付的情境裡，自我可以利用它的好幾種自我狀態分割壓力，並且靠著一群特殊化卻彼此相關聯的自我，集體應付狀況，靠這種方式存活下來。在這方面，就像許多其他方面一樣，我們堅忍的大腦比我們所知的更卓越。

嘉瑞特急切地需要「高登」跟其他人，因為少了他們，小嘉瑞特很可能就不復存在。[13]獨自在恐懼或悲慟不間斷的環境裡、什麼事都做不了，一個生物可能到最後只會死掉。這個現實常常自然而然地在人類身上被觀察到，而且在許多不同物種的動物身上也曾以實驗展現出來，最早在一九五七年，當時C・P・里克特（C. P. Richter）發現，若讓健康野生老鼠以實驗方式產生「無助感」，通常會導致牠們死於副交感神經造成的心跳驟停。

在許多例子裡，長期受虐的兒童確實有風險，他們可能死於無可控制的持續壓力下。不過人類這種動物跟其他動物不同，有時候在缺乏實質手段的時候，可以使用純粹心理上的應對機制。他們可以解離，從他們的外在現實脫身去度個心理假期，就像茱莉雅在她童年大半時光裡所做的；或者在特別失控、特別暴力的身體或性虐待下，他們可以召來一批自我狀態的心靈騎兵隊，就像嘉瑞特那樣，然後完全取代自己。而在這些策略被用來促進生存本身的時候，必須把它們看成是適應性的。

就本質而言，一個年幼無助的個體，通常在長大成人、不再無計可施的時候，創傷環境就不再了。然而解離性身分在這個成人身上並不會就此關閉；事實上，他們可能變得更加堅定。只有當創傷不再是進行式，而解離性身分仍然在控制行為的時候，稱呼解離性身分疾患是一種「疾患」才有意義。若當事人到了成人時期，打算用那些讓苦難變得麻木的雙面刃策略，像是藥物或酒精濫用，可能會將自己疊加到一個已經太過複雜的圖像上。

值得注意的是，在各種自我狀態沒有宣稱自己名字的時候，DID可能還是保持隱形的。如果當事人出現藥物或酒精等成癮現象，它可能在DID被發現之前就已經變成明顯的問題，至於DID則可能會被看漏或者被含糊地錯誤歸類。嘉瑞特自己報告說，他「從來沒想過」他的狀況，直到三十二歲的時候，他揭露某個叫「威利」的人跟他輪流油漆法蘭克的房子，這徹底嚇壞了他的老闆。

在嘉瑞特的治療裡，我得知他有大量的解離自我狀態，其中許多人偶爾會「出來」。他跟我從來沒有確切數過到底有多少個，因為嘉瑞特自己不太可能認識他所有的第二自我。最突出的那些仍舊是「詹姆斯」，他一直是個幼童，還有捍衛者「高登」，他跟嘉瑞特一起變老了一些。此外，還有個問題重重的「威利」，一個老搬出聖經的虔誠第二自我，他通常會在星期天上教堂，儘管真正的嘉瑞特不信神。這個教堂的會眾只認識「威利」，沒有人見過嘉瑞特，所以沒有人有初步線索可以看出他解離了。然後還有個陰險的「艾伯」，這個第二自我相信嘉瑞特殺死了他弟弟列夫。讓我心生警覺的是，這個人格有時候會「出來」堅稱除了嘉瑞特自殺以外，任何事情都算不上正義伸張。似乎是「艾伯」這個解離自我狀態，負責背負著嘉瑞特目睹弟弟被謀殺的羞恥與痛苦。

另一個第二自我自稱是「大詹姆斯」，看似是原本的「詹姆斯」稍微大一點的版本，他偶爾會開口，用一種還是小孩子似的聲音，表達他唯恐「艾伯」會說服嘉瑞特自殺。「大詹姆斯」知道如果發生這種事，他這個「大詹姆斯」也會跟著死掉。而「大詹姆斯」不想死。「大詹姆斯」與「艾伯」之間的掙扎是最突出的例子，指出這項觀察：普遍來說，嘉瑞特的第二自我彼此意見不同，而且跟嘉瑞特也有相當多的衝突。

在嘉瑞特轉換成一個第二自我的時候，他失去觀察自我的能力。舉例來說，「威利」從來沒有自己暗忖：「唷，這不像我啊。我需要了解我自己。」這樣的內在評論是觀察性自我的一項功能，而在一個解離自我狀態接管的時候，嘉瑞特就失去這種功能了。雖然是暫時性的，當「威利」（或者「詹姆斯」、「艾伯」或「高登」）完全在場的時候，嘉瑞特則徹底缺席。

對嘉瑞特的治療，通常牽涉到他必須想起狄恩伯父，還有其他在童年曾經虐待自己的人，因此憤怒的「高登」是在治療時間裡最常被觸發的人格。我第一次遇見「高登」是在一個一月中旬的下午，在我認識嘉瑞特大約六個月後，當時嘉瑞特在一次治療中回想起他七歲時斷腿的事。他在較早的一次治療時間裡敘述過這個事件，而在這個冬日又再度帶到這件事，相當平鋪直敘，因為那天早上在波士頓走路時，他剛好看到一個腿部裝著支架的小男孩。

「實際上，我不認為他腿斷了。我認為他的腿有某種問題，像是天生的或什麼別的。他媽媽走在他旁邊，對他真的很好。我是說，我無法實際聽到她在說什麼，但她在輕拍他、微笑、還有其他一切。」

嘉瑞特描述那個不知名男孩的母親，還有她仁慈的舉止時，他水汪汪的灰色眼睛反映出愉悅。他靠在他的皮革椅子裡，心滿意足，雙腿在他前方延伸成一個巨大的V字。他穿著我生平見過最長最細的海軍藍運動衫，而我再度暗自納悶，他如何能夠找到尺寸符合他異常身形的衣服。

「我猜她是個真的很好的媽媽。」他說。然後他靜默了一陣子，陷入沉思，直到最後他用一種似乎前言不搭後語的方式評論道：「外面真的很冷。」

然後又是沉默，這次長到我終於說：「外面真的很冷。有什麼事情讓你想到那種寒冷嗎？」

嘉瑞特沒有回答我，而我從沒發現他本來在想什麼。他直瞪著前方，朝著大雙開門看。我注視著他的臉，而在我的注視之下，嘉瑞特變成了另一個人，就在大約二十秒的空檔裡。他的嘴唇繃緊了，皺著眉，而他微笑的灰色大眼變成憤怒、乾涸的細縫，後頭有著讓人不安的光。以一種我以為生理上不可能辦到的速度，他的皮膚血色褪盡，立刻變成一種不帶血的灰褐色，看起來甚至不太像人。

在這個迅速轉換完成時，他立刻抓住他的椅子扶手，把自己推出去變成站姿，展露他整整六呎半的身高。嘉瑞特的姿勢是筆直的，而這個人卻充滿威脅地微微駝背。他在空中揮舞著手臂，開始在我辦公室裡大步來回踱步，從這個書架走到那個書架。

這個改變徹底有說服力，而我發現我很不符合性格地交叉著我的手臂，好像要取暖似的，或許是要保護我自己。

「狗娘養的！狗娘養的！」他低聲怒吼。

「高登？」我這麼猜測。

他停止踱步，瞪著我很長一段時間，好像要設法認出某個人。

「是啊。喔是啊，是妳。」他又瞪了一會兒，然後看來決定可以接受我，就重新開始跨越我辦公室的旅程。

「狗娘養的！我應該在他有機會死掉以前就殺了他。幹他的心臟病！我從沒得到機會。妳知道嗎？我從沒得到機會。我應該把那老頭制住，把他的蛋蛋扯下來塞進他欠幹的嘴巴裡！我應該他媽的親自殺了他！妳知道的，我是黑帶。」

嘉瑞特柔和慵懶的說話模式完全不見了。雖然「高登」的口音並不是無懈可擊的紐約口音，但這個口音卻比較接近市中心，而不是東長島。而且可以確定的是，嘉瑞特本人對粗俗語言的謹慎迴避也消失了。

「高登」繼續踱步怒罵整整五分鐘。我在房間裡幾近不存在。最後，我有禮貌地要求他停止，而讓我驚訝的是他立刻停了，這時我詢問我是否可以再跟嘉瑞特說話。「高登」沒有半句評論，就回到他椅子上坐下來，然後在一眨眼的時間——從各方面來看——徹底陷入熟睡。

我覺得喘不過氣。

我讓他睡了幾分鐘，然後我低聲喚道：「嘉瑞特？嘉瑞特，你在嗎？你必須醒來，嘉瑞特。」

他的眼皮顫動著，然後他緩緩地醒覺。通常的血色回到他臉上，他又是嘉瑞特了。

他充滿疑問地看著我，然後我說道：「歡迎回來。」

「喔不！」他輕聲說道，然後用雙手蓋住他的臉。

我跟在我面前轉變而羞愧難當的嘉瑞特談話，談他比較年輕的時候有多需要「高登」，「高登」怎麼幫他在心理上救了自己，在某些狀況下甚至實質上救了他。我指出有一天「高登」可能會有重大改變，並且被整合成嘉瑞特自身人格中保護性的部分。不過在那一天，嘉瑞特一直很不開心，而且對我的說法遠不止心存懷疑。

後來當我想起這次診療的時候，我反省到一個細節——「高登」聲稱自己是黑帶，想來是指某種武術的黑帶。我又想到我已有好幾次聽到不同人的「硬漢」自我狀態自稱是黑帶高手，而且總是用「黑帶」這個特定詞彙。我腦中的想像畫面是大隊人馬、有男有女的解離自我狀態，在全國各地報名參與武術課程，有點像「威利」在星期天上教堂那樣。「黑帶」被當成利於生存的終極條件，這個概念被灌輸到我們文化意識裡的程度之高，讓我們社會所發展出來的任何人格，不管有沒有解離，都會有那樣的看法。所以，如果你是個保護者人格，急切地需要在時時刻刻準備好應付任何事與任何人，毫無疑問，你就應該是個「黑帶」。

我納悶地想「高登」是否有接受指導，或者只是在虛張聲勢，但我永遠不會知道。這樣一個實際的問題，對脾氣暴躁的「高登」來說太有煽動性。無論是哪種狀況，我們的文化對於李小龍電影、徒手劈磚塊的著迷，已經留下它的印記。「高登」明顯是個二十世紀末的美國人。

文化影響形塑著全球的解離性身分疾患。[14]舉例來說，在某些文化裡「靈魂附身」在主流的信仰體系中還占有重要地位，解離自我狀態可能被看成是靈魂從外界進入，而不是有個常駐的第二自我。文化差異影響了身分困擾的認知地位，這個說法得到在印度、南亞與中國正在進行的研究支持。在中國河北省得到癔病（歇斯底里）診斷的「被附身」病患，呈現的症狀令人印象深刻地近似於美國麻州DID病患的表現。就在美國，我們會對那些據信被撒旦侵入的人進行宗教驅邪儀式；這些儀式幾乎肯定有DID的人牽涉其中，或許主要的參與者就是這些人。

感知會強烈受到情境性還有文化性因素的影響。在嘉瑞特的反社會行為開始時，我跟他坐在治療室裡，所以我以某個特定方式感知他，並且與他應對。我知道他有解離性身分疾患。我會知道，是因為他曾經這樣告訴我，他有個兇猛憤怒的自我狀態，叫做「高登」。所以，在他突然間變得憤怒又兇猛的時候，我推測「高登」正好接管了他的思緒與行動。不過要是「高登」沒有自報姓名，就趁嘉瑞特置身於一群不知情的陌生人、甚至在熟人之中接掌了控制權呢？他們怎麼會知道嘉瑞特有解離症？答案是，當然了，他們可能不會知道。他們可能會被他嚇到，或者害怕他。他們可能會說他很奇怪。如果他們必須持續跟他應對，他們在他身邊會「如履薄冰」，還會在他背後議論他。不過最有可能的是，他們不會領悟到他有解離性身分疾患。DID太奇特了。DID被認為是專屬於精神病院與電視。

要是他轉換成一個啜泣的小孩、一個堅定的宗教虔信者、或者一個滿腦子想著自殺的退縮狂熱分子，周遭人們可能反應都類似——極大的震驚，或許還有恐懼、好奇與八卦；不過他們可能不會說：「啊哈！這是解離性身分疾患。」

我看過各式各樣的ＤＩＤ，在人群中完全無人認出。說到實例，我回想起華盛頓特區曾經在新年時發生意料之外的暴風雪，癱瘓了這座位於南方的城市。這裡太過都會、太過炫目，因此沒有準備好應付八吋的深雪。我在華盛頓國際機場設法要回家，跟大批其他睡眼惺忪、剛結束除夕慶祝活動的人在一起。我的班機就快要開始登機，結果華盛頓國際機場因為天氣因素徹底關閉了。讓人氣急敗壞，不過這是天意。從登機門轉回來，設法要想出一個新計畫的我，慢慢地開始察覺到一位航空公司櫃台人員跟一位顧客在對話，音量越來越大。對話大抵如此進行：

「機場關閉了，先生。因為風暴的關係，沒有人可以進出。」

「我必須上那台飛機，開門！」

「先生，整座機場都關閉了。所有班機都被取消了。」

「不。我必須上那台飛機，讓我過去。」

這個男人衣著昂貴，穿著金融業人士會穿的西裝，而且他不接受勸退。他變得更大聲。他的音量太大了，以至於其他人開始轉向登機門去看他。第二個航空公司服務人員介入了這個狀況。那個男人臉色變得灰白，對著兩個服務人員揮舞著他的拳頭，尖叫著要讓他上飛機。到了這時，這個男人至少吸引了一百名陌生人的注意，他們走到一半停下腳步，盯著他這種離譜的行為。他繼續尖聲嚷嚷著他的要求。有人叫了警衛。三個穿制服的男人抵達了，把這個優雅的男人帶走，他們把他拉出去的時候，他還在怒罵。

大家緊張地彼此低聲嘟噥，然後繼續走他們的路。我相信他們之中鮮少有人知道他們剛剛看到了什麼。雖然他們可以詳細描述這個事件，卻不會給它一個精確的標籤。「控制狂」，我聽到人群裡有人這樣解釋，這個概念在我們的文化裡，就跟中國鄉間民眾對靈魂附身是什麼一樣熟悉。這個男人表現出戲劇化的解離性身分疾患卻沒被認出，這對我來說是個提醒：要把某樣東西提升到極端奇特的程度，就是先讓它變得隱形，尤其當它顯而易見時特別如此。

對我們來說，解離性身分疾患很奇特、輕飄飄又不重要、甚至可能是個迷思。這是很值得檢視的。DID似乎公然挑戰我們太多觀念：我們自認為是界線清楚、自我導向的單位；而且DID會引起關於自由意志與可問責性的危險問題。（「喔不，庭上。我沒有搶烈酒鋪。是我的邪惡雙胞胎佛瑞德，是他搶了烈酒鋪。」）不過在接下來的章節裡，我們會發現解離性身分疾患的發生率比通常理解的還要高。而且就像一個人很有可能在世界上以單一、持續性的身分運作，卻同時表現出對可問責性根本毫無概念；我們也很有可能有個深深讓人困惑的身分疾患，同時存在著堅定的責任感。常駐在我們所有人體內，歷史悠久、以生存為重的心理機制，提出了這樣難以捉摸的謎題，而我們會發現，這種個人責任感很有可能就是唯一的解答。

在這方面，嘉瑞特對於自身身分困擾的某些評論，饒富興味。我不時會詢問嘉瑞特他那些解離自我狀態的活動與相互關係。我並沒有花過多時間這樣做，因為解離只是嘉瑞特這個人的一部分；嘉瑞特是個複雜的人，就像任何人一樣，而他應該得到這樣的對待，在他的治療中尤其如此。他有其他的問題。他的創傷史深刻到難以衡量。他每天從玻璃杯裝滿純伏特加來喝。他太常迴避社交接觸，因為他對自己不尋常的超高體型覺得可悲。然而嘉瑞特也有令人佩服的強項。他有喜歡的穩定工作。他很聰明、有魅力、而且有非凡的幽默感。而且就像別人一樣，他也有夢想。

他想旅行到中美洲，用他的技能來幫助長期受到壓迫的人，替他們的家人蓋房子。

對於他的解離兩難造成的特定困境，在你考量種種聽起來很奇怪的解答時，請回想他的整體人性。也要放在心上的是，對任何人來說，像他這樣對個人責任做出強烈的承諾，其勇氣確實比任何方法更能定義什麼是統一的人格。嘉瑞特可以很容易就主張他精神失常（*non compos mentis*），這樣說有巨大的可信度，還有大堆醫療紀錄可以為他背書，但他從未如此主張。他反而如同你會在這裡看到的，致力達到為自身行為負責的特徵與定義，根本無視於他做那些事情時，到底是哪個自我狀態。因為這個理由，我已經開始把他想成是某個相當有可能會復原的人。

問：「你什麼時候第一次領悟到你有解離性人格？」

答：「在我第三個治療師這樣告訴我的時候。不，不，這樣說不公平。我從她那裡得到這個標籤，不過我已經知道其他人格在那裡，雖然我沒有多想這整件事情。我記得有一次，在我大約十二歲或十三歲的時候——也許這是第一次，我不知道——我坐在床上，整個人蜷縮起來，吸著我的大拇指，因為詹姆斯剛離開，而在我恢復自我的時候，我環顧四周，心想：『喔天啊，這真的很奇怪。』但我沒有名字什麼的可以稱呼這件事，直到很久以後才有。而且除此之外，我那時候對『其他人』的事情一無所知。我就只知道，『其他人』就像我一樣會做切換。」

問：「有某個人格是『真正的』你嗎？」

答：「我不知道。」

問：「你所有的人格都記得同樣的人生、有同樣的記憶嗎？」

答：「不，差得遠了。我認為詹姆斯對任何事都不太記得。他永遠是個小孩。高登記得打鬥，還有真的很糟的時刻。威利記得大部分的星期天，還有一些其他時候。而我呢，唔，我其實不確定我記得什麼。」

問：「你的人格彼此認識嗎？」

答：「他們之中某些人是。詹姆斯跟大詹姆斯互相認識，他們也認識高登，因為他替他們留意狀況。不過威利誰都不認識，當然只有我例外。艾伯真是一匹孤狼。而我認為『他們』可能還更多……那些連我都不知道的人格。」

問：「他們在你腦袋裡會彼此對話嗎？」

答：「一直講、一直講、一直講。有時候我幾乎會做任何事情來淹沒它們的聲音。有時候伏特加挺有幫助的。他們爭論的事情，主要是他們全都想要時時刻刻『出來外面』。就像在這裡，跟妳在一起，就在這一秒鐘，詹姆斯一直在哼唧，懇求著要出來。他認為妳很好，很像媽媽什麼的。大概我們每次在這裡，他都想要出來。還有高登。高登想要出來，因為他認為他是唯一一個知道怎麼處理事情的人。他認為我們其他人無法管事。威利想要感化我——順便一提，他也想感化世界上所有的人——他煩到讓人難以置信。還有艾伯。妳認識艾伯，他想死，他常常跟我說話。把他關在裡面真的很難。有時候我覺得我辦不到。他想要我停止來這裡，妳懂吧？」

問：「你的其中一個人格，可能就這樣在某一刻取代所有其他人嗎？」

答：「我不這樣認為。不，我不這樣想，無論如何最長不會超過幾天。我是說，就連嘉瑞特都做不到這件事，對吧？」

問：「他們之中的某一個，有可能比方說買下一輛其他人厭惡的車、或者擁有一位其他人厭惡的朋友或情人嗎？」

答：「當然。有時候我會在答錄機上收到奇怪的訊息，是我不認識的人留的。有時我會看到討厭的CD，卻根本不知道我是怎麼拿到的。當然會。」

問：「如果你的其中一個人格做了某件真的很糟的事情——或許犯了罪——在這種狀況下，是誰要負責？」

答：「是我。」

問：「等一下。我以為你沒有我的意識。」

答：「這不重要。是我要負責。」

第七章 人格轉換者

最大的謎團就在於出鞘的現實本身。

——尤多拉．威爾蒂（Eudora Welty）

老祖母克麗歐，一度是沒有母親的「小馬戲團員」，現在是六十六歲的女人——她是個讓人害怕的人嗎？如果她第一次抱起她孫子的時候，我們跟她一起站在房間裡，要是可以讀到她的心靈，因而知道在這樣情緒滿滿的時刻，她完全沒有任何感覺——事實上她從部分自我中解離了——我們會害怕她嗎？我們的瞳孔會放大，警戒又著迷於這個銀髮女士跟她的行為嗎？

可能不會。

眼前的焦慮喚醒了有數十年歷史的童年苦難，還有跟她上小學的哥哥們不可能贏的打鬥，在這種焦慮觸發之下，她在會見她的第一個孫子時，脫離了她的一部分現實。從現實中脫離是一種瘋狂的功能性定義。站在那個房間裡，我們會把她看成暫時發瘋了，或許還會把寶寶從她手中搶走。……會嗎？

不太可能。

我們不會認為克麗歐——或者肯尼斯、蘿拉、馬修、乃至我們自己——瘋了，甚至連暫時發瘋都不算。我們甚至不會有任何一點害怕或著迷，因為雖然在形式上，我們界定某人神智健全與否跟他如何連結現實有關，然而實際上神智健全的形象，卻鮮少根據真正的心理或行為。我們心目中神智健全的形象，幾乎全從我們對行為的可接受性與一致性所建構出來的，這是一種長時間的判斷。克麗歐可能跟她自己的情緒脫鉤了，彼此就像木星到地球那麼遠，但只要她繼續表現出可接受又一致性的行為，例如扮演好祖母的角色，就絕對不會有任何人腦中閃過她神智是否健全。

懼高的父親肯尼斯可能跟陰沉的偏執妄想掙扎，達到臨床上顯著的程度，他在一個偏見頑強的社區裡度過飽受折磨（而且解離）的童年，因此激發了這種狀況。

但只要他保有觀察性自我，而且繼續指引他的行為，至少在大方向上就像肯尼斯一直以來的樣子，就不會有人表達一丁點的興趣去探究他的心理狀態整合度。

來自酗酒家庭的大學生蘿拉，她的半漫遊症狀態看起來像是想睡覺的感覺。雖然四天突如其來、無可理解的疲憊，極端不像是個精力充沛的十九歲學生會發生的事——除非這是某種明顯的醫療問題發出了紅色警報——但在這個人來人往的感恩節假期，蘿拉周圍的每個人都會迅速接受她的行為是因為想睡覺所造成的。

而太空人馬修——唔，馬修的問題比較大一點，因為他有時候造成了別人的麻煩，而且更糟的是，他的行為並不一致。大多數時候，他是個體貼周到、表達清晰的專業職場人；可三不五時，他都會看似完全相反地神遊天外，沒有反應。然而馬修在現實生活的根基是否穩固——一個令人不自在的問題——卻被他的朋友還有妻子俐落地規避掉了。因此他們給他某種老套又方便的身分，即使不盡然好聽：「心不在焉教授」、「懦夫」。

我們所有人極端努力要在其他人身上、還有自己身上看到一致性。因為我們如此錯綜複雜地仰賴著彼此，尤其是我們的伴侶、父母還有朋友——而且因為每個人都知道人類是地球上最危險的物種，並沒有緊追在後的第二名——我們急切地希望相信人是可以被量化的、具有前後一致性，最終可以被預測。我們想知道能對身邊的人抱有什麼期待，而且我們希望每一次都知道這一點。儘管有壓倒性的反證，某些人仍緊緊抓著這個信念，認為自己不只可以預測人類同胞，還可以掌控他們。

折磨人的重點是，對於我們生活中的安全感來說，我們極端希望身邊周遭的人具有普遍的可預測性，因此一旦碰到表面上明顯的不一致時，我們急切地想提出或認同一些解釋性的標籤、複雜的合理化過程、誇張的藉口，還有燒腦的心理學假設。在這些努力上，我們的創意令人佩服，有時甚至還很荒唐。這些努力，是人們打算把那些從不同角度來看著實費解的一系列不一致行為，包裝成我們能夠照著認可程序處理好的「包裹」，如果有必要，就用來自哲學的膠帶與髮夾來補強。

對馬修的朋友來說，這個沒說出口的默認過程，大致上像這樣：我們身為他的朋友，看到馬修有時候很聰明又善於社交，有時候他神遊天外又沉默無語。他不太一致，所以無可預測，其實這種事態是不可接受的。可是等一下，哪種人會在聰慧與恍惚之間來來回回？唉呀，就是心不在焉教授嘛，當然了。好啦！問題解決了。

心理學有時候被定義為「預測與控制的科學」，但從歷史上來說，它的研究對象——人類——所發生的種種現象，卻常殺得它措手不及。最受挫的是人格評估這個次專科，這是心理學的一個分支，嘗試要研究人格特質——像是心不在焉——還有內向、外向、消極、積極、慷慨、貪婪、競爭性、同理心等等，名單可以列得很長。

在傳統人格研究中，評估者藉由觀察實驗室裡的某個人，設法推論此人「擁有」多少種特質。[15]不過最早於一九六八年出版、稱為《人格與評估》（*Personality and Assessment*）的經典文本中，研究者兼理論家沃爾特·米歇爾（Walter Mischel）向我們證明，人格特質大部分是實驗室觀察者這方做出的假定，而不是被觀察者真正的屬性。自一九六八年以後，心理學家已經發現人會相當不由自主地誤認、或嚴重扭曲事實，以便對他人與自己達成一種一致性的觀點。有好幾個認知與感官知覺過程在我們腦中串接起來，幫助我們這麼做。

這不必然表示人格特質不存在。不過這確實意味著我們常常在它們不存在的時候，憑空想像出來。

一致性如何能被賦予、而非真實存在，還有一致性對我們來說有多關鍵？為了說明這一點，讓我們回頭去談談肯尼斯吧。肯尼斯大致上是個快活的人，不過他充滿恐懼的世貿中心之旅，讓一個憤怒的解離自我狀態活過來，雖然侵入內心，卻沒有接掌控制。在父子出遊的當天晚上，肯尼斯的妻子要是有注意到他行為上的改變（原來溫暖又好親近的丈夫，現在卻陰鬱又避著人），她很有可能會對自己解釋：這些改變是因為她做了某件令人反感的事情，她猜得到。她會很樂意陷自己於不義，而不會把丈夫看成不可預測的人。或者，既然她長期以來都知道他對高處的「祕密」恐懼，或許她會稍微接近真相，認為最近一次的冒險，最終讓丈夫處於一種暫時性的「壞心情」。

如果肯尼斯有保護性的自我狀態開始更頻繁地爆發，他妻子可能到最後會對她一度脾氣平和的配偶改變看法，開始認為他整體來說是個「情緒化」之人。[16]她對肯尼斯的正式看法，會變成他的「情緒化」是可預測的，而不是一個大多數時候和藹可親之人；話雖如此，他還是具有一致性，只是一致地維持情緒化罷了。他是她的丈夫，她永遠不會把他的內在看作是碎片，因此無法體認到肯尼斯在本質上是不一致的。

現在想像一下，肯尼斯這個人受創的深刻程度遠超過任何人領悟到的，尤其是肯尼斯自己都不知道。讓我們改以更苦情的敘事說明：除了在社群裡被當成「俄國小孩」追獵，肯尼斯在自己家裡也是長期性虐待的受害者。在這個悲傷得多的描述裡，肯尼斯失去了原始故事裡他保有的堅強觀察性自我，以至於在一個解離自我狀態闖入的時候，他沒有、或者無法指導自己做出原先肯尼斯會做的行為。在這個版本裡，他的妻子會被拋入幾乎無可忍受的騷亂之中。她整體生活中的焦慮程度會增加，因為她會隨著時間過去，發現自己丈夫不一致的程度超過她的解釋能力。有時候他很溫暖、令人讚嘆又樂觀，有時候他疑心重重又充滿憤怒。他不只「情緒化」而已，這個男人似乎像是兩個不同的人合併在一起。

她很緊張，而且常常憤怒地做了或說出一切她能想到的事，想要把他變成她想像中「肯尼斯該是那樣」的人。她很確定，這個情境裡有某種東西是她還沒搞懂的，如果她可以確定到底是什麼，一切就會變得可以理解了。她甚至可能不自在地跟別人開玩笑，講到她丈夫的「多重人格」，卻從來沒理解這其實不是個笑話。少了他的觀察性自我，肯尼斯可能會被診斷成徹底的解離性身分疾患（ＤＩＤ）。

在很長一段時間裡，可能為時好幾年，肯尼斯的妻子會嘗試讓他表現出像肯尼斯那樣有一致性的行為；她會嘗試找出解釋，努力打撈某種答案。肯尼斯有時候會連續好幾週、甚至好幾個月都沒有轉換人格，這個事實會很殘酷地鼓勵她付出努力。在她終於放棄她的搜尋時，她可能會跟他離婚。或者同樣可能的是，她會不快樂地維持婚姻，因為希望——也許她愛的肯尼斯會回來待著！——永遠會斷斷續續地湧現。她自己可能會變得長期焦慮或憂鬱。不過她永遠不會認真考慮她丈夫（或者她前夫）有嚇人的「罕見疾病」解離性身分疾患。領悟到這是「解離性身分疾患」在作祟，會讓她對這個世界及其界線不穩固的理解基礎，受到決定性的打擊。

唯一可能讓她變成像醫學專家那樣精準判斷，將會是肯尼斯的解離自我狀態明白地對她做自我介紹，還用上專屬的名字。（例如一個自我狀態突然開口對她說：「哈囉。我是伊凡。」）如果這種事發生了，她很有可能會突然驚恐地洞察實情，緊接著瘋狂打電話請教專業人士。不過這種澄清事實的事件，可能永遠不會發生。肯尼斯的自我狀態可能不會有意識地擁有專屬的名字，「他們」可能永遠不會充分察覺到自己是「多重」的、還這麼直接地介紹自己。

設法應付「多重」肯尼斯的時候，他的配偶被困在一種毀滅性的心理謎題之中，除了平鋪直敘、卻會改變自己人生的真相以外，別無脫逃手段。然而無論會不會讓自己變得更焦慮、更沮喪，她都不太可能選擇這道陰暗又詭譎的門。我們不喜歡顛覆整個宇宙的解釋，就算它們可能拯救我們一命也一樣。

就像肯尼斯的妻子，我們全都有難以抗拒的需要想去相信人是一元且一致的——如果有必要，我們甚至會推翻我們自己最精確的感知，以捍衛這個需求。這個需求正好說明為何像我的病患嘉瑞特——不同於肯尼斯或祖母克麗歐——對我們大多數人來說，非常令人緊張卻又引人入勝，連我們以心理治療師為業的人也包括在內。像嘉瑞特這樣的人，徹底阻止我們用富有創造力的抽象概念去解釋他全然不一致的行為，並從一連串解釋中感到安心。他確實毫無保留地宣稱自己有好幾種不同的人格，還說每一個人格都有專屬的名字。「他們」不會一起擠在某個笨拙的概念包裹裡，讓我們貼上一個得以冷靜下來的統合標籤。這樣明確宣示自己的多重人格，實際上卻來自同一張臉、同一顆頭、同一副身體的單一生物實體，讓我們所有人都暈頭轉向，有一種極端脫離現世的感覺。

但我們之所以著迷，正是因為我們隱約感覺到，事實上我們可能一直生活在這樣的世界裡。

在我們的世界、我們司空見慣的日常世界裡，大眾人口中有顯著的一部分是由人格轉換者組成的，他們的個人歷史包含了嚴重的創傷、被低估的虐待或某種嚴峻的處境，於是他們被帶到遠超過只是單純的解離性缺席，進入了解離性身分疾患的領域。一般來說我們並不了解這個事實，這大半是因為一種尋求安全的天生期待讓我們選擇不去看，再加上有種錯誤的文化信念，認為有解離性身分疾患的每個人都會用成打不同的名字來稱呼自己，而且通常都住在上鎖的病房裡。

既然每千名美國兒童中就有大約四十七名被通報是兒童虐待的受害者，只用兒童虐待當成我們的基礎——而且，就當只有這些實際被通報給有關當局的虐待案例才算數——我們可以估計，將近百分之五的美國人，幾乎是每二十人裡就有一個，很可能具備容易產生解離自我狀態的歷史，而這些狀態中，有許多人的疾患強勁到足以壓倒觀察性自我的平衡功能。在這些疾患中，有一種是「第二自我」會公開用不同名字稱呼自己的類型，但已被證明並不常見；大多數研究指出，人口中只有不到百分之一具備這麼戲劇化的形式。相對來說，有多種自我狀態、卻不會表明身分的解離性身分疾患，是比較常見的。就像我們其他人一樣，大多數有ＤＩＤ的人只會用一個名字稱呼自己。而絕大多數有ＤＩＤ的人一輩子都沒有接受治療，更別說是精神病房住院的病人了。

事實上，納森自己就是個精神科醫師。在我第一次以同僚身分見到他的時候，他年近四十，職業生涯正盛。他容貌俊美、財務上令人豔羨、還有大量的「朋友」，這些人在他的名字被提起時，會微笑說他是個「很棒的人」，不過除了他日益成功帶來的明顯地位，以及「有他在身邊很有趣」的共識以外，說真的，他們似乎總是對他所知不多。

這種神祕的氣氛並不是納森性情內向的產物。正好相反，他是個極端善於社交的人。他很著迷於派對、盡他所能出席許多專業研討會、記得每個人的生日，而且總是第一個人建議在下班後聚一聚。他是社交運動的高手；在某種特定的「情緒」

下，大家一致讚揚他打手球有著絕對不敗的超自然力量。

他也不是獨居。納森跟他結縭十五年的妻子，還有他們的兩個孩子同住。其神祕之處也不是他明顯重視隱私；他反而極其願意分享他的過去，通常包括私密而且令人震驚的事實。這些來自他的自我揭露，總是被呈現得好像是給聽眾的陰森娛樂，而納森自己會對著他們開懷大笑。總結自己的故事時，納森會出現這種評論：「這不就是你們聽過最詭異的事情嗎？」令人驚訝的是，這些故事確實很能娛樂人——納森是說故事的好手——雖然聽他講起來有時會隱約覺得發毛。

舉例來說，我們被介紹認識的那一週，納森就告訴我他童年的一個事件，內容極端私人而且哀傷，他卻用一種愉悅又完全漫不經心的方式講他的故事。大概在納森五歲的時候，他母親（「我瘋狂的母親」）發現他天真無邪地在檢視自己勃起的陰莖，這時她陷入一種吞噬一切的暴怒中。她對他尖叫著說他骯髒又邪惡，接著衝進他臥室，抓起他的某一條小工裝褲，當時摺疊好放在椅子上。她邊拿著那條褲子，另一手緊箝著納森的手腕，帶他大步走到後院外面的烤肉架，把衣服丟到烤架上，讓布料浸濕了打火機油，最後放火燒掉。在他的褲子化成灰、這個邪惡小男孩的事蹟也給所有鄰居聽夠、罵夠了後，她把他送回房間裡，關到第二天早上為止。

納森搖頭微笑，然後用一種超友善的方式問我：「這是不是妳聽過最詭異的事情？」

老實說，這不是我聽過最詭異的事，從我的專業性質來說尤其如此；然而這個故事格外悲哀。我理解到，就算這故事很可怕，但在這個男人所有童年時期經歷的恐怖裡，很可能只代表一座深不可測的冰山上有意識的一小角。

不，環繞著納森的神祕感並不是因為他對個人歷史諱莫如深。沒有人真正知道他的任何事，這種普遍印象反而是來自他毫不動搖的情緒疏離，彷彿不受任何事影響。最特別的是，就連他自己的過去也影響不到他。他從來不揭露自己的心意，就算一個人可能知道他完整的經歷、內容鉅細靡遺，但納森這個人仍然是深不可測的。這個男人跟他所有的故事，是個吸引人的謎題，一個情緒上的空白螢幕。

在這方面，他可說是善於替自己選擇專業，姑且這麼說：這一行的執業者通常需要把自己的情緒留在門口，讓自己有一個小時沉浸於別人的情緒謎題之中。但納森還是不太一樣。在工作時間結束時，沒有個人感受在門口等著這位治療師。他從來沒有重新恢復他自己決定性的內在生活，反而以某種更加永久的方式剝除了自己的感受。我相信某些同僚跟朋友可能誤把這當成一種優點，甚至可能很羨慕，把這當成是納森的自我克制臻於完美、或者他毫無弱點，卻沒注意到把終生的情緒區隔開來，很危險地超過了他的主導能力。

納森臨時不出席活動的傾向，更增添他那種難以捉摸的光環；有時候是他自己主辦的活動，而有時候甚至是長期病患的約診。他的病患很敬重、崇拜他，所以他們接受他的不可靠。他的祕書常常評論說他是個很棒的人，但總有一天他會逼得她跳窗自殺。

納森某場在他辦公室舉辦的正式派對蔚為傳奇，因為他本人根本沒有出席，他的祕書在那次盛會之後的整個週末都找不到他。這次事件被稱為「驚世駭俗」的，而且「就像他會做的事」。有一些人很憤怒，大多數人覺得好玩，又很好奇。不過納森星期一回來上班的時候，他不說他去了哪裡。事實上，詢問納森為何放人鴿子，最常得到的反應是一臉茫然，就好像他無法理解為什麼別人會質問他似的。或者有時候他會看起來很困惑，只能提出一個簡短坦率的藉口，然後繼續做事，就好像什麼都沒發生一樣。一樣的是，大家似乎都有點羨慕這個男人，他似乎不那麼受社會習俗束縛，而根據他們的詮釋，這個人極其「獨立」，以至於人們不會為他的行為提供解釋。

有好幾次，納森跟他妻子梅莉莎邀我到他們家共進晚餐，他們家又大又時尚，而且是為了經常宴客所布置的。在飯後的咖啡時間，出於每個認識他的人都感受到同一種好奇心，我常常會把對話導引到關於納森本人的主題上。特別是某一天晚上，他妻子相當願意開口，幾乎就好像她長年希望有這個機會跟某個人公開談論這個話題。我針對她丈夫的臨時失蹤與缺席詢問她，納森也會對自己的家人這樣嗎？這種行為會不會讓她緊張到胃潰瘍？

「胃潰瘍？」梅莉莎回答：「讓我告訴妳，我稱得上一人就資助了整個泰胃美胃藥（Tagamet）的生產。有時候他會整天整夜不見人影，或甚至更久。當我再度看到他的時候，他裝得好像什麼事都沒發生。如果我為此問他任何問題，他只會一臉驚訝，是真的驚訝。如果我真的逼著他解釋，他就會說他去參加某個研討會什麼的，出城去了。『我以為我跟妳說過這件事。』他會這麼說。或者有時候他會說，他去了度假屋，或者去『透氣』一陣。而這些『透氣』行為是神聖的。如果我抱怨這些事，或者問起這些出遊的任何事，他就會真的很憤怒，我是說核爆式的憤怒。他說，他時時刻刻為每個人做每件事，有時候他只是需要自己出去。根據他的說法，因為他照顧這麼多人，他有權每次想走就走。

「我有想過他是外遇了，只是他的舉止真的不像我想像中愛搞七捻三的人。他真的對我充滿關愛。他從來沒有列出一整排狡猾的理由，實際上完全相反。我從來沒有接到可疑的電話，或者發現任何其他女人的跡象。不，我想他完全忠實。他只是……他只是有時候會失蹤。」

在這對夫婦奢華的客廳裡，我坐在一張內襯填得太滿的扶手椅上，梅莉莎跟納森在一張巨大的組合式沙發兩端各占了個舒適的位置。當梅莉莎表達她相信他的忠誠時，納森站了起來，重新把自己安置在他漂亮的妻子旁邊。看起來極端快樂的他給了她一個大大的擁抱，還親吻了她的耳朵。

「妳對我這麼了解。」他說。然後他指向梅莉莎細緻的下巴，然後誠懇地對我說道：「這是唯一適合我的女士。她了解我的心與靈魂。」

納森等著梅莉莎對他的宣言露出微笑，然後他再度站起來走向廚房。對於她分享他的失蹤、或者把這種相當個人的資訊講給我聽，納森似乎一點都不困擾或尷尬。如果說納森有任何反應，就是他看上去像個小男孩，很高興我們竟然花了這麼多時間談論他。

等到他端著一個上面放著剛煮好的咖啡與各種義大利巧克力的托盤回來時，梅莉莎跟我已經再度深入我們的對話了。我問起她的兩個孩子，各自是十歲與八歲。他們有注意到父親的行為嗎？

「孩子們接受父親做的任何事。」梅莉莎解釋道。「他們熱愛他——他真的是個好爸爸，非常投入——而我不知道納森在哪裡的時候，我設法在他們旁邊裝得很冷靜。當然，如果我們為他們計畫了某種特別的活動，他卻沒有出現，有時候他們會很失望。不過大部分時候，他們就只是被動接受發生的任何事。當然，他們還小，而我擔心等到他們大一些以後，在他晃點他們的時候，我擔心他們會覺得有傷尊嚴之類的。我的意思是，唔，跟妳說實話，我覺得有傷尊嚴。」

當她端詳納森的臉時，有個顯著的停頓，就好像嘗試要衡量他容忍的限度。她似乎還想要說更多。納森正在倒咖啡，而且看起來還是放鬆又愉快，一位好東道主的模樣。梅莉莎坐在沙發上的時候，把腳塞在身體底下；現在她挪動了姿勢，把腳栽在地板上。

她把凝視的目光回到我身上，說道：「但我真正擔心的事情是嫉妒的怒火。」

「嫉妒的怒火？*Moi*（我）？」納森佯裝驚訝。

梅莉莎發出一聲小小的緊張笑聲。

「嫉妒的怒火？」我問道。

「這有時候很難讓人相信。」她繼續說道。納森還是開開心心的，而她顯然覺得有勇氣告訴我更多。「可能是我們婚前發生的事觸發了他，已經很久以前了，我還很年輕時發生的某件事。讓我想個例子……對……最近一次是我們到蒙特婁過週末，就只有我們兩個，大約一個月前，不是嗎？」

她瞥了納森一眼，而他對著她微笑點頭，然後她繼續說下去：「對，大約一個月前。我們玩得真的很愉快。我們晚餐吃了法式料理。我記得我們分食一份巴黎布雷斯特泡芙，這種美麗的酥皮泡芙裡面有果仁糖奶油——妳吃過嗎？——而我甚至不記得我們在談什麼，但突然之間，完全突如其來，他對我說：『妳有跟布萊安一起在這裡吃過飯嗎？』這個布萊安是我大學時候一起出去過的一個男孩子。在我大一學期結束以後，我在蒙特婁過了一個暑假，而我在那裡遇到一個叫布萊安的男孩子，我們有一陣子滿要好的，一直到我們兩個都得回去學校為止。很久很久以前——當然是在我知道有這種嫉妒心以前——我犯了個大錯，跟納森講起了那個夏天，還有其他過去的事，然後，唉，我多後悔啊。他鬧出多恐怖的場面！」

「恐怖場面？」我問道，同時看著納森。他聳聳肩。

梅莉莎回答：「對，真的。我說：『納森，別開始鬧。』可是等到我能說這點話以前，他已經暴衝了，而且沒有辦法把他拉回來。那種怒氣在某種程度上有自己的生命。他整張臉都變了——妳幾乎認不出他來——而就像那樣，砰，他就成了活生生在呼吸的憤怒。我設法講道理、懇求、哭泣。沒有一件事見效。我簡直就是在跟牆壁說話。那天晚上在蒙特婁，他講個沒完沒了，問我各種根本沒有意義的問題，講到某個我甚至根本不再想起的少女時期小男友，只因為納森提起我才想到。『妳最近有跟布萊安講話嗎？布萊安有像我這麼聰明嗎？』沒完沒了，用這種可怕、充滿恨意的聲音說話，他甚至不再是納森了。我告訴妳，這讓人毛骨悚然。那晚我哭了，就在餐廳裡。他甚至沒有注意到。妳無法想像我有多尷尬。」

她暫時停下來喘口氣。納森開始看著她，臉上有著關懷溫柔的表情。他再度坐到她旁邊，撫摸著她的頭髮。

「妳是我的天使，梅莉莎。」他溫柔地說。接著他突然咧嘴笑了，補上一句：「除此之外，我敢說老布萊安負擔不起那家法式料理。我說的對嗎？」

她短暫地跟他四目相望。「瘋子！」她斥責道，一半好玩，一半認真。

然後她對我說：「妳看出來了嗎？有時候他完全可以接受，而其他時候他又會大發作，但這都是同一件事情。現在妳會想我是發瘋的那一個。可是我告訴妳，瑪莎，有時候他會變成別人，我敢打賭妳如果在街上遇到他也不會知道。」

「用妳的措辭來說，這些嫉妒的怒火，它們是怎麼結束的？」我問道。

「我會說它們就是自己結束的。這就是為什麼我說它們有自己的生命。或者至少，我從來沒找到有任何我可以做、或者說的事，好讓他在怒火發作的時候恢復原狀。他會像那樣暴怒一陣子，然後他通常會進入一種狀態，在那種狀態下他根本不會開口說話了。冰冷漠然的態度——我簡直就跟家具差不多。那天稍晚在蒙特婁，我跟一個我甚至不認識的人困在旅館房間裡，而這個人裝得好像我不在那裡似的。我記得他還穿著外出服躺在床上，然後就這樣睡去了，整晚酣睡如嬰兒，妳說有多寧靜就有多寧靜。當然，我一秒也睡不著，我甚至無法閉上眼睛。到了早上，他醒過來的時候，他好了，他又是納森了。然而他裝得好像什麼事都沒發生，我發誓，就好像什麼都沒發生過。我太害怕，對此什麼都不敢說，因為我再也應付不了更多了。他就這樣開始他的一天，正像是沒有發生任何事的樣子。我記得我們準備好要下樓吃飯店的早午餐，就像一對完全沒事的醫生夫婦。」

當我觀察納森的時候，我看到他或多或少跟我一樣以相同的態度在聽，好像某個人第一次聽說某件事似的。而驚人的是，從所有外在跡象來看，這段對話完全沒有冒犯到他。

「還有另外一件事。」梅莉莎繼續說道。「他有世界上最隨便的記憶力。事實上，也許這是所有事情裡最令人無法忍受的。有時候當我要求他跟我討論一切——那些我剛剛告訴妳的事情——他會說他不知道我在講什麼，然後會要求我舉個例。

在我給他例子的時候，他只會說這種事從來沒發生過。我會給他一個具體事件、事情發生的確切時間、我們所在的確切地點、我說了什麼、他說了什麼，然後他會告訴我這件事從沒發生過，他不知道我在說什麼。他說話時這麼篤定，讓我覺得我失心瘋了，或者有人在我身上做了某種虐待狂實驗，或者什麼別的。也許這就好像妳明天打電話給我，然後為了這頓晚餐感謝我，結果我說：『什麼晚餐？』接著我告訴妳，妳從沒來過這裡，而且我對於妳在說什麼一點概念都沒有。這會讓妳發瘋，對吧？」

「對。」我回應道。

「我真希望你不會做這種事，納森。如果你不想跟我討論某件事，就直接告訴我。別說這種事沒發生過。那讓我發瘋。這比只是拒絕談話更糟糕得多。」

「我很抱歉，天使。」他贊同地回應：「我不會再這樣做了。」

這時有一陣靜默，我決定設法披上我的臨床治療師身分。

「納森，你記不得某些時刻不會讓你困擾嗎？」

他對我敷衍地揮舞著雙手，巧妙地回嘴：「嘿！別在這裡談工作。」

看到這種反應，梅莉莎改變了她的語調。「喔天啊。我想我一定讓我自己的丈夫聽起來像個禽獸。他並不是，妳知道的。他實際上棒極了。他很聰明、他很有趣、他很寬容、他是個很棒的爸爸——他是任何人都想得到的一切。只是……唔，我猜就連我們之中最好的人，都有自己不太對勁的時刻。」

在那之後，話題迅速變成威脅性低得多的主題——我們全體有多喜歡造訪蒙特婁。

因為在梅莉莎與納森家這些社交之夜，我開始認為納森是個特別驚人、未經確認的解離性身分疾患。他的例子看似很特別，如果他本人真的是個未復原的創傷倖存者，等於他還能治療其他未復原的創傷倖存者。但他成功到什麼程度我實在不確定；我能確定的是他的病患愛他，而且看起來原諒他偶爾不專業的缺席。

當然，還有一個問題是為什麼梅莉莎會原諒他。為什麼有任何人會跟一個其實是「許多人」的人繼續保持親密關係？在另一場對話的某一刻，當時納森不在場，我有機會接近這個問題，雖然我問得相當隱晦。

「有這麼多不可預測性，妳不會覺得很累嗎？」

梅莉莎的回答更直接得多。「妳的意思是我為何留下？」

「呃是的。我猜我確實是這個意思。」

她笑出聲來，然後說：「我丈夫是我認識的人裡最複雜的。他也是最精力充沛、最熱烈也最迷人的，遠遠超出其他人。他會做很神奇的事情、真的很冒險的事，別人都不會做，至少在現實生活中不會。這有幾分難以解釋。」

「給我一個例子吧！聽起來很神奇。」

「是很神奇。我的意思是，某些時候是很神奇，而某些時候讓人無法忍受。」

她看起來很困惑。

「好吧！」她繼續說道，表情變得開朗了。「一個例子。我們晚上會去滑雪。我不是說那些往下坡滑、有泛光燈的其中一個夜間滑雪地點。我是說在月圓的時候，偶爾納森會跟我帶著越野滑雪板出門，我們會找個美麗的地方滑雪。喔，有一次我剛好隨口提到我很樂意某天到千里達（Trinidad）去參加嘉年華會。當時就在下星期了。下星期，容我提醒妳。在我知道發生什麼事以前，他就秀出四張去千里達的機票——我記得那是三月，學校放假一週——我不知道他用的是哪種魔法，結果我們真的去了那裡，他替我們找好了特殊服裝，甚至連班傑明都有，我想那時候他才五歲大。」

她搖搖頭，再度笑出聲來。「我剛想起來，他替班傑明找了一件小小的土魯斯－羅德列克（Toulouse-Lautrec）戲服。這真是瘋狂！所以我們不只看到了千里達的嘉年華會，我們還參與其中，我們全部人都是。這實在是棒極了！而孩子們永遠、永遠不會忘記這件事，當然。」

她接著就沉默下來，低頭往下看，微笑的臉慢慢變得悲傷。

在一陣子之後，她說：「話說回來也有些夢魘，我的意思是清醒的夢魘。突然之間，他就是變成了某個我完全認不出的人。或者他會消失，而我從來不知道這次會持續多久，而且……而且妳知道的，妳真的可以相信我，在這個地球表面上，一個人可以做的任何事情中，沒有一件比得上在妳面前消失、就這樣走掉，讓妳自覺更微不足道、更……不被愛——更像是妳對他來說真的毫無重要性，一點都沒有。不管妳或者妳的孩子們有什麼計畫，不管你們有多需要他，這就是不重要……

「我變得害怕。這很難解釋。不是通常的那種害怕，而是持續存在的恐懼，或者某種這類的東西。他不見了，而我設法在我心裡想像他的樣子，但我看到的臉卻嚇壞了我。我感覺我好像對這個男人其實是什麼一點概念都沒有。我已經嫁給他幾乎十六年了，每天晚上我們都睡在一起……唔，幾乎是每天晚上……而他可能是世界上的任何一個人。他可能就是任何一個人，而我其實不會知道。」

另一個暫停，然後，她幾乎是自言自語：「我不認識其他像納森一樣的人。我確定我永遠不會。他很神奇，妳知道的。」

梅莉莎提出這個主張的時候似乎憤憤不平，而我對她有很大的同情。我可以看出她不會離開納森，可能永遠都不會，因為這個男人的聰穎、他對生活不可思議的原創性，都迷住了她。她跟納森共度的生活，這種斷斷續續的狀態、走偏鋒的興奮、超出正常生活的激情，應該永遠不可能在別處複製，而她顯然知道這一點。

有ＤＩＤ的人，不管承不承認，大多都熬過了別人熬不過的事情──不管他們記不記得。他們沒有像常情所料的那樣，無法生長茁壯、在童年時殞落，也沒有在青少年時期自殺──這是另一種常見的辛酸結果。不，他們分隔了自己，而且存活下來；他們倖存下來，而且在許多例子裡還活得很好，這可能意味著他們這個群體從自身天性上來說，是有例外天賦的。在典型的狀況下，他們具備知性、人際或創造力，這些能力可能讓他們卓然不群，就算是——尤其是——他們的個人歷史很不一樣的時候。他們是超級適應者，真的讓人大開眼界。而對某些人來說——以梅莉莎而言——與這樣的人建立親密連結可以是令人上癮的盛宴，包括了仰慕、著迷與情緒性的激流（這是雙向的），其他更「正常」的關係就是無法提供這般刺激。

不過這裡有股看不穿的煙霧，來自一根燒得非常明亮的蠟燭，在它所處的悲劇性環境裡，釋出一陣陣濃重、幾乎要熄滅自己的霧氣。有時燭焰可能嘶嘶作響、越閃動就變得越大，以不可能的方式展現出引人注目的抗議與精力，不過那總是有熄滅的危險。

我指涉到的天賦是天生的；那並不是創傷所賦予的。創傷只是殘酷的工頭。它吸引了我們的注意力，但它不是天賦的賦予者。

精神痛苦是否給予或增強了創造力，是個古老的論辯，比解離性身分的議題更普遍。舉例來說，常見的問題是：「身心快樂的查爾斯．狄更斯會寫下《雙城記》嗎？」多年來與許許多多受創的人一同工作，他們之中有藝術家、音樂家跟作家，因此對這個問題，我已經有讓我自己滿意的答案了，而我的回覆是這樣的：我不認為快樂的查爾斯·狄更斯會寫出比較差的作品，如果他的快樂是因為從不快樂中復原，那更好。我認為查爾斯·狄更斯的天生才能會更加光芒萬丈地表現出來——他周圍的人也會過著更舒適的生活。

快樂不是一種好壞參半的混合祝福。

我把這個意見，告訴我那些害怕要是「治癒」就會失去某種創造鋒芒的病人。一個人並不會失去自己的鋒芒。要是有任何變化，那只會變成更細緻的刀鋒，而且——這是最棒的部分——一個人幾乎不會為此流下那麼多血淚。一個天賦異稟的人，並不是因為她或他的痛楚而天賦異稟。她或他，就像納森，是儘管有那些痛苦卻仍然天賦異稟。痛苦——納森的痛苦——就像一種薄紗似的灰色霧氣，在珍貴、清晰的光芒下給自己纏繞了好幾圈。

納森的故事特別突出，不過遠非唯一的一個。與此相反，未被辨識出的解離性身分疾患多的是。苦於DID的人，有的在做治療，但更常見的狀況是，他們根本不會為自己尋求任何治療，就像是我發現納森一樣。而每個人就跟納森一樣，都有一段從未被完整調查過的個人歷史。

三十九歲的卡米莎來自奈及利亞，一個迷人的出身之地；不過她幾乎對此毫無記憶。在別人問起她的母國時（他們常這麼做），她給出的陳述就像一本旅遊書裡「人民與風土」的欄位。她口才便給，資訊豐富而精確，但其中沒有任何個人成分，沒有情緒依附，沒有來自她童年詳細的記憶或者獨特的例子。在美國的熟人問起她的個人故事時，她會道歉並解釋說她在很小的時候就來到美國，那時候才十八歲，後來再也沒回過奈及利亞。

「太年輕就記不得太多事情，妳不知道嗎？」

有幾個她的朋友比較有同情心與想像力，保證他們不會逼著她講，因為他們認為一定有某種恐怖的事情發生在非洲——某種難以言喻而充滿異國風情的事情，只發生在第三世界兒童身上的那種。然而那件「恐怖事情」其實情節相當普通，完全是全球共通的。卡米莎的父親跟她的三個哥哥從她四歲開始，一路性虐待她直到十二歲。之後她用相當迷人的巧思與魅力，在一個醫療慈善機構取得一個房間。等到她十八歲的時候，智力過人又堅韌的卡米莎找到了去紐約的管道。

卡米莎對幼時的虐待毫無記憶。她現在是美國公民，一位家庭主婦，跟她來自布魯克林的循道宗牧師丈夫、還有他們的兩個青少年子女住在麻州的一個小鎮。她在家裡繪製一系列討人喜歡的童書，主題是一個充滿了粉蠟筆色調的泰迪熊世界，這些熊會說話，而且他們傳遞了種種溫柔的訊息，像是：「愛比擁有很多玩具還更好。」

不過在這麼多年之後，她的丈夫跟子女已經開始接受每隔幾週就會有隨機的一天，讓原先熱心又親切的卡米莎坐進本田雅哥裡，消失到遠遠超過晚餐的時間。她回家時會直接上床睡覺。她的家人已經學會了，在這種日子裡問她去了哪裡是沒有用的，因為她頂多只會說：「出門。我只是出去一陣。」

他們也在很久以前就學到，絕對不要對卡米莎表達任何惱怒或憤怒，因為在他們這麼做的時候，她的反應是陷入緘默，然後到外面的花園去，她會在那裡盤著腿坐在她最喜歡的扁石頭上好幾個小時，背向著屋子。苗條、挺直著背、動也不動，她在這些時候什麼人都不像，反而像是一尊優雅的黑檀木雕像，精美細緻卻不盡然是活的。若注視她，會讓人無法忍受，也會產生罪惡感。若要是天氣不適合待在花園裡，她就會回到她的房間，把門鎖起來。然後照慣例，在這段期間或在這之後，她丈夫一句話都不會說，就睡在家裡的沙發上。在早上，卡米莎通常會恢復舊有的自我，就好像什麼事都沒發生過。

卡米莎也呈現出其他的謎團，而她的青少年子女日漸覺得困惑又受傷。幾乎所有時候，他們親愛的母親都對他們甜美又關愛，在照顧他們的需求方面簡直是無微不至到過分了——在他們小時候，她是社區裡最受歡迎的媽媽——然而既然他們長大許多，當他們設法要對她表達各種身體接觸的時候，比方說給她一個擁抱，她就「變成了別人」，變得僵硬又沉默，「就像店裡的假人模特兒」。卡米莎十六歲的女兒尤其為此感到困擾。她女兒一直是優秀的學生，最近卻開始在學校拿到低於平均的分數，並聲稱她不想去上大學。從她歲數大到知道什麼是大學之後開始，她就一心一意計畫上大學。現在她說自己寧願待在家裡，或去找份工作。奇怪的是，卡米莎沒說什麼話，也沒反對她才華洋溢的女兒在抱負上有了重大變化。

牧師父親試圖跟他們的子女解釋，卡米莎的行為應該是美國與奈及利亞的文化差異。

到最後，父親用他在教堂裡的人脈，找到一個專精於族裔家庭治療的臨床社工，而卡米莎跟全家人一起出席事先同意的十五次治療。在短暫的治療脈絡裡，卡米莎的創傷史不會得到直接的處理。經驗豐富的社工默默假設她有創傷史，因此把她轉介給我。不過在我遇到她以前，卡米莎已經漸漸了解到，她的某些「對世界的普遍性焦慮」不成比例地滲透出來，甚至妨害到她的女兒。在一種令人敬佩的自我評估與有意為之的努力下，她開始鼓勵自己的女兒回歸她原本的計畫、在高中後離家、變得成功又獨立。到最後，在母親充滿關愛的支持下，女兒終於離家到另一個州上大學；她將主修心理學。

然後還有查理，另一個童年嚴重被虐待的倖存者。這名熟人最近向我坦白說，當他還是年輕男子的時候，有很多年他會花一、兩個晚上每週出外進行「英雄任務」。查理是某種自封的正義使者，他會把擦得亮晶晶的藍色比利時製白朗寧手槍拿出抽屜，掛在他皮夾克中的槍套裡，然後在深夜時分，於巴爾的摩某個犯罪猖獗的區域巡邏，或偶爾去這個城市外圍一座位置特別孤立的深夜市場，等著偷襲者、強姦犯跟持槍搶匪出現。

「我等不及。如果有時候根本沒什麼事發生，我會氣得半死。我真的需要那種對峙。很驚人。這些事就像發生在昨天晚上一樣，但同時間，我不敢相信我以前會做這種事。事實上，我認為那也許不是真正的我，雖然我知道聽起來瘋狂得不得了。」

我要求他告訴我其中一個這樣的晚上，而他立刻就熱心履行這個任務。

「唔，舉例來說我去了某間店，裝得像個顧客，在轉角到處張望一陣，遠離店門，直到有個女人獨自進來為止。然後在她離開的時候，我會拿起一份報紙，丟點錢到櫃台上，然後跟蹤她，這樣她絕對不會發現我，就只是跟蹤她，然後確保她安全回家，妳懂嗎？大多數時候什麼事都沒有發生。可是有一天晚上，有事情發生了。」

「跟我說這件事！」

但我幾乎不需要追問。在說了這麼點起頭之後，他已經著迷於自己的故事。

在他繼續陳述的時候，這個記憶似乎令人震驚地即時回到他身上。在五十四歲的年紀，查理有著厚實的胸膛，而且把他逐漸後退的鐵灰色頭髮往後梳成小馬尾辮；但隨著他沉迷於他的故事，我幾乎可以說，他的外表變得更年輕了。他的姿勢有了改善，而他的手勢更加流暢。

「我到了外面，注視她過了馬路。天色很暗，真的很空曠，妳懂的。不過一秒過後我看到有人站在那裡，某個站在門口的男人，有點隱蔽。然後他走出來到外面街上，我看出這是某個年輕男子，而我不喜歡他看起來的樣子，一個真正的混混。然後他開始跟蹤那個女孩。她沒有看到他，他則沒有看到我。所以我丟下報紙，跨過街道，然後我就像是……同時跟蹤他們兩個。」

查理的言談開始變得很迅速而興奮，就像一個業餘拍片者剛領悟到他有偶然的好運，記錄到某次巨大的變化。

「這時候他開始接近她了，所以我加速趕上那個混混。她從來沒有注意到任何事，就只是繼續走。我猜她後來安全回家了。

「我趕上那傢伙——他還沒聽見我——然後我從後面把手拍到他肩膀上。那傢伙猛然轉身，但我的臉徹底冷靜，喔，絕對徹底冷靜。我猜那樣很詭譎。然後——喀噠！——這混混拿出一把彈簧刀，他竟然對我亮出刀子，就好像在某種程度上跟我說我死定了。他的臉看起來像是要殺了我。但我就只是繼續看起來很冷靜，妳懂嗎？就只是繼續看起來一片空白，喔，就像那裡什麼都沒有，就好像我可以直接看透這個傢伙。所以突然之間，他看起來有點擔心了。」

查理格格笑出聲來，然後改變了他的聲音，好讓自己聽起來強悍又愚笨，接著他裝成這個小小劇場裡屬於那個混混的台詞：

「『老兄，你警察啊？嘿！我說你是警察嗎？你最好說是。你最好說是，老兄。』

「我什麼都沒說，就只是繼續瞪著他。最後我伸手過去，就只是把刀從他手上拿過來，然後摺起刀鋒。他讓我這麼做。

「『嘿老兄，我什麼都沒做。我什麼都沒做好嗎？你要為了一把刀抓我嗎？』

「但我做的就只有看著那把刀，然後在我手裡翻轉那把刀，看著刀的另一面，然後我把它丟進我口袋裡，就這樣。我的表情完全沒變過。冷得像一塊冰。

「他說：『幹，老兄，你瘋了。』
「我說：『沒錯。我瘋了。現在我有你的刀子，你這愚蠢的小混蛋。』
「他說：『你根本不是警察！』然後他把手伸向我，但我抓住他的手腕，開始很用力地捏，全程我都用冰冷的表情瞪著他的眼睛。他把他的手臂扯開，然後退開了一點——這時候他真的嚇到了——而他說道：『好，好，老兄。冷靜點，可以嗎？』
「然後我對著他微笑，一個又大又詭異、『我是瘋子』的那種微笑。
「他說：『可惡。他媽的瘋子！』所以我又朝著他前進一步。他退了兩步。『耶穌啊，我要走了。我要走了，老兄。你保持冷靜行嗎？保持冷靜。』
「然後他就跑掉了。我再也沒見過他。」
查理向我示範他年輕時的瘋子微笑，然後又竊笑了一會兒。但接著毫無預警地，他臉色一垮，五十四歲的查理看起來很失落又非常哀傷。
他替他的故事做了結論，這麼說道：「我記得那個市場附近有一個小公園，一個有兒童鞦韆組的小公園、有攀爬架……隨便什麼東西。在我對付了追著女孩子跑的小混混以後、在一切都結束了以後，我會去那個公園，坐在其中一個鞦韆架上。我彎下腰來，把臉埋在手心，就那樣盪鞦韆盪上一會——吱嘎、吱嘎、吱嘎——我不知道盪了多久。在黑暗中。就像那樣坐著。很奇怪喔？」

我猜想查理這個關於小混混的故事有誇大之嫌，但我想裡面也有相當多真實的成分。

在這之後跟查理的談話裡，我發現他從沒殺死任何人，而且（奇蹟般地）在這些插曲裡從沒有嚴重受傷過。當我問他為什麼沒有抽出他的槍時，他回答說，一旦他走上街道，他就不把他的槍從槍套裡拔出來。查理並沒有自視為一名殺手，而是個保護者，這對他來說是很重要的道德區別（雖然對我來說這區別並不完全清楚）。他帶著的白朗寧手槍顯然是象徵物，而不是致命物品。

現在，在他的「正義使者時期」過去三十年後，查理擁有一家生意興隆的維他命與藥草郵購公司，是他自己創立的（「白手起家！」）。他描述自己是「無聊的居家男人」，有一位妻子跟三個小孩。現在就算在他最狂野的夢境裡，他都無法想像讓自己涉入任何一種暴力情境中。

「見鬼了，我甚至不喜歡看電視新聞。」

查理不是我治療中的病人。事實上，就我所知，他不是任何醫師正在治療中的病人。但我懷疑他告訴我他的過去，是因為我是心理治療師、我舉止裡有某種東西，也或許是因為他對我的專業有所理解。雖然鮮少有人起心動念，要用查理那種方式找混混麻煩或找人保護，不過很多深刻的創傷倖存者確實會攜帶武器。若倖存者向某人揭露他們帶的武器，尤其是對治療師、或者某個（相對來說）不會批判他們作法的人這麼做，並不算不尋常。

我第一次在治療中看到武器，是在我認識查理之前。那是很多年前。我承認與其說是被嚇到，我反而得壓制住忍不住的笑意。這位魅力迷人、驚人成功的專業婦女，以告解的形式，從她優雅的小牛皮靴裡抽出一把閃亮亮的彈簧刀（要是碰上突如其來的攻擊，擺在那裡的刀可能怎樣樣樣都派不上用場）。她如此高貴、又不像個運動員，不僅仔細化妝打扮，還很溫柔，所以我無法想像她揮出一把致命的刀刃，在街頭衝去跟一個粗壯的攻擊者一對一搏鬥，那畫面看上去實在很滑稽。

我確實設法撐住沒笑，差點就失敗了。感謝上帝。

她從沒用過那把小刀。如果她繼續過她的人生，沒有實際上被攻擊——甚至就算被攻擊了，最有可能的狀況是她無法拿到她藏得並不專業的武器——那她永遠都不會用到它。她帶著刀，是因為她的創傷史，因為帶著那把刀、知道刀在那裡，讓她覺得稍微沒那麼容易受害，雖然她承受的早期創傷，跟在街頭被陌生人攻擊完全無關。

因為我心理治療師的身分，還有別人得知我做哪種工作時出奇的反應，我有時候會得知那些不在我照護之下之人藏著什麼武器，就像查理。有時候連真正的陌生人也跟我說了，我卻沒有真的希望知道。一個例子是，我有一次在燈塔山的一場雞尾酒會裡，被一個越戰退伍軍人兼商人以一種別有密謀的態度拉到一旁，他對我說：「我聽說妳治療受創的人。我會讓妳看看受創是什麼樣！」這時他向我揭露他的祕密：一把獵刀。那把獵刀放的位置——比我前一例病人的彈簧刀更合用——並不在他昂貴的鞋子裡，而是被放在特別訂做的假鞋底裡。我想他期待我顯得震驚，甚至希望我非常震驚。但我感覺到的就只有悲哀，因為某個我從來不認識的人，當年被他的長輩空運到一片叢林裡，結果被留在那裡，盡他所能應付他會發現的種種恐怖。那十九歲男孩的青春不會回來了。

雖然我通常沒有被逗樂，也不太會因為這些武器而驚駭恐懼，尤其不會被那些在我治療室私密大門後面信賴我的人給嚇到。然而我現在最常經歷到的，反而是這個情境裡的苦澀辛酸。對我來說，這些事總是召喚出一幅圖像：當人類剛踏入這個世界時，是純真又好奇的，就像那位造訪象鼻海豹的小男孩一樣，結果卻在某一刻，被任何純真都無法倖存的可憎之事給突襲。隨著職涯一年年過去，我發現自己必須克制住一陣流淚的衝動，而且頻率越來越高。

當某些經驗餘波盪漾，導致一個人把武器放在手邊近處，這行為並不令人意外，還很實用。而在任何倖存者的治療中，若他們覺得在世界上夠安全了、可以把刀槍收起來了，就是達到一個關鍵基準點。

當然，我從來沒有被威脅——雖然不止一個人提議，要在我需要的時候保護我。

年復一年、春去秋來，如今對我來說很嚇人的、甚至會嚇壞我的事，是這種現象本身的廣泛性質：各式各樣為數甚多的人，在無人懷疑的狀況下顯然隨身帶著武器，他們走到哪帶到哪，而這些人大多數完全不記得他們為什麼這麼做。

我不希望藉著我揭露出的恐懼，來暗示深刻的早期創傷以及衍生的解離行為，就是大多數侵略與暴力的動機，或者是相關行為的主要原因。我們對人類的侵略性還是驚人地所知不多，雖然對我們這個社會來說，這明顯是很關鍵的研究。不過我們確實知道得夠多，足以辨識出一個人無論有沒有武裝，之所以會公然照著他的暴力衝動行動，是取決於許多複雜而多變的混合因素，變數可能包括好幾種荷爾蒙與神經系統的狀態、壓力生理反應的個體差異，還有個人對於去抑制物質（像是酒精）的耐受度或敏感度。而且，還有幾種重要的團體變數與學習因素，像是經濟壓力、頑固程度（相對於同理心）、對於暴力這種行動模式的文化態度，以及在媒體上可觀察學習的行為模型等各方面的差異。

舉例來說，我們的文化會教導我們，就算是最極端的暴力，影響也只持續到下一個廣告開始之前。

至於致命暴力的精神病學起因（這是指精神病確實軋了一角的時候，但實際上常常不是如此），最有可能是社會病態（sociopathy，臨床上缺乏良知）或者偏執型思覺失調症（paranoid schizophrenia，固著的被迫害或誇大妄想——例如「我被上帝派來殲滅撒旦的後代」——或者有被迫害或誇大內容的幻覺）。

不過當我想到永遠不會進入治療的大量持械創傷倖存者時——其中某些人相當年輕，而有許多人深度解離——我有種不祥的預感，正因為他們繼續過自己的生活，活在我們這個充滿壓力、媒體飽和、誇耀暴力的社會脈絡下卻沒被注意到。解離性憤怒是因為不知道自己從哪裡來的，或者如何「合乎邏輯地」指引自己。這樣的憤怒，被許多人加乘，然後混合到我們整碗充滿了文化刺激物質的揮發性濃湯裡，這就是隨機悲劇的食譜。我們知道得太清楚了，我們確實得到了隨機的悲劇。在我們最猝不及防的時刻、在看起來最不可能的地方，寶貴無辜的生命殞落了。

不，就算把查理這樣的人算進來，解離反應本身並不是大多數人類侵略行為的主要原因；許多其他因素更加顯著——荷爾蒙與神經狀態、去抑制物質、社會學習、性格疾患、固著的妄想。但在美國，每每我聽到那些現在已經變成陳腔濫調的評論時，我還是有特別害怕的懷疑——某個大規模屠殺的兇手前鄰居告訴記者：「他是個這麼好、這麼安靜的男生。很內向，你懂嗎？」

我再拿一個完全不暴力的解離性身分疾患為例證——她是布魯克。二十三歲的年紀，高大寬肩，還是個很投入的健身者——而且是很虔誠的女性主義者兼法學院學生，決心在她未來的工作中糾正性別歧視的錯處——但當布魯克跟她未婚夫在他們位於波士頓的公寓時，她用可信到令人不安的幼兒語音，口齒不清地對未婚夫說話。布魯克的朋友們不只一次意外聽到她甜膩的兒語出現在跟未婚夫的電話中，甚至還責怪未婚夫怎麼讓布魯克出現這種「不符性格」的舉止。他們替布魯克感到尷尬，於是在彼此討論的時候同意，那位未婚夫以某種方式讓一位在其他方面獨立又有尊嚴的年輕女人幼兒化。

雖然布魯克住在醫療之都波士頓，她母親卻死得很慘，起先是診斷出乳癌末期，那時布魯克才六歲大。開端是她母親終於過世的那週，然後持續到布魯克十四歲（月經來了）為止，布魯克的父親都在家中跟她睡在同一張床上。身為一個年輕成人，她記得父親在她整個童年都是跟她同床，但她不記得那裡發生的任何事。知道這個情況的密友們認為這很奇怪，但她向他們保證，沒有發生任何不幸的事。

「那是很糟糕的時刻。他很寂寞。我很寂寞。我假定我們依偎在一起，然後我們入睡了。而我確定真的就只有這樣。」

從她的童年時期起，布魯克就留著一隻填充無尾熊玩偶，大概有十八吋高，即便磨損了又被重新縫合，她甚至到現在都還跟這隻熊同睡。在她晚上從健身房回到公寓時，或者結束她在《波士頓環球報》上發現的工資歧視講座、興奮地回到家後，她都會用她修長、肌肉發達的成人手臂環抱著那隻熊，然後對她未婚夫說：「奇奇今天晚上可以睡在我們中間嗎？拜偷拜偷！」

那位未婚夫——他本人是被他敬愛的母親所養大的兒子，而這位母親童年曾經受虐（但兒子不知道）——幾乎總是對布魯克的兒語以及她的要求很有耐性。畢竟他愛布魯克。而他知道她會是個棒得不可思議的律師。以她的頭腦跟她的奉獻精神，布魯克就是某一天可以在世界上造就出改變的那種人。至於裝嬰兒語的事，他可以忍受的，對吧？

二十七歲的拉斯，跟布魯克及她的未婚夫形成強烈的對比。他被他義憤填膺的妻子拖進治療裡，因為他是個「病態撒謊者」。

身材豐腴、有曬傷痕跡的拉斯默默坐著，盯著他的膝蓋看，他修長、肌膚粉白的妻子指著他對我報告：「我終於受夠了我能承受的一切了。他太常撒謊，有時候我認為他甚至不知道怎麼說實話了。我叫他騙子拉斯。而他不只是個騙子，還是個愚笨的騙子。有時候他會撒謊講些他明明做過的事情，明明我當時就在那裡。我會問他為什麼昨晚沒回家，他會說他不知道我的意思是什麼。還有某些荒謬的事，像是我會問他怎麼會割了半個院子的草皮，卻沒做完這個工作，他就會說他根本沒有割過草皮。

「而那些事還沒那麼重要。其他事情，真正糟糕的事情──我猜他以為只要一直否認，也許我就會讓事情過去。但我再也不能放過那些事了；這不對。他有時候打我，妳知道嗎？他是瑞典人，老天爺啊！他應該不會打我的！而第二天他會告訴我這種事從沒發生過。他臉上有這種詭異的自動人偶表情，然後他會發誓說這種事從來沒發生過。讓我脖子後面的寒毛直豎……」

這對不幸的年輕夫婦，在讓他們困擾的這方面，有可能頗理想地（也因此悲劇性地）相配。丈夫是個特別脆弱的解離性身分疾患，卻被她理解成他是個沒骨頭的騙子——他要怎麼抗辯？——這很有效地讓妻子分心了，沒去注意她越來越有必要處理的易怒本性，而她可以很容易就這樣繼續忽略很長一段時間。

我想並不意外，拉斯跟他妻子在我辦公室出席了三次治療，然後就再也沒回來了。在第三次治療中，他開始試探性地告訴我，有好幾位不同的養父母扶養過他。第二天她打電話給我，禮貌地感謝我的「幫助」，而她不顧我所有的擔憂與抗議，堅持認為現在一切「好多了」。所以我永遠不會知道關於「騙子拉斯」的所有真相；而我就怕沒有人會知道了。

還有莎拉，一位三十二歲的醫療助理，就她自己的報告以及一切外表看來，她都調適良好、樂觀向上、「筆直如箭」（循規蹈矩）、樂於擁有她充滿彈性的好工作。身在一個正在成長的年輕家庭裡，她是個心滿意足、盡心盡力的母親。然而在客房衣櫃的後方，乾淨俐落地藏在一疊從未使用過的毛毯後面，莎拉放著一只未開封的注射針筒與偷來的嗎啡，份量足以讓她結束生命好幾次。這些東西放在一個薑紅色立方體紙盒中，用金色細繩綁好，那個紙盒原本是用來放五百張正方形的摺紙用紙。

偶爾在大掃除的時候，她會意外發現她藏起來的補給品。在這種事發生的時候，她會立刻把盒子重新藏好，然後離開房間。走開一陣子以後，她會再度樂呵呵地忘記她有自殺儲備品的事實；她可以秉持著真誠的信念，說那個櫃子裡除了毯子，什麼都沒有。

出於機緣巧合，有一個格外寒冷的冬日早晨，莎拉的丈夫因為染上流感獨自在家。在他笨拙地搜尋額外的毛毯時，抽出了那個閃亮的紅色盒子。它滾落到地板上，看起來這麼明亮而不尋常，以至於他被觸動去打開它的金色繩結，看了內容。

丈夫迷惑不解，緊接著驚恐不已。他打電話給工作中的妻子，她則回到家裡。

莎拉真的不知道她如何會有這些東西，不過她領悟到它們肯定屬於她，因為它們顯然來自她的工作。她丈夫非常愛她，但在跟她對質時很難熬，他建議她去找他們的拉比談談。在跟莎拉對話長達兩小時以後，那位拉比非常好心、但堅持她要去看一位心理治療師。他當場打電話給我，為她排定了第一次約診。

她認為自己感覺很好，而且她不想做治療，但她決定無論如何都必須去，這不是因為她擔心自己的安危（因為她還是不了解自己的安危是怎麼受到威脅的），而是因為一組強大的個人價值觀無可爭辯地告訴她，從她工作的醫療機構偷東西出來是錯的，他們信賴她。如果她從工作場合偷藥出來——忘記自己偷了藥還更加恥辱——那麼她就必須對此做點什麼。這是她明確的責任。

她也不想讓她丈夫這麼害怕。可憐的山姆，戴著宛如玻璃瓶厚的眼鏡、行事作風溫柔，他深愛著她，儘管她當初讓他深深著迷的栗色頭髮，現在已經提早變白了。

因為莎拉強烈的責任感會讓她留在治療裡，到最後她會想起她孩提時代曾被性虐待。然後有很多事情，包括自殺用的儲藏品，都會變得更能理解，雖然也讓人很痛苦。在治療中，莎拉會回想起她的童年恐懼：「一切」都會以某種方式被發現，而她，八歲大的莎拉，就要為毀滅她整個家庭「負責」。她會發現她自己解離的一部分，名叫「多西」。多西相信「她們」（莎拉與多西）應該預期到類似的發現有多恐怖，所以要事先做好準備，讓自己可以在很短的時間內死去。

「多西」推測如果莎拉死了，那麼也許莎拉的家庭、她所愛的每個人，就還有機會。

當然，莎拉的原生家庭從沒有發現亂倫事件。這種事鮮少是由任何家人發現的，因為人有壓倒性的動機不去發現。可是「多西」仍然在，而「多西」情急到訴諸偷竊，還藏起她的贓物。

快樂、關愛又充滿責任感的莎拉會復原。以她對結果負責的態度（既是一種負擔也是一種福佑），加上山姆的奉獻精神與鼓勵，還有教導她何謂創傷與解離性身分疾患的延伸治療，莎拉會熬過記起往事的痛楚，到最後能夠整合她自己。然後——以她的全心全意——她會譴責自殺的必要性、甚至是可能性。

還有優雅、骨架纖細的孟，原本來自柬埔寨，現在是住在麻州東部的四十八歲美國公民。孟就算丟到水裡像海綿一樣吸飽水分也才九十磅重，是十個兄弟姐妹中最年輕也最嬌小的一個，她是原生家庭裡唯一活著度過法越戰爭的人。

孟最近終於放棄抵抗，為她的臥房買了一台冷氣。她永遠活在過去，斥責需要在家裡安裝冷氣的人，聲稱在這個新國家，沒有暑熱可以比得過柬埔寨正午熱氣蒸騰的綠色烤爐，新英格蘭地區與之相比就更不用說了。她認為自己一定是老了，因為現在這種微不足道的美國天氣開始影響了她。

在她載著新買的冷氣開車回家時，她恰好聽到車上的收音機播放一個特別血腥的新聞報導，講的是遠在波士尼亞的戰鬥。她很快且自動自發地切換頻道，轉向一個鄉村音樂電台，最後再也聽不到任何音樂。已經太遲了。她對這趟車程沒有任何覺察，不到半秒，孟就不由自主地一路神遊，從她在麻州的位置跑到南斯拉夫，再從南斯拉夫跨越世界，來到蒼翠的湄公河盆地。她在那裡變成了不同的人——一個只靠自己的人、一個生存者。

先前在店裡，兩個大塊頭又滿身肌肉的壯漢，很辛苦地把孟的冷氣機放進她老凱迪拉克的後車箱裡。不過在身型迷你的孟回到家的時候，鄉村音樂電台才開始要播廣告，而她已經把那個箱子從後車箱抬起來搬進屋裡，單槍匹馬地把機器安裝在樓上的一個窗戶上。

第二天早上，在她身高六呎、徹底是個美國人的兒子看到的時候，很驚訝地問她到底是怎麼裝上去的。她真的不知道，也想不出來她為什麼突然這麼多瘀傷。

接著是梅森。梅森的童年是跟他暴力虐待的酗酒父親、被「徹底摧毀」的母親還有他哥哥一起度過的，梅森現在會說他長大的地方是「南達科塔州的不毛之地」。他父親賺的錢足夠買烈酒跟食物，而採買就是照這個順序；他自稱是機械技工，修理沒人能修理的東西，把損壞的農場機械、小卡車、偶爾還有汽車修補起來。

梅森的哥哥在十五歲時逃家了，當時十一歲的梅森就再也沒見過他。梅森的母親在他十七歲時死了（鄉間的驗屍官說是心臟衰竭）。梅森覺得他不應該拋棄母親，不過在她死後，他靠著去越南打仗離開了「家」。那時他十八歲，就此從刀山跳進油鍋。

今天的梅森有頭狂野的灰髮與茂密森林般的鬍鬚，他五十歲了，是個在倫敦工作的大學教授。他在那裡教美國史——這個主題讓他在戰後拿到博士學位。（「山姆大叔買給我的學位。」他這麼說。）他有時候會用童年無邊無際的孤立感，來讓倫敦的學生印象深刻，他還會用他最棒的美國鼻音告訴他們，現在就連一個人要從「南達科塔州不毛之地」到達一座小機場，也必須開車五小時。大多數年輕人對此感到無法置信。私底下，他則恭賀自己，至少在講英語的世界裡，倫敦的古吉街

（Goodge Street）在地理上與文化上，大概是一個人能從南達科塔州離開最遠的距離了。在倫敦，沒有任何東西看起來、感覺起來、甚至聞起來像他童年時代的東西。

梅森是個好人，有一副好心腸。九年前他娶了一個溫柔聰慧的英國女性；她比他年輕，而且在他人生稍微有點晚的時候，一起建立了一個家庭。梅森感激地把這個新家當成最終的歸屬。他們兩個幼子，一男一女，似乎帶給他無盡的喜悅，朋友與同事們也都評論說梅森生來就是要當父親的。

他也是個好老師。他在課堂裡灌注了對一九六〇年代美國自由主義的同情，即使這種同情有幾分飄移不定，而他（很反諷地）非常有效果地傳授了喬治．桑塔耶納（George Santayana）古老而有智慧的警告：「記不得過去的人注定要重複過去。」在越南的野蠻行徑與他父親之前的惡毒行為也把他教得很好：無論如何，強權並不總是正確的。他指導他的學生要警覺明察，而且要質疑權威人物；如果他們願意的話，就從質疑梅森開始。

梅森不時會愉快地捲起他左手的袖子，向他的學生展示他前臂上的刺青，那是當年他比現在學生還年輕很多時刺上的：一個小小的和平標誌，刻在彼此相連的藍色與黃色花朵之間。

但有時候梅森是完全不同的人。偶爾沒有明顯的理由，他就在自己家裡變成不可理喻的維多利亞風格暴君，不僅對他的年幼孩子沸騰著無可解釋的怒火，並在晚上六點冰冷地打發他們上床睡覺。梅森的妻子，在九年婚姻後有幾分偷偷害怕梅森，感覺在他身邊「如履薄冰」，徒勞無功地嘗試避免他「陷入某種情緒」。她對於「大多數時候美妙神奇」的丈夫卻有這些「情緒」，懷抱著一股持續且令人作嘔的恐懼。因為這些「情緒」，梅森有時候會徹底拒絕與她跟孩子說話，這是沒有商量餘地的。這些毫無慈悲的沉默可以持續好幾天，或甚至更久。有一次梅森徹底緘默了整整兩週。然後在一個星期天早上，他醒來的時候就這麼再度恢復自我，就好像沒有任何不尋常的事情發生過。

梅森的妻子筋疲力竭，只好跟著假裝沒事。

像這樣未被認出的ＤＩＤ患者清單，幾乎可以無窮無盡地繼續下去。想必有讀者可能已經在想，這裡有些敘述詭異地熟悉。在任何事件裡，不管有沒有讓人想起自己的舊識，納森、布魯克、孟等人都遠非脫離現實、不屬於這個世界。正好相反，他們以多到驚人的數目，居住在我們相當尋常的世界裡。

這些人格轉換者是什麼樣子？在公開場合，他們可以表面上展現出比正常還要好的適應性，不過一旦更貼近認識他們的時候，會發現他們可能是脆弱的人，不太穩定，很難信賴。通常我們會聽到家人的抱怨，就像梅森的妻子，說在他們身邊必須小心翼翼。從定義上來說，他們是易變的，通常易變到令人困擾的程度。首先，他們會有個被承認的人格，其他人認為「他」是「正常」的；但這個人格有時候會轉換成一個或更多個其他情緒與行為模式，被（其他人）視為完全「不符性格」，這就是令人不快、甚至叫人難以忍受的主因。

某些解離性身分疾患轉換頻繁，或許每個星期、甚至每天都換；其他人則只有偶爾轉換。讓狀況變得更加混沌不明的是，某些人像查理一樣，可能維持一段頻繁轉換的時期，接著卻有好多年根本沒有轉換過；他們可能有過一段聽起來非常「不符性格」的歷史。以這種方式被影響的人，可能有種奇怪、感覺像是外來的記憶，知道自己曾是「別人」——一個似乎被拋諸腦後、被封裝起來的激進自我。

被轉換過去以後，另一個人格並不會回應來自其他人的勸誘、疾呼、甚或是最急切的懇求——希望他們回歸「正常」。（換句話說，在某人失去他的觀察性自我時，你無法告訴他太多事。）這不像一般所認知的「情緒化」，因為在這種狀況下，「情緒化」的人還是很有可能去適應別人的需求，或者對事情朝好的方向做改變；但一個有解離身分的人是密不透風的。一旦解離身分就位，它就有自己的生命——我們可以從最迷人也最令人挫折的意義來理解——就在一段未知長短的時間以後，它似乎就自己消失了，與任何人的努力或者環境條件的改變都無關。

通常對於患者的生活伴侶、孩子或者密友，這種狀況可能會有一種讓人抓狂的全像攝影式效果：這個人格轉換者是關愛的／惡毒的／關愛的／惡毒的，或者有智慧的／嬰兒般的／有智慧的／嬰兒般的，或者高貴的／放縱的／高貴的／放縱的。這種飄動不定的感知永遠不會解消；「這個人究竟是什麼樣的？」這個問題永遠不會得到總結性的答案。而到最後，一個人如果深愛著人格轉換者，可能會發現對方同時是自己最好的朋友，然而以某種古怪又無法形容的方式，又是自己最恐怖的敵人。

跟一個人格轉換者親近，也就是跟某個記憶力高度不一致的人一同生活，這種經驗對於毫無疑心的伴侶來說，可能比這個人的易變性更加令人難過。人格轉換者的「正常」能力，可以記得近期事件甚至到最微小的細節，這看似異乎尋常，或者是一種過分警覺的表現。但奇怪的是，有時候他可能把同一個故事講給同一個人聽好多次，但似乎沒察覺到他以前已經傳遞過這個訊息了。或者有時候他可能會忘記他在說話的對象，就是一開始告訴他這個故事的人。或者有時候他可能會忘記他已經做完一個任務，準備再度著手去做同一件事。

當然，我們全都傾向原諒另一個人有某種程度的健忘。在事件不那麼重要的時候，我們對自己說，那個人不記得，可能是分心了，或者壓力太大。不過在一個人格轉換者說出他對某個有巨大意義的事件——假設說發生在昨天下午——就是沒有記憶，牽涉在事件中的另一個當事人一定會受到驚嚇，或者更有可能的狀況是勃然大怒。接下來相當有可能出現尖叫與爭吵。

人格轉換者通常讓其他人非常憤怒。激怒他們的伴侶，是有ＤＩＤ的人經常看似在跟自己作對的方式之一。就像納森，他錯過了自己精心規劃的慶祝活動，而且他折磨著只希望她快樂的妻子。人格轉換者可能看起來很令人迷惑不解，似乎存心要在自己的生活裡挖出更大的洞。既然跟人格轉換者處於親密關係的伴侶，實質上從沒有認出他的疾患，他們就會為他令人抓狂的行為「打造」出屬於自己的解釋（有自信的不守成規、不理性的嫉妒、病態撒謊等等），但這些完全「合理」的描繪，通常跟真正發生的事只有一點關係，或者根本無關。

所以，大多數人格轉換者在人際關係上脆弱易碎、容易改變、對收到的反應無動於衷、間歇性失憶，並且普遍而言逼人發瘋。他們大多數只是會走路、會說話的「投射裝置」，心理學家用這個詞彙來描述：就本質上來說，它們呈現出極端模糊的圖像（例如墨跡），讓我們把自己的衝突與觀念投射到其上。我們在含糊不定的人身上看到我們想看的東西，或者是我們需要看到的東西。這正是為什麼朋友與愛人會跟這樣的人維持關係的另一個理由：至少某些時候，我們可以把他們想像成我們想要的任何人。這些是大部分人格轉換者的特徵。

有趣的是，有兩個特徵是大多數人格轉換者所沒有的：（一）第二人格的明確命名，還有（二）在行為特色上戲劇性的變化，像是講話模式、聲音類型、臉部表情與姿勢習慣。只有占比很小的人格轉換者會像我的患者嘉瑞特那樣，其第二自我有公開的名字，而且會經歷驚人的聲音與身體外表變化。他們在一個大得多的群體中，只構成了獨特的少數。

我們想像的畫面是《化身博士》（*Strange Case of Dr Jekyll and Mr Hyde*）裡打理整齊又魅力迷人的傑寇醫生，還有駝著背又外表粗獷的海德先生。我們也看過《三面夏娃》（*The Three Faces of Eve*）戲劇化的外部轉變，因為這部片，瓊安·伍華德（Joanne Woodward）在一九五七年贏得了奧斯卡金像獎最佳女演員。甚至到了現在，這種表現還是我們所期待的解離性身分疾患；我們期待一個文雅的傑寇醫生跟咆哮的海德先生。我們真正期待的是極端狂亂的分歧，還有可以立即認出的性格，就像在弗羅拉·麗塔·史萊柏（Flora Rheta Schreiber）的《變身女郎》（*Sybil*）、還有一九七六年的電影版一樣。但簡單的事實是，大多數人不管有沒有解離問題，都無法在視覺上戲劇化地揭露他們的內在經驗。我們大多數人是蹩腳的演員，而我們的內在狀態——無論是複雜的解離第二自我，或簡單、非解離的感受——幾乎從來沒有清清楚楚地傳達給其他人。

二十世紀初的女演員莎拉·伯恩哈特（Sarah Bernhardt）要是曾經罹患ＤＩＤ，在她轉換人格時，應該會很華麗、很嚇人又耀眼奪目。她的自我狀態會是戲劇化地表現，而且突出到讓人目不轉睛。她會變成他們，外在跟內在都是。不過，無論是自願還是非自願，鮮少有人具備莎拉·伯恩哈特或者瓊安·伍華德的能力可供外界參考。我們大多數人如果轉換了人格，看起來會很像我們平常的樣子，而且完全不可能有人會「哇！」的驚呼。先想像一下，奧斯卡影帝威廉·赫特（William Hurt）或者安東尼·霍普金斯（Sir Anthony Hopkins）、乃至已故的喜劇演員安迪·考夫曼（Andy Kaufman）設法要投射出不同人格，讓人從外部看到。現在想像你的隔壁鄰居——或者，就想像你自己——努力要做到同樣的事情。

不，大多數人不會、也沒有辦法有效地對世界表現出他們的內在生活。根據納森妻子梅莉莎的說法，他有時候會像「核彈爆炸」似地憤怒，但他從來沒有藉著扭曲他的臉跟身體，變成史蒂文森（Robert Louis Stevenson）筆下的海德先生，幫她完整定義出這是什麼樣的情境。卡米莎變得像一尊雕像，但她肯定沒有轉換、變形、出現驚人的變化，宛如嘉瑞特、《變身女郎》的西碧兒・伊莎貝兒・多賽特（Sybil Isabel Dorsett），或者《三面夏娃》裡的克莉絲・柯斯特納・賽斯摩（Chris Costner Sizemore）一樣。高度解離的拉斯——唔，他看起來只是一個尋常的騙子。而親切的梅森突然毫無理由地沉默了好幾天，不過不管怎麼說，他總是看起來像梅森。

明顯可見的形態變化——在談到解離性身分疾患這種「罕見疾病」時，這種特徵曾經先入為主地占據大眾與科學界兩方面的注意——這種引人入勝的特質，比單單討論ＤＩＤ有著更複雜的脈絡。外在變形的傾向，或許是ＤＩＤ與其他某些特性交互影響的結果。在沒有ＤＩＤ的狀況下，其他某些體質傾向，像是大於平均的自我催眠能力（專注的想像力）、傑出的同理感知（理解情緒感覺像什麼、看起來像什麼）、還有對於模仿與角色扮演的優越能力，可能會被指涉為自然的稟賦。具體地說，它們是一種天賦，在其他環境下可能會引導一個人成為業餘的方法演技（Method acting）演員，甚至成為專業演員。

靠著機緣巧合，這些「表演」天賦可能會在某個也有ＤＩＤ的人身上被發現，而且跟各種自我狀態聯合起來，讓「多重人格疾患」的戲劇化轉變更深入人心。換句話說，如果一個有DID的人剛好特別擅長把她的內在經驗投射到外界，那麼她的解離自我狀態——雖然是她內在經驗的一部分——會自然而然且無意識地表現出來。不過既然大多數有DID的人不會比我們其他人更有戲劇能力，因此大部分解離事件對於外部觀察者來說，遠遠稱不上是目眩神迷。

例如說嘉瑞特的身分疾患是他真實生活裡痛苦且不由自主的一部分，無法直接控制；但如果他可以憑個人意願在一齣舞台劇裡做到同樣的事情，他會得到觀眾的起立喝采。鮮少有解離性身分疾患者、或者任何種類的人這麼有天分。大多數人——納森、卡米莎、莎拉、梅森，以及許許多多沒有被辨識的人——並沒有罕見又驚人的戲劇能力，可以無意識地應用在他們的解離自我狀態上。他們的轉變並沒有讓我們驚訝、騙倒我們、或者把我們嚇傻。從一小段距離外，他們看起來幾乎像普通人，而在某種意義上來說，他們確實是。

第四部

精神健全

第八章　為什麼帕克是帕克

人類靈魂比人類心智古老得多。

——康拉德·勞倫茲（Konrad Lorenz）

我們意識解離的本質，可能在我們的個人關係、我們的育兒努力、甚至得以在一個社會良好運作的能力中，創造出特別嚴重的擾亂。[17]為了說明解離對人生與社群的衝擊，受到國際敬重的創傷壓力專家貝塞爾·范德寇（Bessel A. van der Kolk）曾經報告過種種案例，當中許多被遺忘的創傷經驗以複雜而異乎尋常的方式不斷重演。一九八七年，范德寇發表了一個研究，當中提到一位化名是美樂蒂·D的女性，她完全不記得自己在一九四二年波士頓椰林夜總會大火中生還，那場火災有四百九十二人喪命。雖然她失去對那場悲劇的所有記憶，卻會在悲劇週年的時候重演她的經驗。舉例來說，美樂蒂會突然開始問她大概很困惑的醫院同期病患：「你從火災裡救出多少女人？你抬出來多少個？」關於美樂蒂的研究發表之後，一九八九年接著出現一位越戰老兵的敘述，就在他朋友死於越南的週年忌日，他總是熟練地故意跟警方展開一場槍戰，就算這位老兵對於最初的暴力事件根本不存在有意識的記憶。

不過一個人不必真的去找專業期刊，才能找到解離行為（尤其是人格轉換）如何導致人際與社會撕裂的重要例證。確實，複雜與異常的例子會出現在醫療文獻裡，但簡單而日常的例子，在任何地方都看得到，這些重複的模式才真正影響著我們所有人。

或許最明顯的例子，是關係中的伴侶有一人或兩人為未經確認的人格轉換者，他們之間發生了衝突。因為活躍的解離自我狀態是不能改變的，他們通常把自己保護得密不透風，所以無法與之交心，至少無法以伴侶間已經學會並習慣用在對方身上的相同方式來處理。因此，設法溝通的非人格轉換者會立刻感覺挫折、焦慮或生氣，而且可能到最後開始覺得寂寞、無能與憂鬱。對人格轉換者本身來說，反覆在精神上孤立於另一人之外（就定義上來說，這種狀況發生在轉換者受到驚嚇或傷害的時候），等同剝奪了他大部分的情緒支持。長期來說，當他在某個解離自我狀態下運作時，很可能不是被伴侶怒罵，就是受到冷淡的忽略。

除了得不到情緒支持之外，在這些時候，人格轉換者甚至無法把對方的情緒反應當成對關係有用的資訊來吸收。對於某個可能已經因為創傷而產生述情障礙（alexithymia，失去辨識自己具體情緒的能力；在其他狀況下，這種能力是回應其他人的明智指引）的人來說，這種狀況尤其悲哀。有述情障礙的人無法辨識出自己的感受，或者用語言文字傳達這些感受。他不舒服的情緒狀態，反而可能表現成針對自己或他人的攻擊性行為，或是他無法看出這是由情緒決定、因而一再出現的身心症狀。本來跟親密之人還有伴侶之間最直接的接觸，可以為這個人提供正面的情緒交流，但因為解離性身分疾患，這位「情緒文盲」幾乎不可能接收到相關的內容，從而修正自己的無知。

「在他變成那樣子，而我設法要接近他的時候，他就像隻嚎叫的狼守護著他的窩。」有一位配偶悲痛地說：「這真瘋狂。我的意思是，我大概是自己能想像到最不具威脅性的生物了。」

但她真正無法想像的，是對方童年確實存在過野蠻的威脅。為了對抗這種威脅，他需要保護一個很小又脆弱到無可想像的巢穴；這也逼迫他為了生存，把他的本能情緒反應隔絕在一段距離之外。在當時，大量「嚎叫」可能有幫助。但現在他年長些了，這只確保了他會是個一直孤獨的人，或許在他餘生都是如此。

解離性身分疾患用一把古老的鏟子來拓寬一條極度令人挫折的深溝，這條深溝一直忽隱忽現，夾在未被認出的人格轉換者跟他的伴侶之間，甚至是跟他自己的創造力之間。這種疾患除了難以啟齒的過去外，一切都被遺忘了。即便失聯的絕緣感可能延續終生又極其痛苦，還白白浪費了種種喜悅、才能與人心的撫慰，但怎樣都不會動搖這位疾患。

不像伴侶不合那麼明顯，卻可能更有破壞性，那就是人格轉換者家長對一個小孩的影響。當家長那位有敵意又偏執的第二自我針對一個孩子時，即便那孩子深受人格轉換者本人鍾愛，但小孩依然可能對自己產生一種可疑、沒價值、糟糕的終生形象。小孩若跟一位不成熟、無助、天真的解離自我狀態家長共同生活，就算是非常年幼的孩子，也可能嘗試跟家長交換角色，開始把自己視為長期照顧者。

有時候在家轉換成獨裁暴君的自由派大學教授梅森，到頭來養出的孩子很有可能在長大後雖不是人格轉換者，卻覺得自己一文不值，所以在這位教授自己最鄙視的權威與種種裝模作樣之前，表現得退縮而順服。很有良知的女性主義法學院學生布魯克，有時會轉換成純真的小女孩，而她有一天可能會養出一個女兒，在學齡前就開始照顧人格轉換後的律師母親；無論別人有沒有虐待她，她都完全襲用了為他人犧牲自我的負面女性刻板印象。DID的長期自我挫敗本質，常常就是這麼諷刺。

最令人悲痛的是，一個身為兒童猥褻者的解離自我狀態，可能又跨過一個世代做出虐待兒童的行為，卻對自己做出這種事情沒有任何表面上的認知。

幾年前，我跟這種令人心寒的可能性正面遭遇過，當時我正在治療一名苦於慢性焦慮、對煩寧（Valium）上癮的年輕男子。這位病患還是小孩的時候，曾被他的姑姑性虐待過，而他在跟我做治療的時候，他突然從這位姑姑那裡收到九頁長信，坦白招認她做了在我們療程中討論過的虐待，並且對他道歉。這封信讓病患跟我同感震驚；兒童虐待者鮮少承認他們的行為，而她以這種方式自動招認不啻為一種奇蹟。收到道歉信以後，病患想請他姑姑一起參與他一次治療，好讓他可以跟她討論這個過往，同時也親自告訴她，她的虐待行為讓他付出什麼樣的精神代價。讓他跟我兩人都再度感到震驚的是，她毫不猶豫地同意在我辦公室進行三方會談。在電話上，她相當鎮定地告訴他，她愛他，而且「自然會」盡她所能來幫助他。

這強烈地影響到病患，因為他覺得儘管事實上她曾經傷害過他，就算他從十八歲以後就再也沒見過她，但現在二十四歲的他也還是愛她。他的感受是可以理解的。他還是小男孩的時候，她曾經是他最重要的照顧者之一，他也可以向我描述她誠心奉獻的例子，只是虐待卻令人作嘔地玷汙了這層深切感情。他相信，如果他在場時她可以表達悔意，他就原諒她，而且可以從此離他的康復更近幾步。他甚至表達出一個願望：她可以替自己找一位治療師。我有我的疑慮，這跟他的能力無關，而是跟她有關。

我記得在預定的會面時間之前，我有點著魔地擔心在這個自白的兒童猥褻者抵達時，要怎麼跟她握手。不管我是不是以同情為專業的職業人士，我覺得我都應該用譴責的眼神盯著她，而不只是單純地跟她打招呼、彷彿她只是任何普通人。不過在社交情境裡，兩位女性相見時無論如何都很少握手，這給我某種帶著罪惡感的安心。

那個姑姑，看起來確實就跟任何人一樣，準時抵達我的辦公室，對她姪兒溫暖地說了聲哈囉，然後用最有禮貌的方式，伸出一隻手讓我握。我握了那隻手，然後我們全都坐了下來。

剛開始的三、四分鐘，身為我病人的支持者，我解釋了我認為他想從這場會談裡得到什麼，簡而言之，就是過往事件的說明，還有親自面對解決。我關懷地注視著他，看到他雖然緊張，但還是思維周到地為這個奇特的場合做好了準備——他散發出某種寧靜的尊嚴，而且穿著他的「工作面試用翼紋雕花鞋」，剛擦得亮亮的。而讓我心生警覺的是，他男孩子氣的臉洩露出他對結果所抱的希望，遠超過他在前一次治療時對我承認的。在姑姑這一方，她是個五十來歲、時尚又活躍的女人，有著極肩的閃亮黑髮，她一直改變姿勢，好奇地環顧我的辦公室，但她肯定看起來在任何方面都不怎麼難受。我冒出一個令人驚訝的念頭：在我們三人之中，我是最驚恐不安的那個。

然後我轉向那位姑姑，她輕鬆又清楚地開口了。她說她來見面是因為她深愛她的姪兒，而且如果可能的話，想要結束他們的疏離狀態。在他打電話給她，要她來參與他的治療時，她把他的提議視為她一直祈求的機會。我再度看著我的病人，他的眼睛濕漉漉的，顯然很感動。我問他在這時是否有什麼話要說，而他回答他帶來了那封信，現在想要給她，讓她可以回顧，然後也許我們全都可以談談。我點頭，而他把那個厚厚的信封交給了她。

她沒有評論，把信拿出來讀了，讀得很仔細，花了幾乎十分鐘。在大約五分鐘後，我的病人沒有預期到她會重讀得這麼細心，顫抖著嘆了氣，然後說他需要去裝杯水。在他離席的時候，我繼續注視著姑姑，她黑色的眉毛在費勁專心時皺在一起，她的眼睛是乾的。她先用她的右手舉起那些紙張，然後換成她的左手，在她椅子上挪動，然後左腳翹到右腳上、反過來、再換過去好幾次。姪兒回到房間的時候，她讀到了最後一頁。她重新折好那封信，把信收回去信封裡，然後還給他。

「這真的很可怕。」她說：「你為什麼拿給我看？」

「我想我們可以在這裡討論。」他回答，同時充滿期待地望著對面的她。「我猜……我猜首先我會想搞清楚妳為什麼選擇現在寫這封信。我是說，妳為什麼等了這麼久。」

「寫這封信？我不了解。我沒寫這封信。」

接著出現一陣沉默，那位姪兒——還有我——因為太過震驚而無法說話。然後他搖搖頭，就好像要澄清某種誤解，說道：「妳是什麼意思？」

「我的意思就跟我說的一樣，我沒寫那封信。」

「妳當然寫了那封信。是妳寄給我的。妳在這裡簽名了，妳看這裡。」

他再度把信從信封裡拿出來，然後舉起最後一頁給她看。

接下來的五分鐘，發生了一場爭執。起初是試探性的，然後我的病人這邊變得痛苦地情緒化，有危險惡化成他於情於理都在「懇求」他眼前的女人承認，她寫過現在就放在他腿上的那封信。我可以馬上理解他狂亂的嘗試，因為我自己也感覺到我剛剛跌進某齣荒謬劇裡，現實坍塌了。而對他來說，她出人意表的行為是對一段重要的童年關係、還仍連結到過去的脆弱心願與希望，砸下了致命的最後一擊。

不過他姑姑充滿決心、幾乎很有耐性地繼續堅持，她沒有寫過那封信。我問她既然一刻也沒相信自己曾經虐待過小孩，為何她姪兒在過去六年裡都拒絕見她呢？她的答案是，她認為自己應該是說了或做了某件事讓他憤怒，但她無論怎麼努力，就是不知道是什麼事。她說，事實上她這次來見面，就是要問他到底是什麼事，也許可以把事情解釋清楚。

我的病患變得越來越急切，但顯然沒有用。我決定提早結束這次會談，把姑姑打發走。在她離開我們的時候，她在門口短暫回頭，然後再度告訴她姪兒，她愛他、也想他，而且真心希望有某種辦法結束他們之間的不愉快。她看起來完全真誠。她甚至提議，如果他認為有幫助的話，她願意回來參與另一次會談。她輕柔地說，他的指控完全沒有冒犯到她。

她在抵達不到半小時後離開了，但那短暫的時間，卻足夠做出所有的傷害，讓我消耗掉那次治療剩下的時間、還有後來好幾次的治療，都在針對她深受打擊的姪兒，做出大規模的損害控制。幸運的是，這位特別的男子雖然年輕，卻有智慧能夠理解——不管他姑姑到底對他做過、說過或相信過什麼——就只有他一人要為自己的人生與行動負責。這種哲學，很仁慈地傾向把焦點從他看起來迷失得厲害的姑姑身上轉移開來，分別回到他、還有她身上。他的個人信念給了他尊嚴，而到最後，儘管有她的打擊，還是給他力量完成自己的復原。

他的姑姑，看來不只是一個、而是有「很多個」女人。換句話說，她的解離性身分疾患設計出一種區隔化的生活。在這種生活中，她殘害了一個她心愛的孩子，也害自己永遠失去他的陪伴。這甚至毀掉了她想做補償的嘗試。

人格轉換後再虐待兒童，隨後就不記得了，很難想像比這更令人驚恐的命運。可是，讓這種狀況更嚇壞人的可能性是，有其他影響甚至更深遠的事正在發生。舉例來說，要是某位傑出人物或者一位領袖——某個掌握權力地位的人，其權力不只局限在一個家庭的脈絡裡，而是在整個社群、或某個受到信賴的機構，或在一個國家的脈絡之下——是個人格轉換者呢？整個社會受到虐待與顛覆的可能性，著實讓人驚呆。

所以，在我們彼此的交流中——個人的、家長教養的、還有政治的——我們有在任何事情上保持一致嗎？是什麼組織了我們的反應、我們的選擇？如果人格不會在一定的壓力下碎裂到無從辨認，那一個人類的統合性特徵是什麼（除了生物單位理所當然的單一性以外）？到底有沒有這種特徵？在我們每個人之中，是否有個根本的部分痛斥它所痛斥的、珍愛它所珍愛的，兩端永遠不會相交？

靈魂在哪裡？

一個人可能輕易就想像得到，解離性身分疾患——因為它矛盾地結合了暴力人格、懦弱人格、雜交人格、禁慾人格及其他等等——在個體的價值體系或道德性格方面，整體會產生出某種（彼此相抵的）淨值中立性。但我可以告訴你，事情不是這樣的。我曾經認識全部人格都是自戀者的人格轉換者，還有某些人是嚇人的社會病態者，另外有其他人在我評估過他們所有人格後，發現他們是自謙的英雄，在道德良知上光芒四射到近乎過分的地步。跟某些人害怕的東西不同，這樣不會取消靈魂的概念，實際上還差得遠了；熟知解離性身分疾患，導致我甚至在我的科學性託辭之下，還是明顯地更傾向有靈魂這個概念。有某個東西在那裡——這種東西，能量充足到可以照亮我們這些自我所有神經區隔與模糊混亂，並且無論在什麼狀況下，都啟發、引導著我們把「人」想成是多樣化的單位。

在我曾親眼見識過的範圍內，這種引導性實體最叫人目瞪口呆的表現形式，是發生在我某個程度最嚴重的DID案例身上。帕克的解離性疾患病根極深，以至於她可能在一天內會轉換人格好幾次，從一個情緒沸騰又自我厭惡的孤立者，變成一個甜美黏人的「五歲女孩」，再變成一個厚顏無恥的心機誘惑女，然後才是她害羞、討人喜歡的「主要」人格（一個二十二歲的女人），接著又讓人頭昏眼花地周而復始。不過她的每一個第二自我，都溫柔又負責地照顧著她天真爛漫、無所畏懼的兩歲大女兒。帕克自己的童年早期是在阿帕拉契山脈一棟偏遠的小木屋裡度過的，那段時光有如離奇夢魘，且可以預期的是，這讓她付出了代價。不過只要帕克可以避免，就沒有任何事情會發生在帕克的小女兒身上。

在帕克是帕克的時候，她是個很有天分的媽媽，很有玩心、又很溫柔，當我們看著她快樂地與自己的兩歲孩子相處時，很有啟發性。要是有任何威脅的事情發生，我確定她會展現出為母則強的靈魂。

然後還有那些第二人格。

其中一位是「孤立者」，具有自我毀滅性。她會偷剃刀片，在她自己的上臂跟腹部肉上劃出血肉模糊的割痕，然後通常就會帶自己去急診室了。每次那個自我厭惡的第二自我要對自己做出這種暴行的時候，她就會確保兩歲女兒安全地處於她可以信賴的另一人照顧之下，遠離即將發生的血腥場面。對於她的缺席，她會給保母讓人放心的藉口，並且創造出繁複的安全措施，來避免孩子瞥見切割、傷口、甚或是因此產生的傷疤。

誘惑者人格用淑女似的良好教養——會說請跟謝謝——給這孩子祕密的小小歌唱課程，並且顧慮周到地對可能在附近的任何男性，徹底隱藏她有個年幼女兒的事實。

在帕克轉換成「五歲女孩」的時候，看到她踏著不穩的步伐走路，吸著她的左手拇指，並且保護性地用她的右手，握起一個實際上也才兩歲的小女孩拳頭，立刻會讓人感到不安又心酸；一個真正學步的幼兒，此刻在認知上只比她母親小個三歲。帕克兩歲大的女兒不會吸自己的大拇指。她看起來徹底有安全感。

我並無意暗示說這個女兒在良好的環境下成長。無可避免的是，她母親在身分認同上離奇的不一致，將會嚴重損害到自己在這個世界上的安全感。我確實要說的是，比起帕克的多種自我狀態沒有統合在母愛之下、沒有徹底接納個人的責任，以現狀來說，這個女兒的處境遠比想像中好上許多。我的意圖是傳達我對帕克本人的驚奇感受。大多數時候，這個情緒波濤洶湧的解離女性，記不起自己的法定姓名；但她永遠能記得她生命中最重要的事情是什麼。以某種方式，她對孩子的責任感——母職的意義帶來的力量——高於她吞噬一切的身分疾患（或者說，母愛付出比疾患還更基本）。

無數的作家、哲學家，而且沒錯，甚至還有科學家，都評論過意義——關係上、道德上、性靈上、美學上——在組織人類心靈方面有重要性。[18]曾經因為身體受傷或疾病，導致根據傳統評估在心智功能上被認定是受到破壞或根本消失的人，反而最能觀察到意義的組織能力。亞伯特・愛因斯坦醫學院的臨床神經學教授，奧立佛・薩克斯（Oliver Sacks）——有著催眠式魅力的「心智人類學家」——寫過一個深度失能的高沙可夫症候群（Korsakoff's syndrome）病患，他稱呼這個人為吉米・G。一如往常，薩克斯在談論這個主題的時候特別有說服力。

高沙可夫症候群，跟硫胺不足有關，有時也可以在長期酗酒者身上看到，是一種包括其他身體功能衰弱的失憶症候群，由乳狀體、大腦以及腦幹其他部位的損傷所導致。精神錯亂而無助的吉米．G經過器官調節產生的失憶症，影響範圍極廣，以至於他完全忘記大部分的過去，對於呈現在他面前的任何新事物，長度只要超過幾秒鐘，他就無法記住。他「孤立於存在的單一時刻裡，他周遭圍繞著一道遺忘的壕溝或者空隙」。然而薩克斯很訝異地領悟到，如果吉米．G在聽音樂，或者是在他生活的老人之家參與教堂彌撒（在這時候特別明顯），他就可以穩定地保持專注，而且完全參與在這個經驗之中。「那時候就沒有高沙可夫症候群了……因為他是……沉浸在一種行動中，關乎他整體存在的行動，其中承載著一個有機連續體與統一體的感覺與意義。」

談到解離性身分疾患的時候，即便是一種意義體系——不管是美學、性靈、個人傾向或道德體系，例如帕克的母愛傾向——也可能成功統合出一個破碎人格經常無法統合的「整體存在」。當然，按照我們尋常的做法，當我們進行價值判斷的時候，任何特定的意義體系都有可能被我們看成是正面或負面、有助或有害、或者介於兩者之間。舉例來說，一個意義架構若指出「我愛我的孩子，她是我的第一優先責任」，可能會被看成是正面的；若有個系統規定「不計代價，由我優先」，則大致會被看成是負面的。不過以上兩種意義體系，無論其代表的價值為何，看起來都會是一種心靈的有力組織，即使對一個受到精神創傷肆虐的心靈也有用。

因為我做的工作，我自然會深思是否存在某種有組織意義與價值的體系，不管是「好的」體系或「壞的」體系，它們跟那些成功從解離性疾患中復原的人有無關聯？或者有沒有任何這樣的體系會阻止病人康復？就這麼說吧，是否某些靈魂的預後就是比其他靈魂來得好？當我在考慮這些年來所有病人時，答案是沒錯：事實上，一個人是否成功康復、還有他的既有信念——就只有自己要為某件事負責——之間，有強得驚人的關聯性。所謂的某件事，可以是某種努力或者某個特定的人，也很有可能是這個人整體生活的作為。對自身有責任感而且被責任所驅策、組織的人，通常會康復。

反過來說，悲哀的是，若某人的指導性意義體系不包括這種信念，就不會恢復，而且傾向維持解離碎裂與失落的狀態。

這種區別的重點，並不是感知的控制中樞到底在哪裡——誰擁有這股控制力量，是我還是這個宇宙？對於幾乎所有的創傷倖存者來說，這都是可以理解的雙面刃。區別反而在於對自身行為堅強地負起責任，進而自負風險；相反來說，若把最高價值放在自己身體與情緒的安全上，就預先排除了承認責任。如果我承認對我的孩子——或者我的朋友、我的理念或我的社群——負有責任，那麼我可能就會被迫以身犯險；我可能必須去做、或者感覺到某件會讓我更易受傷害的事。在此，創傷心理學完整走完一圈了。因為解離原本的功能是緩衝與保護，所以照理來說，若患者重視自我保護勝於其他一切，應該就是治療失敗的候選人，即便他們可能在此之外還體驗到一種矛盾的願望，想要擺脫讓他們衰弱的解離反應。

一個自我保護的心靈體系，可能會有許多種行為表現。最常見的三種方式，可能具備這些特徵：（一）對另一個人或者另一組有限的規則，展現迴避行動的依賴性；（二）滿腦子想著要重新歸咎罪責；（三）從患者的行動及抱怨中可以指出，對於自己的問題跟別人的問題之間，缺乏宏觀的看法來連結。在解離性身分疾患中，在所有各式各樣不同的人格身上，都可以觀察到這樣的行為（就像它們在另一個非常不同的「靈魂」裡，表現出完全不負責的那一面）、還有某些讓人分神的變化型。

一個自我保護的靈魂會有第三種行為表現——行動顯示他對自身問題與他人問題的相對關係缺乏宏觀看法——透過受害者身分認同的流行現象，大量反映在我們的社會上。首先，受害者身分認同預設了這個信念：大眾之中有一群人數有限的受害者團體，一個人要不是屬於這個團體，要不是不屬於這個團體。因此，擁有團體成員身分（很弔詭地）是很有吸引力的，畢竟最重要的是，這樣提供了一種歸屬感，隨之而來的還有在典型的狀況下，這會給予被掠奪與被傷害者一切特殊的地位、同情與顧慮。而且，做為一種身分，身為某種人，很可能填滿了通常隨著創傷而產生的可怕空虛感。

不幸的是，永遠緊抓著受害者身分，對於要從這種創傷中恢復的人來說不是個好兆頭。緊抓著這種看待自己與世界的方式，可能讓一個人沒完沒了地沉溺於自己的慘況中。而且受害者身分認同，讓認同者看不到持平的事實：我們全都在某個時候被傷害過——對，我可以同意，有些人比其他人更嚴重——但我們全都這樣，我們全都參與其中：病患、非病患、治療師，人人有份。

因為這些理由，在治療室、在家裡、在倖存者團體、在新發展出來的脈絡下，甚至是心理衛生網站與聊天室中，由心理治療師、還有任何希望能幫到DID患者或其他解離性疾患的人，共同調整出一種穩定的平衡是很關鍵的。一位創傷倖存者，毋庸置疑是一位受害者；但「受害者」並沒有構成他們或者任何其他人的全部身分。助人者必須同時支持療癒過程的兩個階段：倖存者必須承受得起自己是個受害者，然後負起責任，不再做受害者。兩個部分是一樣重要的，沒有一個階段可以把自我保護當成主要目標。若某個人長期認同自己只是個受害者，就等於剝奪了自己一項重要的人類權利：為自己的生命負責。

一段時間之後，某個特定的人是否願意放棄受害者身分，對於助人者來說是很重要的資訊，因為這通常會預測出誰會復原、誰又不會。在這方面，我有時候會溫和地對一位病患指出，如果反省一會兒，你可能會領悟到極端的受害者身分認同或者自艾自憐，其實也是虐待你的人顯著的特徵。而你真的也想這樣過上一輩子嗎？

責任感與自我保護在組織心靈方面的拉鋸，提供了一定的預後資訊，這會導致我們預測——舉例來說，我的病人嘉瑞特——就算病患再怎麼戲劇化、有再多被命名的第二自我，他還是會復原。相對來說，我那位寫信給病人的姑姑，則永遠做不到這點。這是我的最佳猜測，即便這位姑姑的解離性身分疾患，引人注目的程度大概比不上嘉瑞特。

在許多方面，解離行為的完整研究支持一項古老的真理，就是我們無法同時保護自己又完整地體驗生命。這兩種欲望彼此等比例抵銷。當我們設法保護自己到某個程度，我們就無法真正活著；而我們真正過生活到某個程度，就無法把保護自己視為最高價值。這個教訓並不是新的，但有趣的是，這個主題在我們的神經學藍圖上會自動重申。儘管有那一切讓人望而生畏的風險，但除了個人責任所提供的意義體系之外，我們已無其他救贖了。或許這就是為什麼我們這樣固執地在我們的角色模範——我們的父母、我們的領袖——身上，尋求當責性的範例。

解離性身分疾患——以及所有那些更細微的解離反應——剝奪了我們此刻的現實感，並且在我們的人際生活中製造出分裂擾亂，有時還是災難性的。到頭來，我們的解離行為導致我們陷入一種反諷的惡性循環中，一旦面對威脅我們整體物種存續的潛在全球性創傷，危機的風險反而變得更高、又更加容易受害。對於我們之中的任何人來說，無論是不是人格轉換者，要討論像是大規模毀滅武器儲備、組織性種族屠殺、自然環境萎縮與普遍性飢荒這類的危機，實在太過嚇人，以至於我們在幾秒內就跟自己真實的情緒解離，我們的對話變得過度知性化，很缺乏驅動力。我們並沒有採取有效的行動；我們在心理上脫逃了。

這種心理失常的覺察意識會跟著我們直到最後，我們有可能重獲神智健全的狀態嗎？我們可以重新捕捉到我們持續進行的現實、重新進入現在這一刻，跟我們的自我、我們的愛人、我們的朋友、我們的孩子——還有我們的星球保持連結嗎？我們如何辨識出自己的解離行為，並且為此、還有為了幫助我們生命的其他人，負起我們的責任？

如果我們跟一位人格轉換者同住，你主要擔憂的自然會是如何改變他，如何讓他變成非轉換者，如何讓他轉變成「真正的」自我。真相是，對於任何人來說，做出重大改變都是大規模的工作，失敗機率偏高。如果當事人本身沒有興趣要變得不一樣、沒有誠心想為了他本人清楚的理由，就貿然進行這個改變自己的巨大計畫，無論如何都沒有成功的可能。

但某些資訊可能還是有幫助的。

有些時候，當人格轉換者碰到別人以同情的態度、正面詢問他個人的記憶時序如何紛擾時，可能就會考慮做治療；由一位生活伴侶或者親密友人向人格轉換者指出他有些流失的時間，而且他看來不記得自己最近說過、做過什麼有意義的事，可能會讓他產生動力。大多數人想要控制自己，把這一點放在很高的優先順位；另外，完全想不起來重要的時間區段是一種信號，指出某個人失去控制了，這樣令人尷尬、甚至充滿危險。要是別人注意到了，並總是加以評論，也不替這樣的事件找藉口、不當成正常遺忘的例子，那麼人格轉換者有時候就會被推動去求助，就算只是為了他一再出現、奪去其控制力的失憶症。

這位生活伴侶或朋友，必定不可嘗試去掌控這個人格轉換者的人生。人格轉換者就像其他任何人一樣，到最後必須做他自己的決定。事實上，對於跟這種人共同生活的人，我能提供的最佳建言，就是不要嘗試掌控人格轉換者的狀況。在他轉換人格時，如果你覺得你無法跟他溝通——因為他是某個你甚至認不出來的人——請永遠記得，他的心智狀況是在你遇見他以前建立的，可能已經很久了，而且完全處於你的直接影響範圍之外。當然，接受這點會讓你釋懷又心痛。

先照顧你自己。如果有人轉換成一個滿懷憤怒、暴力的人格，請逃走、直接離開！留在那裡不會改變任何事情，不會幫助你或者人格轉換者，而且很有可能導致你受傷。留下來就跟待在任何其他狂怒暴力之人身邊一樣，是有風險的。

如果你絕對確定某個第二自我並不嚇人，只是沒有反應又令人挫折，要知道，你在某種意義上也許能夠跟這個比較「尋常」的人格說話，雖說他們在當下可能不會回應你。你要有所警覺，這個技巧可能讓你覺得有點瘋狂，但如果你想這麼做，你可以溫柔、甚或幽默地說些話，像是「我知道我通常講話的那個對象在某處，等他回來了我想花點時間跟他相處」。這種性質的評論看似怪異，但某個有解離性身分疾患的人通常會很實事求是地接受，好像這句話完全合理。請記得，他不會立刻回應你的說法，甚至可能永遠不會公然回應這句話，但若你能感覺到你們已經建立了一種連結，即便很短暫又不符合傳統，卻還是能帶來安慰，尤其是在你很在乎那位人格轉換者的時候。

某個人要如何知道他自己是不是個人格轉換者呢？

以人類對於一致性與安全感的需要，人格轉換很容易被錯誤詮釋、敷衍過去，或者乾脆被否認，而它在我們面前的隱形性質，讓我們容易受害於大量的人際與社會問題。話雖如此，請容我指出，對於真心有興趣開始評估自己的人來說，理論上在私人經驗裡是有跡可循的。

就像納森，一個體驗到時間扭曲與流失的人格轉換者，他可能花費多年時間有意識地為自己的行為合理化、找藉口。其他人有時候跟他說起他做過的重要事情，而無論他是否公開承認他的失憶，他都該領悟到他對此毫無記憶。他接收到同伴的描述，他們觀察到他有極端的變化（就像騙子拉斯從他妻子那裡聽說的）。這些觀察可能伴隨著憤怒的抱怨，或者淚眼汪汪地懇求解釋、或拜託停止這種行為。就像卡米莎，某個人格轉換者可能意識到她對她在乎的人造成情緒上的痛苦，雖然她真心不理解這種事為什麼或如何發生。又或像莎拉跟她的自殺用儲備品，她可能發現一些完成或完成一半的計畫、購買的品項，或可以在她的個人物品中找到她無法解釋、甚或根本認不出來的手寫字跡。

讓人格轉換者困惑的是，朋友可能聲稱他讓人不可親近，或者他表現得神祕兮兮，又或是有時候安靜得讓人難以忍受。他可能聽到腦袋裡有個聲音，告訴他最好別對任何人承認有這種經驗。這些聲音傾向評論他的行動，有時候甚至太聒噪，互相衝突又太大，以至於讓他暫時動彈不得。

如果這些事大多數、甚至全部感覺起來都很熟悉——或者我應該補充，如果只是設法要思考上述的事，就讓你有股非常奇怪的嗜睡感覺，甚至開始意識飄遠——那麼你就可能有合理的根據，懷疑解離性身分疾患是你精神構造裡的構成元素。這樣的人，勇敢到足以用這種方式對自己感到疑惑，說真的是很不尋常又令人欽佩的。而如果你已經進展到足以提出這些問題，我推薦你、也敦促你去找個優秀的治療師，並且容許他幫助你一段時間，讓你成為一個整合之人，你值得的。

事實上，如果你已經大膽地走了這麼遠，在幫助之下的療癒不只是邏輯上可能，而是很有可能做得到。

現在來談談我們其他人。雖然苦於DID的人比我們理解的還更多，但我們大部分人肯定不是「多重的」，或者在其他方面是深刻解離的。我們並沒有嘗試把其他人從椰林夜總會大火裡救出來，或者挑撥其他人重演我們數十年前熬過去的叢林戰鬥。我們並沒有像布魯克一樣，全都再度變成純潔的幼童，或者像孟一樣，執行無可解釋（也不復記憶）的壯舉，或者認不出我們曾經穿過的衣服、寫過的字跡、恐嚇我們的家人，或者落入替換狀態、出發去巡夜。

然而我們全部的人，都有輕微到中度的解離。[19]如果我們仔細看，我們可以在自己身上看到這樣的跡象。想像一張清單，形式上並不是真的連續體，卻在某種程度上確實逐漸變嚴重，或許隨著清單的進展到最後變成「與自我疏離」。在清單頂端是非創傷性的項目，像是白日夢跟看電影，那是我們全都辨識得出、而且相對來說不太複雜的心智狀態。在底部則是創傷最深刻的項目——解離性身分疾患——就像納森與嘉瑞特的情況一樣。

而在清單中間，則是下列狀況：

短暫脫離現實。在牽涉到表演焦慮（公開講話、出現在婚禮之類的重要典禮中）、發生意外之後（例如車禍）、甚至是差點出意外的情境裡，這種狀況很容易發生。短暫脫離現實——暫時脫離現在的經驗——有可能產生包括脫離身體以及隔著一段距離觀看自己的短暫感受，有時候還會導致一個人在記憶中出現小小的空隙，甚至暫時覺得時間結構崩潰了。（那一天跑哪去了？今天下午我到底做了什麼？喔，我差點撞到那個腳踏車騎士……）

習慣性解離反應。就是「太空人」馬修展現出來的重複性精神缺席。一個展現出這種反應的人，其他人通常會給他一些綽號或標籤——「心不在焉」、「在你自己的小世界裡」、「內向」，甚或是「被動攻擊」。如果你經常在對話裡、或者在一天之中不知自己身在何處，尤其當別人會注意到並加以評論的程度，你可能就展現出習慣性解離反應了。再者，你可能從最接近你的人那裡接到抱怨，說你無視他們，或者照他們的見解來看，你不願「面對」或「處理」某些議題，通常是情緒性的議題。

從感覺狀態中解離。克麗歐在孫兒出生前經歷一段不安焦慮的時刻，後來第一次見到孫兒時卻「毫無感覺」，講的就是這個狀況。一般來說，這種解離反應的特色是什麼感覺都沒有，雖然在事情發生當下或事後，當事人可能在知性上察覺到這裡少了些感情。

或者，這種形式的解離可能牽涉到終生的自我防衛與禁絕危險的憤怒情緒。這不只是衝突期間的行為規範——「我一定不能展現出我的憤怒」——當事人是真誠地體驗到這種反應，而且有時候會表現成「我永遠不會發怒」，或者「我真的記不得我上次發怒是什麼時候了」。很反諷的是，這可能讓當事者周遭的人非常生氣，因為這種表現看起來「不誠實」。

解離自我狀態侵入。肯尼斯帶著他小學一年級的兒子造訪世貿中心觀景台那樣多風的高處時，一個解離的自我狀態侵入了。正常來說樂觀又友善的肯尼斯，在他的旅行之後，有好幾個小時警戒心強得奇怪，又心懷惡意，卻沒有明顯的理由。一個解離自我狀態的侵入，以某種方式來說，是感覺狀態解離的相反；這不是一個人的情緒被拉走、留下了一塊空缺，而是一個人平常的感受模式與態度，暫時被一個外來的「人格」、某個心理組成中大多保持沉默的匿名部分給汙染、弄亂了。

一般狀況下，侵入的解離自我狀態會憤怒、自我保護、對他人充滿不安的疑慮與譴責。在一個人受到這種影響的時候，他可能在這個狀態中對自己的敵意感到很不自在、很困惑、甚或處於輕微的警戒狀態。這個解離反應有時候伴隨著沒說出口的思緒，像是：「為什麼我突然間對世界這麼憤怒？這不合理。我想我最好冷靜下來。」然而刻意冷靜下來並不是選項，解離自我狀態似乎是按照它自己的含糊條件，要來就來、說走就走。

半漫遊症（Demifugue）。萊拉，她告訴我因為一位櫃檯出納對她很粗魯，她變成了她「飛走的自我」，還有賽斯，他描述他每次被觸發的時候，在心理上就會漂進一片孤獨的灰色海域。這兩個人回報的都是半漫遊症事件。半漫遊症強加了一種對於自我與他人的普遍化疏離，一種心理上與情緒上的迷霧狀態，而這種狀態似乎有自己的生命。這層迷霧可以很薄、很惱人，也可能是讓人麻痺的濃霧。某些人認為這種狀態極其讓人挫折，而其他人體驗到的則是安慰與安全。

除了置身霧中或者有種蒙著紗的感受以外，人還會用各種方式描述半漫遊症。有些人覺得好像被困在望遠鏡錯誤的那一端，整個世界似乎變得遙遠渺小、無法觸及。或者有些人感覺到壓倒性的疲憊，被打垮了——「我甚至睜不開眼睛」——無論他們花多少時間休息與睡眠。

或者——這是半漫遊症潛在來說最有損害性的表現——身心溝通上可能近乎完全斷裂，而且當事人分辨自身痛楚、疾病或受傷的能力也會受損。這就是發生在茱莉雅身上的事，她感覺不到她破裂的闌尾在痛，進而繼續發展到徹底失去意識的地步。這樣的身心分離，不同於我們常常指涉到的「對疼痛耐受力強」的特質——這種特質只關係到耐受力，在有意識經歷疼痛時，這是個很幸運的特質。然而帶有重大意義的疼痛卻完全沒被察覺的時候，或者在當下被當成不重要的事情而撇開，這不是「耐受力」，反而很有可能是中度到重度解離狀態的結果。

漫遊症（Fugue）。比「有距離」與「灰濛濛」的感覺更上層樓，漫遊症是徹底的喪失意識。舉例來說，茱莉雅醒來的時候認為是星期二早上，後來卻發現已經星期五了，她經歷過一次漫遊症。在漫遊症發作時，一個人的生活通常從外部看來多多少少跟平常一樣。自我意識的「中樞」——願望、做夢、有情緒與負責記憶的部分——開了小差；可是某些靠知性驅動的功能還在，他們跟其他人幾乎就像平常一樣交談，執行正常的任務。

在漫遊症期間發生的事情，當事人後來不會記得（解離性失憶症），而苦於漫遊症的人會有「遺失時間」的經驗，失去幾小時、幾天、幾週，有時候甚至還更久。

這六種解離反應組成了清單的中間部分，夾在白日夢與人格轉換之間，大家在這裡都有個位置。時間被拉長的創傷相關漫遊症，對我們大多數人來說不是頻繁的事件。不過半漫遊症卻相當常見。在某些事件以某種方式，對我們的身體整合性、我們的控制感、或者我們的關係（沒錯，尤其是對我們的關係）造成威脅的時候，我們傾向被觸發（非自願地被推動）進入半漫遊症的迷霧中。當我們變得熟悉這些事情的時候，在某種程度上，我們可以預測自己身上的某些觸發條件，並料想得到其他人身上也有類似的反應，一旦需要耐性且仁慈地對待別人還有自己時，就會更容易做得到。

實際上，大部分的觸發事件並不是非常驚天動地。從威脅身體整合性的這方面來說，不意外的是，接受嚇人的醫療或牙醫通知就可以是觸發條件，剪了個很誇張的髮型也可以。小小的財務震盪（例如收到拒絕貸款的信件），甚或是我們工作環境的小變化——「我必須工作，他們卻搬走了我的辦公桌！」——或者我們前往目的地的慣用工具突然間受到擾亂——車子拋錨、機場關閉——這樣就可以攻擊到我們的控制感，讓我們的意識混亂。舉例來說，地鐵罷工可能導致一大群人在同一時間全都進入目光朦朧的短暫半漫遊症狀態。

一般來說，「改變」傾向觸發我們的解離行為，尤其是在改變出乎意料的時候。至於我們的關係——我們全都很容易被關係中的評估、拒絕，尤其是爭執所觸發。事實上，如果你想知道解離的感覺像什麼，下次你跟某個對你意義重大的人——你的雇主、你的父母或你的配偶——起嚴重爭執的時候，拿起一份報紙或一本書，坐下來試著讀一會兒。接著在一、兩小時後，設法盡力回想起你讀到了什麼。

馬克．吐溫說過：「在我們記得我們全都瘋了的時候，謎團就消失了，生命也得到了解釋。」在我們暫時讓自己從我們的心靈缺席時，或許承認這點，是對我們自己、還有對別人的感受培養同情心的第一步。我們全都參與其中。我們全都有幾根故障的保險絲。所以問題不是誰？反而是如何應對？

我們該如何負起責任？我們該如何修復問題？

第九章　本應如此

所有精神健全都是嚴重的瘋狂，但所有瘋狂中最嚴重的，是照著生活實際的樣子，而不是照著它應有的樣子去過活。

——塞萬提斯（Miguel de Cervantes）

一個渴望改變足以延續下去的創傷倖存者，必須面對某些時刻，他在這些時候感覺到難以抗拒的衝動，想從回憶的過程中逃開，事實上還覺得自己無可辯解地愚蠢，因為他刻意不去聽自己的心智發出的尖銳警告，要他拋棄種種嘗試，就這麼逃之夭夭。然而在這些無可忍受的感覺襲擊下，一個人必須無論如何堅守立場。雖然可能覺得反感，他還是必須繼續直視過去的臉，盡可能把它看清楚、用文字描述、替沒有名字的情緒怪獸貼上名字。這些怪獸本來誓言，如果允許牠們在杏仁核沼澤裡抬頭，牠們就要吞掉他。

嘉瑞特，真實生活中的英雄，對於這種掙扎已經提供我許多洞見驚人的實例。有時候，嘉瑞特的解離自我狀態之一，會被挑出來表達這種兩難困境極其讓人痛苦的本質。舉例來說，當他的治療來到第二年的尾聲時，第二人格「艾伯」第一次在療程中開口，當時嘉瑞特自己被催眠了。

「艾伯」這個第二人格，看似負責處理所有跟嘉瑞特弟弟列夫遇害有關的悲慟與罪咎感，還有讓人癱瘓的羞恥感。列夫是在嘉瑞特十歲的時候，被他們的伯父給打死的。在內心深處，「艾伯」毫無慈悲地怒罵嘉瑞特，堅持嘉瑞特必須以死贖罪、嘉瑞特必須自殺；沒有其他方法算是公正的。當「艾伯」掌權的時候，他有時會令人緊張地朝著自殺的結果直衝，取得槍跟子彈，只有靠嘉瑞特本人千鈞一髮又心情矛盾地重獲掌控，才阻止了「艾伯」的行為。

我相信在治療中「讓『艾伯』出來」會對嘉瑞特有好處。不過嘉瑞特讓我知道，「艾伯」對於這種可能性發出了嚴峻的警告。「艾伯」給我們兩個的忠告是，要是容許他在我辦公室「出來」，會發生某種災難性的事情，某種可怕、醜陋，無論嘉瑞特還是我都無法忍受的事情。「艾伯」在嘉瑞特心裡吼叫，在他變得頻繁又絕望的告誡裡，「艾伯」說無法克服的危險越來越逼近了，而嘉瑞特正在犯下致命的錯誤。

嘉瑞特終於在一次催眠療程裡轉換成「艾伯」，他啜泣「自白」他謀殺了自己的小弟弟列夫。在一陣漫長、折磨靈魂、光聽都累死人的謾罵裡，「艾伯」設法描述了一些感官記憶片段，他很悲劇性地為這些片段貼上一個標籤：把一個六歲小孩踢到死是什麼感覺。

「我可以感覺到我的腳趾擠進他的腰際。擠！擠！擠！現在他發出小小的噪音。喔列夫，安靜點！停下來！停下來！」

他詩人般的臉扭曲成一種狂野的鬼臉。他把雙手舉起蓋住耳朵，然後前後搖晃著他骨瘦如柴的身體。接著在突然之間，他靜靜坐著，瞪大眼睛望著半空，就好像他剛剛看見進入（還有離開）一座烈火地獄的大門。

「不。是狄恩叔叔。狄恩叔叔在踢他。不是我。我不認為那是我。喔天啊！停下來！停下來！拜託，喔拜託，拜託！我會乖的。我會乖的。我發誓。我發誓。」

在這一次治療跟另外三次裡，「艾伯」繼續跟他自己進行這種極度痛苦、不斷懇求、到底是誰踢了列夫的辯論。對嘉瑞特來說，這是名副其實的生死交關。到最後，「艾伯」對過去的嘉瑞特——一個心理上受盡摧殘的十歲小男孩——提出一個令人震驚的最後判決：他無罪。不過這個優柔寡斷的最後頓悟，是在我的見證下，反覆承受著遭天譴的極度痛楚後才達到的。

在「艾伯」四度出現在我辦公室之後，他開始離去了。兩個月後，嘉瑞特說他不再「感覺到『艾伯』」，雖然他不確定「艾伯」去了哪裡。大約在此時，嘉瑞特開始取得他親眼見到弟弟如何被謀殺的意識與記憶，先前嘉瑞特自己徹底遺忘了這個事件。在這些新記憶出現之前，他之所以知道這樁謀殺案，都是因為別人告訴他的，還有與這個罪行相關的警方與法庭紀錄。

這些記憶對嘉瑞特來說，開啟了另一個痛苦的過程：他必須用連貫的字句，對自己還有我描述那個造成創傷的下午。兩個治療時間花在建構敘事上，流逝在讓人心痛如絞的閃回與無法控制的啜泣裡。在這些時數剛開始的時候，他被迫治療到一半衝出門去，因為他必須去廁所嘔吐。不過在這一切告終的時候，嘉瑞特不再有個怪物般的隱藏記憶。他反而有個怪物般的外顯（或者「陳述性」）記憶，而這造就出所有差別，同時他的治療、還有他的生活，都繼續往外開展。

當然，他對於列夫死掉那天的口語記憶是建構出來的、是事後產生的，並不完美。但無論如何，所有口語記憶都是這樣。

在我寫這本書的時候，嘉瑞特仍然跟我在做治療，而且可能還會做上一段時間。不過就他的標準、還有我的標準來看，他好多了。讓他大大釋懷的是，他不再公然轉換人格，而且整體而言解離次數少多了，但有個值得注意的例外，就是嘉瑞特獨處的時候，小「詹姆斯」還是會偶爾跑「出來」。我判斷的最佳預後是，到最後嘉瑞特再也不會轉換人格了。讓我自己滿意的是，他加入了匿名戒酒會，而且不再使用伏特加或任何其他麻醉性物質。更好的是，從我的觀點來看，他把自殺而死的選項劃掉了。他已經決定要活下去。

他現在是仁人家園的正式成員，因為他形容自己有「幫助世界上其他人的責任」，目前他先在美國為這個機構做油漆房屋等其他工作。他的西班牙語變得很流利，而他的夢想仍然是有一天「穩定到足以」旅行去中美洲。我相信這個夢想對他而言伸手可及。

嘉瑞特的母親仍然活著，雖然他跟她只有最低限度的聯繫。她住在東長島，一人獨居在靠近長島海灣的小型雙拼式房屋裡。他寄錢給她，另外一年大約兩次，他會開車南下去做他所謂的「良心訪問」。

「也許她很高興看到我，也許不。我真的看不出來。她給我茶喝。我們坐在她那個小鞋盒似的客廳裡——我總覺得格格不入。那裡非常……非常乾淨，我猜妳會這麼形容。那裡並不混亂。她會用很多黏貼式的空氣芳香劑，聞起來像是一間好餐廳的洗手間，我想到的是這個，如果妳明白我的意思。

「我從來不在那裡過夜。畢竟太令人沮喪了。她人生僅存的一切，似乎就是那台該死的電視，以及她的醫生節目跟律師節目。妳會以為她認識那些人。她給我茶喝，而我們起初什麼話都不說——我彷彿可以聽到自己的錶在滴答運作——然後她會問我，我昨晚是否有看這個、那個節目，而要是我沒有——我從來就沒看——她就會跟我講關於那節目的一切，好像我會對那有興趣、好像有任何人會對那有興趣一樣，讓我覺得怪異到不行。

「我設法讓她告訴我有哪個地方需要修理——做某件事會讓我覺得好一點——但她總是告訴我沒什麼要修。這不是真的。喔，還有聽聽這個——大約四、五年前，她跟住在另外一半房子裡的女士在這個地方的外牆加裝鋁牆板，所以我甚至無法幫她上油漆。」

雖然知道答案可能是什麼，我還是問他母親是否提過列夫，那個她被謀殺的小兒子。嘉瑞特搖頭強調這件事。

「不，不，她不會講到他的，不會講到他怎麼死去或任何別的事。我的意思是——她根本不會談到他。要是我提起他的名字，她就會改變話題。開始從頭跟我再講一遍《法網遊龍》（*Law and Order*），或任何別的東西。

「在我達到我真的再也無法忍受的那一刻，我就離開。她不會設法阻止我。開車南下六小時到那裡，回來再六小時。唉，好吧。」

嘉瑞特已經走在戰勝解離性疾患的大道上。不過深刻的創傷在一個人生命中所留下的，不只有一道傷痕。嘉瑞特在精神上是個孤兒、教育程度不足、對於自己這個人仍然深刻地缺乏自信，同時對別人有種可以理解的戒備之心，他會跟幾個「朋友」社交往來，但到目前為止，還沒有人真正親近他，沒有人分享他最私密的想法，或者他的心意。我把他看成一個孤獨但勇氣十足的人類，即便仍掙扎著要變得完整。

嘉瑞特是個極端的例子，而他的苦難是異乎尋常的。那其他人呢？我們其他人如何解決我們的問題，把更多光與熱、還有誠實的勇氣，帶進我們的生活裡？我懷疑在真實世界裡，所有的療癒過程都很近似治療室裡的治療，而且有另一個人（像是一位治療師）跟你一同踏上旅程，讓它盡量變得輕鬆一些。至於旅程本身，這裡有些指標：

首先，現在要盡可能處於安全狀態，我說的就是字面上的意思。對於我的病人，我推薦要有個私人聖殿，最常見的選擇就是自己的家。讓你的家成為一個可以待著的平和安全場所，在每個細節上都如此，先從一個感覺安全的社區開始，然後繼續安排到一張格外吸引人又舒適的床鋪。如果鎖上門會讓你覺得比較好，就裝上很多鎖吧。

買些帶來安慰舒適的東西。養隻寵物。愛上寂靜。

不管你的模式可能是什麼樣的，學會現在（還有以後）讓你自己跟難搞、對危機上癮、滿腔怒火、尤其是有暴力傾向的人分隔開來。讓你自己跟這些人保持盡可能遠的社交與身體距離，就好像你也會把他們跟你照顧的天真小孩隔開。

培養慣例。讓它們變得神聖不可侵犯。每天晚上睡覺。

一個有養分而沒有騷動混亂的生活，傾向促進一個人體內相對來說較平靜的荷爾蒙與神經環境，在這樣的環境下，也許可以重新取回創傷記憶。而這就是你手邊的任務。復原牽涉到把破碎片段的原始記憶，重新處理成整合的有意識記憶，並且縮減過時的解離反應。這需要困難、危險又嚇人的記憶工作——有各式各樣的活動，包括催眠、持續練習冥想、記錄夢境、還有「偵探性質」的嘗試，像是查閱舊紀錄、造訪老地方、跟親戚們談話，還有提出通常導致含糊答案的不受歡迎問題。

在你進行的時候，每天寫日記，寫下你的反應、你的思緒還有你的感受。

就算這樣做大費周章，但在整個人生浪濤中曾經發生的所有事情，我們能回想起來的不過只是一小部分。就連我們自認為確知的事情，都會受制於我們聒噪的自我懷疑。幸運的是——有如天意——只記得所有發生之事的一小部分，通常就足夠了。

當然，記得某些好事也很重要。人類的生命總是混雜的，對人生的記憶也是如此。

我執業時常常使用催眠，把這當成通往記憶鞏固的大道，就像我對嘉瑞特與茱莉雅所做的。個人在催眠之下做出的進展，並不會符合傳統概念上的滌淨或「淨化作用」；有害的無意識材料，不會只因為當事人有意識地表達出來，就立刻被殲滅。這個人不會突然間說：「聖人保佑我們！所以事情就是這樣發生的！」然後就有了某種強烈的情緒反應（一種「宣洩」〔abreaction〕），導致即時的突破性進步。比較接近的狀況是，催眠的出神狀態比常態作法更可能在更深的層次上，促成了一種累進式的記憶組建，這是一種進兩步退一步的漸進式重新修訂，必須結合其他的資訊來源與支持才能發生。做為治療的一種組成成分，由一位敏感的執業者所進行的催眠，將很有生產性又引人入勝。然而，它絕對不是充分、甚或必要的復原途徑。

另一個優秀的途徑雖然也不是必要或充分的，但肯定會有幫助，那就是忠實地實踐某種形式的冥想，這是一種受到敬重的古老作法。在記憶工作以及療癒「心煩」方面成果格外豐碩的兩種型態，一是西藏式空性冥想，二是最常被說成「正念」的冥想。[20]

在投入地練習時，西藏式冥想讓心靈平靜。其作法可以提升專注的穩定度，還有極端深沉的心靈平靜狀態。這些冥想牽涉到「一點式」的專注——西方人可能會稱之為「放空心靈」——而佛教徒會稱之為 *shamantha* 或者 *samadhi*（禪定）修行。另一方面，正念冥想有時候被稱為內觀冥想（insight meditation or *vipasana* meditation）。內觀大概的意思是，「照著事物真實的模樣來看待它們」，雖然正念冥想通常從「放空心靈」的技術開始，以便培養穩定與冷靜，但緊接著就會引進觀察的概念，針對未知與不明之物做某種分量的探究。正念冥想的本質（可能最常讓人聯想到越南佛教僧侶、教師兼和平大使，一行禪師〔Thich Nhat Hanh〕）是一種靜默的見證、一種冷靜的觀察，幫助冥想者「看到」自己心頭有什麼，卻不去改變它、審查它或者害怕它。

我會想要強調，不管你做哪一樣——治療、催眠或冥想——記憶鞏固並不是一蹴可幾。你要對自己非常有耐心，如同道家的說法：就像和藹的祖父母一樣。記憶間歇地出現，就像馬修突然間重新想到他母親的辱罵「你這蛆蟲！」我們會「記起」事情，是因為我們用不同的方式看待它們，我們透過重新賦予標籤、跟其他人分享而記起來，其次數至少得跟獲得全新資訊而「記起來」一樣常見。

用茱莉雅的話來說，整體的目標是要形成幾個常規性的記憶。值得注意的是這個事實：在茱莉雅朝著這個目標努力的早期階段，她對於這樣做的目的表達了某種關切。她無法想像把她的問題「怪到別人身上」能得到什麼。整體來說，她發現「歸咎」的整體概念很冒犯人。雖說她已經開始想起她父母在她整個童年如何折磨羞辱她，而且她周遭——也在我們周遭——的主流文化會容忍自我沉溺、指責他人跟報復，甚至會為這些行為鼓掌，她卻沒有興趣歸咎於任何人，也不想花任何時間追求這個。

「老想著這一切有什麼好處？我現在必須過我自己的生活了。」

我告訴她的話就像我對許多其他人說過的都一樣，歸咎肯定不是重點。鞏固記憶、還有口頭表達出來的目的，不是去搞清楚有錯的是誰。無論如何，「錯」是個奇特的概念，而且在療癒過程中沒有任何地位，或許除了肯定受害者本人沒有錯以外。滿心想著歸咎與復仇，會讓一個人變得盲目，而且注意不到自我的恢復。有常規性記憶的好處，反而在於盡可能明確而客觀地知道自己生活發生過什麼事。

鞏固的記憶，甚至是恐怖的那些，都遠比偶爾被攪動出來、導致解離事件的片段記憶來得好。而人生事件的外顯記憶也比較好，因為這是積極有用的。感官影像本身是靜態的，內省與討論不會改變它們任何一點，它們也無法被用來當成認知的工具。舉例來說，如果一個人從墜機中生還，而且事後這個創傷經驗在他心中殘留的，都是片段的感官記憶——沒有組織而嚇人的影像與聲音，一波又一波無可忍受的情緒，就會在無法預期的時刻、或者在夢魘中攻擊他——那麼他就無法對這個事件提出重要的問題了。

以下例子是一些重要的問題，理性與不理性的都包括在內（創傷倖存者兩種問題都會問）：「飛機墜落是因為我是壞人嗎？」還有「所有飛機都會墜落嗎？」以及「如果我再上飛機，我能採取什麼樣有效的預警措施？」只要記憶能夠變得外顯，這樣的問題是可以問出來、並且跟別人討論的。而答案之所以很重要，並不是因為一個人最需要知道的是不是要怪機長。答案很重要、很關鍵，是因為一個人希望夜深人靜時不再突然覺得驚恐，白天也不希望有削弱力量的解離經驗。

關於墜機的最後一個問題，對未來的預警措施尤其重要，因為這暴露出一種暗中背叛我們的不一致性：事實是，在創傷過去後，解離反應無法保護我們。相反地，解離反應讓我們處於更大的危險之中。片段的記憶與膝反射式的解離行為，讓我們無法把事情想透徹，對解決問題很危險地缺乏準備，無法有效地對現在與未來的危險做出反應，甚或無法理解我們現在是安全的。解離能力的這種特徵，是它最大也最令人惋惜的反諷。這種反諷影響到像是嘉瑞特、茱莉雅、你、還有我這樣的個人，還有人類群體，像是家庭、次文化、國家。若堅持同一種熟悉的老套戰術，我們就無法自己想出一個建設性的計畫，畢竟前述的戰術已被證明無效，有時候甚至具有毀滅性，又會帶來痛苦。

真正的補救方案是製造出一個安全場所，找出記憶、想起記憶，不要躲避記憶，也不要責怪別人。在一開始，至少在某些時候純粹去學著辨識自己還有別人身上的解離行為，這也可以算是治療的一部分。從定義上來說，增加自我觀察就是在鍛鍊觀察性自我，這部分自我能夠把解離看成是對現在的個人自由不必要的限制。

這些是困難的處方，而如同我所說的，有另一個人，一位治療師或心靈導師在場會有幫助，甚至可能是必要的。選擇解離，會讓我們繼續處於宛如單調科幻小說的情節裡，明明在其他方面都很讓人欽佩的主角，卻被困在某種神祕的時間迴圈裡，一次又一次重複錯誤、毀滅了銀河系，從沒搞清楚他們過去已經做過這一切不知多少次了。在這種情節裡，唯一的出路是以某種方式感知並切斷這個時間迴圈；唯一可以偵測到這個迴圈的徵兆，是一絲微弱的既視感。

當我們最終必須採取立場、對抗自身生物構造所預備的本性時，大腦為了生存所灌輸的解離功能，並不是唯一必須進行對抗的對象。艱困的處境所導致的最適者生存，賦予我們荷爾蒙驅動了攻擊性氣質、「我們對抗他們」的內建思考，隨之產生了深刻的叢林法則：「他不一樣，殺了他！」這種內建思考線路，看似為無上限的暴力、還有幾乎所有的憎恨、報復、偏見、盲從及其他過時傾向奠定了基礎；這些傾向害我們現在在自己的星球上過得很慘，還導引著我們這個團體永遠處於創傷狀態。

從演化上來說，我們是個年輕的物種，而意識覺察的現象（據說我們就是以此聞名）對我們來說極端新鮮。我們在這方面只是新手。在本質上，人類是「超越性」的靈魂，寓於剛演化好的大腦中，這顆大腦就像赤蠵龜一樣，正設法處理同樣古老的世間現實：我們的身體，還有我們終身伴侶的身體，很快就會破碎而空虛，甚至連我們美麗的孩子都可能不會倖存。以這種方式來看，我們能夠持續生存真是有如奇蹟。

就像任何其他曾經存在的物種一樣，我們通過了一道生存測試，至少目前如此。獨特的人性問題不是「我們可以適應創傷而生存下來嗎？」反而是「我們現在可以克服我們的創傷記憶，然後學會真正去活嗎？」這樣的發展將會顯示人類的整體功能達到了全新、更高的層次。而如果我們還要繼續長存，改變的過渡時期可能必須來得相對快一些，甚至要在這個新千禧年之內發生。

在我的工作中，我曾經看過某些卓越的人，儘管大多數人難以想像他們竟被如此傷害過，卻還是突破不合理的機率，做出了改變。在我寫作的這一刻，茱莉雅不再需要每週看診了。可以這麼說，她在兩年前畢業了，現在我偶爾會見她，每隔幾個月一次，照她的說法是「調音」。在過去兩年，她已經結了婚，買了一棟房子，開始滑雪，而且製作了幾部新的紀錄片，其中一部談的是兒童虐待的確認與防止。

她還是沒有為了她的職業生涯搬回洛杉磯。「有一天也許會吧？」她這麼說，然後她通常就會改變話題。

她再也沒有失去時間了。她不再希望死掉。正好相反，她正期待第一個孩子出世。

我最近一次見到她，是在去年十月一個溫暖的下午，那時她來到我的辦公室，做她預先排好的一次「調音」。

「妳猜怎樣！」她對我打招呼，人還站著，背向我的小小海地人偶。

「怎樣？」我問道。

「我懷孕六週了！我昨天確定的。」

「喔我的天啊！」

她擁抱我，我們兩個幾乎都要哭出來了。

穿著涼鞋跟一件藍色亞麻合身洋裝，她站在房間中央，宣布她不久前人在一個海灘上度過早晨，然後直接從那裡開來波士頓。她的頭髮比我過去看到的都長，那條細細的銀色髮帶不太能箍得住。

「我去的是我那次企圖自殺的海灘……」

「為什麼？」我緊張地插嘴。

「沒事沒事，不用擔心。這次我去只是因為那裡很平和。我猜想我在忙於解決掉自己的時候，可能錯過了某些風景。」

她對著我微笑，顯然被她自己狡猾的幽默表現給逗樂了。我揚起眉毛。

「那是有可能。」我說道。

「不，真的，那裡很棒，美到難以置信。我的意思是，我這輩子去過海邊那麼多次，但今天就好像是我第一次去那裡似的，就好像我剛剛才發現了它。我走了又走，走了又走。然後我轉身回顧，當然，我看到自己的腳印。它們回溯到我能看得見最遠的地方，接著不斷往後延伸。這好感人，我不知道要如何確切解釋這一點。沒有別的東西，只有這個絕美、空曠的海灘。這裡聞起來這麼好！我想把這一切都吸進來，這一切！我覺得就像是我永遠都不想離開。妳有過這種感覺嗎？」

沒等我回答，她繼續興奮地說道：「我知道現在是十月，但我脫下我的鞋子，開始涉水。妳知道，如果妳站在邊緣，讓小小的波浪在妳的腳上來來去去，沙子在某種程度上會慢慢流走，而妳會覺得妳好像在移動。妳其實是站在一個地方，但海洋讓妳覺得妳在移動，就好像妳在滑行。讓妳覺得像是舉起妳的手臂，然後一路滑到葡萄牙去了！」

她凝視著她的腳，然後把她的手臂像翅膀一樣舉起，就像在示範。

創傷不止造成一種割痕。我想起茱莉雅難以忍受的過往，而我知道，就算她已經克服了她的解離疾患，她的幸福還是會常常受到孤寂與悲慟的擾亂——我們所有人也都這樣。不過在這天下午，讓我高興的是，這房間裡只有一股慶祝之情，而且就現在來說，沒有伴隨著恐懼與痛苦。神智健全而沒有虐待性質的親子教養，需要你人在現場（至少大多數時候……）陪伴一個你引進這個世界的新靈魂。而在這一小時裡，在她花了這麼多年痛下苦功以後，茱莉雅跟我可以慶祝她能夠做到這件事。

茱莉雅家族裡的那個重擔，數不清多少代的童年創傷，在茱莉雅這一代停止了。

她放下她的翅膀，再度看著我，然後說道：「我有提過我懷孕了嗎？」

我笑出聲來。

最後，我們坐進熟悉的皮革椅子裡，她深吸一口氣，我們開始談話。她的聲音充滿歡愉，幾乎像音樂一樣，徹徹底底、再也不像那種疏離的電影旁白了。她告訴我做懷孕測試的事，還有她丈夫在前一天晚上的反應，就跟她自己一樣喜悅。我們談到她的年紀，因為這位準媽媽現在已經將近四十歲了。

而且當然了，我們談到了未來。

「妳認為小寶寶會有妳的紅褐色頭髮嗎？」

她咧嘴笑了，然後回答：「我不知道。保羅的頭髮很黑。可是我確實知道的一件事情是，她會有她的母親。我會在那裡跟她在一起，在當下，時時刻刻。那真的是我可以給她的最佳禮物，我這麼想。」

在茱莉雅考慮的時候，出現了短暫的停頓。

然後她繼續說下去：「喔，還有等她能走路的時候，我會帶她去海灘，讓她看看海浪的樣子。那超驚人的。」

我讚賞地看著她。

「是很驚人。」我同意。

致謝

首先，我想感謝我的朋友與卓越的同僚，卡羅·考夫曼（Carol Kauffman），在一個充滿陽光的陣亡將士紀念日，在她家的露台上，這本書被創造出來了。她一路看著我把這本書完成，從未停下也從未抱怨，以她專家級的評論提供了動機、恰到好處的建議與無價的支持。而我也想感謝（一百萬次感謝！）我那位由上天派來的經紀人，蘇珊·李·柯恩（Susan Lee Cohen），她的智慧、平衡感與精神上的可愛秉性，開啟了這個計畫，並且保持它的活力。

多謝天分卓越的賓娜·坎藍尼（Beena Kamlani），感謝她的正直、她美麗而細膩的編輯，還有她在我腦中那個不可思議的引導之聲，也要多謝卡蘿爾·迪桑提（Carole DeSanti），一開始就認可了草稿，並且在維京出版社持續不懈地擁護支持這本書。我也要對亞歷山德拉・巴班斯基（Alexandra Babanskyj）還有詹米・沃爾夫（Jaime Wolf）表達我的感激。

我還想感謝珍・戴爾加多（Jane Delgado，即使到了現在也是靈感來源）、保羅・霍洛維茲（Paul Horovitz）、黛博拉・霍洛維茲（Deborah Horovitz）、茱蒂絲・喬登（Judith Jordan）、豪沃德・基利（Howard Kielley）、馬汀・塞利格曼（Martin Seligman）、大衛・史坦（David Stein）與藍・湯瑪斯（Len Thomas），以他們各自不同的重要方式，幫助我完成此書。

我也想感謝我的病人，感謝他們每一位。

我要感謝我的兄弟兼摯友，史蒂夫・史陶特（Steve Stout），感謝他無人能比的才智與心靈，以及這輩子所有精彩絕倫的對話。我感謝伊娃・迪頓・史陶特（Eva Deaton Stout）與亞德里安・菲利浦・史陶特（Adrian Phillip Stout），在一個完美世界裡，所有父母都應該像他們那樣。而且，我當然想要對我纖細美麗的女兒阿曼達（Amanda）表達我無盡的感激，感謝她就是她自己。

注釋

第二章：我在星期二早晨醒來的時候，就星期五了

1. 最著名的是紐約大學的約瑟夫・勒杜（Joseph LeDoux），還有哈佛醫學院的貝塞爾・范德寇、羅傑・皮特曼（Roger Pitman）、還有史考特・勞奇（Scott Rauch）所做的研究。請見 J. LeDoux, "Emotion as Memory: Anatomical Systems Underlying Indelible Neural Traces," in S.-A. Christianson (ed.), *Handbook of Emotion and Memory*, Hillsdale, N. J.: Erlbaum, 1992; B. van der Kolk, "The Body Keeps the Score: Memory and the Evolving Psychology of PTSD," *Harvard Review of Psychiatry, 1* (1994), 253-265; R. Pitman, "The Black Hole of Trauma," *Biological Psychiatry, 26* (1990), 221-223; and S. Rauch, B. van der Kolk, R. Fisler, N. Alpert, S. Orr, C. Savage, A. Fischman, M. Jenike, and R. Pitman, "A Symptom Provocation Study of Posttraumatic Stress Disorder Using Positron Emission Tomography and Script-driven Imagery," *Archives of General Psychiatry, 53* (1996), 380-387.

第三章：閃避與掩護

2. 在一九八九年，美國聯邦政府建立了國家兒童虐待與忽視資料系統（National Child Abuse and Neglect Data System〔NCANDS〕），一個自願性質的資料收集與分析系統。每年 NCANDS 在美國政府衛生及公共服務部（U. S. Department of Health and Human Services）兒少家庭署（Administration of Children, Youth and Families）的兒童局（Children's Bureau）贊助之下，把資料提供給研究社群使用。這份年度報告的概括資料提供了來自五十個州的各種項目累計數量，像是被通報受到不當待遇的兒童數量、兒童受害者數量、以及兒童受害者的年齡與族裔等項目。透過華盛頓特區的國家兒童虐待與忽視資訊情報交換所（National Clearinghouse on Child Abuse and Neglect Information）可以取得這些資料。特別針對性虐待的資訊，請見大衛．芬克爾霍（David Finkelhor）優秀的著作，*A Sourcebook on Child Sexual Abuse*, Newbury Park, Calif.: Sage, 1986.
3. 請見 Domestic Violence for Health Care Providers, 3rd edition, Denver: Colorado Domestic Violence Coalition, 1991; and J. Osofsky, "The Effects of Exposure to Violence on Young Children," *American Psychologist, 50* (1995), 782-788.
4. A. McFarlane and G. de Girolamo, "The Nature of Traumatic Stressors and the Epidemiology of Posttraumatic Reactions," in B. van der Kolk, A. McFarlane, and L. Weisaeth (eds.), *Traumatic Stress: The Effects of Overwhelming Experience on Mind, Body, and Society*, New

York: Guilford Press, 1996.

第四章：我的碎片

5. 用催眠治療從二次大戰到現在的創傷倖存者，相關內容請見 J. Watkins, “The Psychodynamic Treatment of Combat Neuroses (PTSD) with Hypnosis during World War Ⅱ,” *International Journal of Clinical and Experimental Hypnosis, 48* (2000), 324-335; R. Kluft, “The Use of Hypnosis with Dissociative Disorders,” *Psychiatric Medicine, 10* (1992), 31-46; D. Spiegel, “The Use of Hypnosis in the Treatment of PTSD,” *Psychiatric Medicine, 10* (1992), 21-30; and D. Spiegel, “Hypnosis in the Treatment of Victims of Sexual Abuse,” *Psychiatric Clinics of North America, 12* (1989), 295-305. 用某些催眠技術來治療解離疾患的詳細描述，請見 M. Phillips and C. Frederick, *Healing the Divided Self: Clinical and Ericksonian Hypnotherapy for Post-Traumatic and Dissociative Conditions*, London: W. W. Norton and Company, 1995.

6. 最常被通報的創傷事件回憶觸發物，相關討論請見 D. Elliott, “Traumatic Events: Prevalence and Delayed Recall in the General Population,” *Journal of Consulting and Clinical Psychology, 65* (1997), 811-820.

7. 請見 J. Bremner, J. Krystal, D. Charney, and S. Southwick, “Neural Mechanisms in Dissociative Amnesia for Childhood Abuse: Relevance to the Current Controversy Surrounding

the ‘False Memory Syndrome,” *American Journal of Psychiatry, 153* (1996), 71-82.

8. L. Williams, “Recall of Childhood Trauma: A Prospective Study of Women’s Memories of Child Sexual Abuse,” Journal of Consulting and Clinical Psychology, 62 (1994), 1167-1176; and L. Williams, “Recovered Memories of Abuse in Women with Documented Child Sexual Victimization Histories,” *Journal of Traumatic Stress, 8* (1995), 649-373.

9. 為了描繪意識的限制：T. Nørretranders, *The User Illusion: Cutting Consciousness Down to Size*, New York: Viking, 1998.

第五章：人性處境

10. 人格解體（depersonalization）是一種脫離自我的感覺，跟現實感喪失（derealization，舉例來說，就是賽斯在他的海洋上）相對，現實感喪失是一種覺得自己周遭環境不真實的感覺。解離有五種被認為可以做有系統測量的組成成分，人格解體跟現實感喪失是其中兩種。另外三種是失憶、身分混淆與身分改變。對於這些組成成分還有如何加以測量的討論，請見 M. Steinberg, “Systematizing Dissociation: Symptomatology and Diagnostic Assessment,” in D. Spiegel (ed.), *Dissociation: Culture, Mind, and Body*, Washington, D. C.: American Psychiatric Press, 1994.

第六章：被替換

11. 帕拉塞爾蘇斯在一六四六年做出的這份敘述，是從 E. Bliss 的著作裡引用的，收錄在“Multiple Personalities: A Report of 14 Cases with Implication for Schizophrenia and Hysteria,” *Archives of General Psychiatry, 37* (1980), 1388-1397.

12. 三個這樣的標準化評估測量是解離性疾患訪談清單（Dissociative Disorders Interview Schedule）、解離經驗量表（Dissociative Experiences Scale），還有精神疾病診斷與統計手冊第四版解離性疾患結構性臨床訪談（Structured Clinical Interview for DSM-IV Dissociative Disorders）。跨文化研究包括 C. Ross, S. Miller, P. Reagor, L. Bjornson, G. Fraser, and G. Anderson, “Structured Interview Data on 102 Cases of Multiple Personality Disorder from Four Centers,” *American Journal of Psychiatry, 147* (1990), 596-601; S. Boon and N. Draijer, “Multiple Personality Disorder in The Netherlands: A Clinical Investigation of 71 Patients,” *American Journal of Psychiatry, 150* (1993), 489-494: and V. Sar, L. Yargic, and H. Tutkun, “Structured Interview Data on 35 Cases of Dissociative Identity Disorder in Turkey,” *American Journal of Psychiatry, 153* (1996), 1329-1333.

13. 對於無助感導致死亡的研究有個迷人的討論，其中包含里克特的發現，可以見諸於馬汀・塞利格曼（Martin Seligman）的劃時代之作，*Helplessness: On Depression, Development and Death*, San Francisco: W. H. Freeman and Company, 1975.

14. 請見 V. Varma, M. Bouri, and N. Wig, "Multiple Personality in India: Comparison with Hysterical Possession State," *American Journal of Psychotherapy, 35* (1981), 113-120; Adityanjee, G. Raju, and S. Khadelwal, "Current Status of Multiple Personality Disorder in India," *American Journal of Psychiatry, 146* (1989), 1607-1610; R. Castillo, "Spirit Possession in South Asia, Dissociation or Hysteria? Part I: Theoretical Background," *Culture, Medicine and Psychiatry, 18* (1994), 1-21; R. Castillo, "Spirit Possession in South Asia, Dissociation or Hysteria? Part II: Case Histories," *Culture, Medicine and Psychiatry, 18* (1994), 141–162; and A. Gaw, Q. Ding, R. Levine, and H. Gaw, "The Clinical Characteristics of Possession Disorder among 20 Chinese Patients in the Hebei Province of China," *Psychiatric Services, 49* (1998), 360-365.

第七章：人格轉換者

15. 關於華特・米歇爾所說，在被觀察的行為裡「建構出來的一致性」，心理學中有三份經典文獻可能值得注意：L. Festinger, *A Theory of Cognitive Dissonance*, Stanford, Calif.: Stanford University Press, 1957; P. Warr and C. Knapper, *The Perception of People and Events*, London: Wiley, 1968; and his own work, W. Mischel, *Personality and Assessment*, New York: Wiley, 1968.

16. 肯尼斯有反覆出現、但侵入得不完整的解離自我狀態，這種反應在《精神疾病診斷與統計手冊》第四版被歸類在有幾分含糊的詞彙之下：「待分類的解離性疾患」（dissociative disorder not otherwise specified〔DDNOS〕），而不是比較確定的「解離性身分疾患」（dissociative identity disorder〔DDNOS〕）。

第八章：為什麼帕克是帕克

17. 對於美樂蒂・D的案例研究可以見諸於 B. van der Kolk and W. Kadish, "Amnesia, Dissociation, and the Return of the Repressed," in B. van der Kolk (ed.), *Psychological Trauma*, Washington, D. C.: American Psychiatric Press, 1987. 越戰老兵的案例研究可以在 B. van der Kolk, "The Compulsion to Repeat Trauma: Revictimization, Attachment and Masochism," *Psychiatric Clinics of North America, 12* (1989), 389-411.

18. 吉米・G的故事可以見諸於 "The Lost Mariner," in O. Sacks, *The Man Who Mistook His Wife for a Hat and Other Clinical Tales*, New York: Summit Books, 1985.（中文版：《錯把太太當帽子的人》，奧立佛・薩克斯，孫秀惠（譯），一九九六，天下文化）

19. 好幾位臨床醫師與研究者，都各自提出解離反應可能形成某種連續體的觀念，而目前可以找到的研究似乎支持連續體模型。請見 S. Boon and N. Draijer, *Multiple Personality Disorder in The Netherlands*, Amsterdam: Swets and Zeitlinger, 1993; P. Coons, "Dissociative

Disorder Not Otherwise Specified: A Clinical Investigation of 50 Cases with Suggestions for Typology and Treatment," *Dissociation, 5* (1992), 187-195; and C. Ross, G. Anderson, G. Fraser, P. Reagor, L. Bjornson, and S. Miller, "Differentiating Multiple Personality Disorder and Dissociative Disorder Not Otherwise Specified," *Dissociation, 5* (1992), 88-91.

第九章：本應如此

20. 例子請見 Thich Nhat Hanh and Mobi Ho (trans.), *The Miracle of Mindfulness: Manual on Meditation*, Boston: Beacon Press, 1996.（中文版：《正念的奇蹟》，一行禪師，何定照（譯），台北：橡樹林，二〇一二）

MI1041

看見自己受的傷
覺察深層的內在，擁抱更完整的自己
The Myth of Sanity:
Divided Consciousness and the Promise of Awareness

作　　者 ❖ 瑪莎・史陶特（Martha Stout）
譯　　者 ❖ 吳妍儀
封面設計 ❖ 倪旻鋒
內頁排版 ❖ 張靜怡
總 編 輯 ❖ 郭寶秀
責任編輯 ❖ 力宏勳
行銷企劃 ❖ 許純綾

發 行 人 ❖ 凃玉雲
出　　版 ❖ 馬可孛羅文化
104臺北市中山區民生東路二段141號5樓
電話：(886) 2-25007696
發　　行 ❖ 英屬蓋曼群島商家庭傳媒股份有限公司城邦分公司
臺北市中山區民生東路二段141號11樓
客服服務專線：(886) 2-25007718；25007719
24小時傳真專線：(886) 2-25001990；25001991
服務時間：週一至週五 9:00 ～ 12:00；13:00 ～ 17:00
劃撥帳號：19863813　戶名：書虫股份有限公司
讀者服務信箱：service@readingclub.com.tw
香港發行所 ❖ 城邦（香港）出版集團有限公司
香港灣仔駱克道193號東超商業中心1樓
電話：(852) 25086231　傳真：(852) 25789337
E-mail：hkcite@biznetvigator.com
馬新發行所 ❖ 城邦（馬新）出版集團【Cite (M) Sdn. Bhd. (458372U)】
41, Jalan Radin Anum, Bandar Baru Seri Petaling,
57000 Kuala Lumpur, Malaysia
電話：(603) 90578822　傳真：(603) 90576622
E-mail：services@cite.com.my

輸出印刷 ❖ 中原造像股份有限公司
初版一刷 ❖ 2022年9月
定　　價 ❖ 480元（如有缺頁或破損請寄回更換）

國家圖書館出版品預行編目資料

看見自己受的傷：覺察深層的內在，擁抱更完整的自己／瑪莎・史陶特（Martha Stout）著；吳妍儀譯. -- 初版. -- 臺北市：馬可孛羅文化出版：英屬蓋曼群島商家庭傳媒股份有限公司城邦分公司發行，2022.09
面；　公分.
譯自：The myth of sanity: divided consciousness and the promise of awareness
ISBN 978-626-7156-22-3（平裝）

1. CST：創傷後障礙症　2. CST：心理治療

178.8　　111012154

城邦讀書花園
www.cite.com.tw

ISBN：9786267156223（平裝）
ISBN：9786267156230（EPUB）